제대로 연습하는 법

옮긴이 방진이

연세대학교 정치외교학과를 졸업하고, 같은 대학교 국제학 대학원에서 국제무역 및 국제금융을 공부했다. 현재 펍협 번역 그룹에서 전문 번역가로 활동하고 있다. 『당신에게 잘 자라고 말할 때』, 『모임을 예술로 만드는 법』, 『지도에 없는 마을』, 『소설 속 숨겨진 이야기』, 『그림책 쓰기의 모든 것』, 『인공지능 시대가 두려운 사람들에게』, 『베스트셀러 작가들의 글쓰기 비법』, 『삶의 마지막 순간 우리가 생각해야 하는 것들』 등을 우리말로 옮겼다.

MASTERY: HOW LEARING TRANSFORMS OUR BRAINS, MINDS,
AND BODIES

어학부터 스포츠까지,
인지심리학이 제시하는
배움의 기술

제대로 연습하는 법

아루토 E. 허낸데즈 지음
방진이 옮김

북트리거

차례

일러두기

· 본문에 등장하는 인명 등의 표기는 원칙적으로 국립국어원이 정한 외래어 표기법을 따랐다.

· 제시한 도서 가운데 국내에 번역본이 출간된 경우는 해당 제목으로, 그렇지 않은 경우는 원서
  제목의 번역명으로 표기했다.

· 옮긴이의 주석은 본문 괄호 속에 넣고 '옮긴이'로 표시했다.

· 저자가 원문에서 기울임체로 강조한 부분은 고딕체로 표시했다.

· 원문상 등장하는 용어 'skill'은 '기술'로 번역했다.

작은 조각들을
재조합하는 인간

우리가 일상적으로 사용하는 언어가 하나뿐이라는 생각이 내게는 영 낯설다. 나는 1960년대 후반 미국 캘리포니아주 버클리의 스페인어를 쓰는 가정에서 태어났고, 아동기와 청소년기의 대부분을 멕시코와 미국을 오가며 보냈다. 여름방학과 명절 연휴에는 멕시코의 친지들 집에 머물렀다. 부모님은 내가 9학년 때 1년 동안 멕시코 학교를 다니게 했다. 꼬박 1년 동안 진행된 완벽한 스페인어 몰입 교육이었다. 이렇게 모든 수업이 스페인어로 진행되는 몰입 교육을 받으면서, 이미 듣고 말할 수는 있었지만 읽고 쓸 일은 거의 없었던 언어 능력이 폭발적으로 성장해 완벽한 스페인어 문해력을 얻었다.

미국으로 돌아와 고등학교를 졸업했고, 미국에서 대학에 입학한 지 2년이 지나자 나는 다시 영어로 교육받는 것에 익숙해졌다. 어릴 때부터 영어와 스페인어를 모두 구사했으므로 내게는 그 두 언어가 공생 관계에 있는 것처럼 느껴졌다. 다만 두 언어를 영어는 미국, 스페인어는 멕시코라는 명확하게 규정된 맥락 안에서 사용했다.

또한 나는 늘 음악이 흘러넘치는 가정에서 자랐다. 외가 식구들은 모두 음악을 사랑했다. 어머니와 삼촌들은 음악에 대한 열정이 대단했다. 나도 자연스럽게 그런 분위기에 젖어들었다. 어릴 때 나는 다양한 장르의 음악가를 좋아했다. 내 음악적 관심사는 멕시코 란체라ranchera(라틴풍의 컨트리·웨스턴 음악 – 옮긴이)와 볼레로bolero(느린 템포의 라틴 댄스 음악 – 옮긴이)부터 어스윈드앤드파이어Earth, Wind & Fire와 조니 캐시Johnny Cash의 음악, 그리고 1980년대에는 알이오 스피드웨건REO Speedwagon, 저니Journey, 더갭밴드The Gap Band의 음악까지 넓게 펼쳐져 있었다. 오늘날의 팝 음악도 매력적으로 느껴진다. 최근에 내 상상력을 사로잡은 가수는 마룬파이브Maroon5와 그 리드 싱어 애덤 리바인Adam Levine이다.

음악의 마력은 의도하지 않은 결실로도 이어졌다. 어린 시절 아버지를 통해 브라질 음악을 접한 나는 브라질 음악을 너무나 사랑한 나머지 대학생 때 교환학생 프로그램으로 브라질에 가기로 마음먹기에 이르렀다. 캘리포니아주립대학교 버클리캠퍼스에 입학한 나는 입학식 1주일 전에 국제 교환학생 프로그램 사무실을 찾아갔다. 브라질 교환학생 프로그램을 살펴보고, 브라질의 경제 수도인 상파울루에 대해 알아보았다. 내 상상 속 상파울루는 포르투갈어를 사용하는 멕시코시티 같은 곳이었다. 시끄럽고, 자동차와 사람이 북적거리고, 활력이 넘치고, 음악으로 가득 찬 그런 곳.

대학교 1학년 때부터 나는 포르투갈어 수업을 듣기 시작했다. 처음에는 내 포르투갈어에 외국인 티가 확 나는 억양이 강하게 남아 있었고, 포르투갈어에 대한 이해도 한참 부족했다. 같이 수업을 듣는 다른 학생들은 교수님이 말하는 것을 따라 말하고 이해할 수 있었던 것으로 기억한다. 포르투갈어로 곧바로 대화를 나누고 숙제를 하는 학생들이 많았다. 나는 내가 제일 뒤처졌다는 생각이 들었다. 여러 학기를 거치면서 내 포르투갈어 실력은 계속 나아졌지만, 같이 수업을 듣는 학생들을 따라잡을 수가 없었다.

나는 스페인어를 할 줄 알았고 포르투갈어 강의도 수강했으므로, 브라질에 교환학생으로 가는 데 필요한 조건을 충족했다. 비행기를 타고 10시간을 날아간 나는 완전히 다른 땅에 착륙했다. 7월이었으므로, 내가 출발한 로스앤젤레스는 더웠다. 상파울루는 한겨울이었고, 추위가 뼛속까지 파고들었다. 멕시코시티와 같을 거라고 생각했던 도시는 사실 달랐다. 더 크고 더 시끄러웠다. 내 포르투갈어 실력은 괜찮았지만, 느리고 매끄럽지가 않았다.

그 이후에는 내가 생전 처음 하는 경험이 시작되었다. 포르투갈어에 몰입하는 것은 내 언어 시스템을 큰 망치로 내려치는 것과 같았다. 두 살 때 나는 집에서 보모의 돌봄을 받으며 1년 간 페르시아어에 노출되었다. 어머니는 내가 보모에게 페르시아어로 말을 했다고 회상하지만, 페르시아어는 그냥 들어왔다가 나가 버렸다. 너무 어렸기 때문에 내게는 페르시아어를 이해한 기억이 전혀 없다. 스페인어는 멕시코에서 여름방학을 보내는 동안 내가 한 모든 경험을 토대로 꾸준히 쌓이면서 점점 탄탄해졌다. 그러나 브라질에 도착해 포르투갈어 속에 던져진 것은 완전히 다른 경험이었다.

포르투갈어가 내 머릿속을 독차지하려 들었다. 알아차릴 새도 없이 나는 스페인어로 간단한 단어조차도 말할 수 없게 되었고, 영어 능력도 계속 퇴행했다. 나는 결과적으로 상파울루에 2년을 머물렀다. 1년은 교환학생 프로그램으로, 그다음 1년은 대학 졸업 전에 휴학을 하고서. 그 2년 동안 포르투갈어는 워낙 유창해져서 원어민인 척할 수 있을 정도였다.

포르투갈어를 원어민 수준으로 구사할 수 있게 되었지만, 그에 상응하는 대가를 치러야 했다. 스물두 살에 미국으로 돌아왔을 때 만나는 사람마다 내 영어에 무슨 일이 일어난 건지 물었다. 내 스페인어 또한 타격을 받았다. 할머니는 내 아름다운 멕시코 억양이 사라졌다고, 내가 **해괴한**muy raro 스페인어를 쓴다고 말했다. 영어로 된 글을 읽는 속도가 느려졌고, 노력을 들여야 했다.

그로부터 2년 뒤 대학을 졸업할 무렵에야 영어 능력을 회복했고, 스페인어도 원래대로 돌아왔다. 20대의 나머지 기간은 언어적으로 안정기였다. 포르투갈어는 포르투갈어를 하는 친구나 사람들을 만났을 때 가끔 쓰고, 종종 큰 소리로 포르투갈어 노래를 부르면서 그 끈을 완전히 놓지는 않았다. 나는 내가 남은 평생을 삼중 언어 구사자로 지낼 것이라고 생각했다.

그런데 30대 중반에 내 언어 안정기에 변화가 찾아왔다. 독일 라이프치히에 있는 막스플랑크연구소로부터 초청을 받으면서 였다. 독일로 간 나는 방향감각을 잃었다. 라이프치히의 언어 환경과 내 언어 시스템의 불일치는 어느 날 밤 택시를 잡아탔을 때 가장 생생하게 다가왔다. 택시를 탄 나는 택시 기사와 소통할 방법이 없을까 고심했다. 내가 "영어 할 줄 아세요?"라고 묻자 택시 기사가 독일어로 답했다. "아니요, 러시아어는 합니다."

소비에트연방과 함께 동구권에 속했던 동독은 아이들에게 제2 언어로 러시아어를 가르쳤다. 택시 기사와 나는 둘이 합쳐서 최소한 다섯 가지 언어를 구사할 수 있었다. 그러나 그중에는 우리 둘의 공통어가 될 수 있는 언어가 없었다. 나는 기사에게 주소가 적힌 작은 종잇조각을 건넸다. 기사는 고개를 끄덕였고, 우리는 출발했다. 구불구불한 도로를 따라 이동하는 동안 옥외 광고판이 절로 눈에 들어왔다. 영어와 독일어는 알파벳 글자를 거의 모두 공유하므로 시내를 빠른 속도로 통과하는 동안 나는 스쳐 지나가는 광고판의 모든 글자를 읽을 수 있었다. 그러나 당시에는 그 단어들이 모두 이상하게 보였다. k가 아주 많았고, 어떤 모음 위에는 점이 찍혀 있었다. 나는 그 단어들이 무슨 뜻인지 전혀 몰랐다. 어떤 건물의 광고판을 멍하니 바라보면서 이렇게 생각한 기억이 난다. '이 언어는 도저히 이해할 수가 없어. 내가 이 언어를 말하고, 읽고, 쓸 수 있게 될 리가 없어.'

포르투갈어를 공부할 때와 마찬가지로 독일어 수업에서도 모든 사람이 나보다 독일어를 더 잘하는 것 같았다. 나는 몇 년을 독일어 어휘를 익히는 데 썼다. 자동차 안에서 독일어 어휘를 큰 소리로 말하면서 연습하고, 성인을 위한 독일어 학습 잡지를 읽었다. 심지어 독일에 다시 돌아가 1년을 살기도 했고, 이후에는 3년 연속으로 여름방학을 독일에서 보내기도 했다. 7년 동안 수업을 듣고, 1년 하고도 세 번의 여름을 독일에서 보냈지만, 여전히 내 독일어는 자연스럽지 못한 듯했다.

처음 독일을 방문한 때로부터 14년이 지난 뒤인 2015년에 나는 또다시 방문 연구원으로 초청을 받아서 가족과 함께 1년간 독일에 머물렀다. 독일에 방문한 첫 3개월은 혀가 묶인 상태로, 일종의 고문을 당했다. 독일어로 말할 때는 속도가 느렸고, 자주 더듬거렸다. 집단 대화는 참여가 불가능했다. 생각이 홍수처럼 밀려와도 경사면을 느릿느릿 흘러내리는 진흙처럼 단어들이 좀처럼 혀끝에 도달하지 않았다. 독일어를 사용하지 않는 국가로 여행을 다녀오기라도 하면 온갖 것들이 머릿속에서 마치 전기 신호로 된 거미줄처럼 내 독일어를 가로막았다.

그런데 6개월이 지나자 독일어 실력이 갑자기 좋아졌다. 사람들이 내게 어떻게 그렇게 독일어를 잘하는지 물으면 나는 이렇게 답했다. "이히 하베 겔리테트(Ich habe gelittet)", 즉 '나는 고통 받았다'고. 그 외에는 내가 독일어를 배운 경험을 달리 묘사할 문장이 없었다. 힘겨웠고, 부침이 심했고, 그렇게 많은 시간과 노력을 들였음에도 오늘날까지도 전혀 완벽하지 않다. 내 답을 들은 독일인은 어김없이 마크 트웨인을 인용했다. "독일어를 배우기에는 인생이 너무 짧죠."

나는 살면서 여섯 개 언어에 노출되었고, 그중 네 개를 유창하게 구사할 수 있게 되었다. 각 언어를 습득하는 경험들에서 나는 우리 인간의 언어 시스템이 얼마나 유연한지를 배웠다. 이는 우리가 학습하는 방식이 나이가 들면서 어떻게 변화하는지를 알려 줄 뿐 아니라 그런 변화가 어떻게 층층이 쌓이는지도 알려 준다. 비록 페르시아어는 나를 완전히 떠난 것처럼 보이지만, 내가 하나 이상의 언어를 배우는 데 필요한 유연성을 부여하는 역할을 했을 것이다. 나는 포르투갈어를 원어민처럼 구사할 수 있게 되었고, 독일어의 외국인 억양은 비교적 옅어졌다. 마치 거미줄로 뒤덮이게 두었던 언어 시스템을 다시 억지로 가동하는 일이 오랜 기간 반복되면서 내 언어 근육이 단련된 것 같다.

이 모든 경험으로 인해 나는 결국 뇌가 하나 이상의 언어를 학습하는 일에 어떻게 적응하는지를 직접 연구하게 되었다. 첫 책 『이중언어 뇌The Bilingual Brain』를 쓰면서, 나는 새로운 언어를 배우는 과정을 통해 단순히 언어 학습에 대해서뿐 아니라 우리가 학습하는 방식 자체에 대해서도 알아볼 수 있음을 깨달았다.

연구 과정과 실제 경험들을 통해서 나는 학습 과정 전반에 대한 통찰을 얻을 수 있었다. 우리는 우리가 아는 것을 가져다가 그것을 살짝 비틀어서 다시 시도하고, 또 한번 비틀어서 다시 시도하는 것을 반복한다. 때로는 실력이 갑자기 향상되기도, 갑자기 저하되기도 한다. 내가 깨달은 것은, 언어란 '오래된 부품들로 만든 새 기계'라는 엘리자베스 베이츠Elizabeth Bates의 말이 우리가 습득하는 거의 모든 고등 기술에도 적용된다는 것이다.

『이중언어 뇌』에서 나는 언어들을 생태계에 속한 여러 종들에 비유한다. 언어들은 때로는 자원을 확보하려 싸우고 때로는 협력하면서 시간이 지나면 공생 관계를 형성한다. 내가 새로운 언어를 배울 때마다 각 언어가 변화하면서 다른 언어가 합류하는 것에 적응했다. 머릿속에 그 모든 언어를 담아 둔 내 영어 실력은 30~40대에 향상되었는데, 이는 다른 언어들을 익혔음에도 '불구하고' 일어난 일이 아니라 그 '덕분에' 일어난 일이었다. 연구 과정에서 나의 제1 언어인 영어에 독일어, 스페인어, 포르투갈어의 조각들이 함께 엮여 들어가 있음을 알 수 있었다.

『제대로 연습하는 법』은 내 전작에서 자연스럽게 발전한 것이다. 우리가 인간으로서 경이롭게 여기는 모든 것, 예컨대 언어 구사부터 읽기, 심지어 경쟁 스포츠까지도 작은 조각들의 조합 및 재조합을 통해 만들어진 하나의 전체라는 관념이 이 책에서 전달하고자 하는 주된 요지다. 나는 언어 학습을 우리가 복합 기술을 배우는 방식을 보여 주는 비유로 삼을 수 있다고 생각한다.

내 어린 시절은 언어 학습으로만 채워지지는 않았다. 그것 말고도 나는 다른 많은 것들을 했다. 앞서 언급했듯 음악을 사랑했고, 학교 운동장이나 동네에서 친구들과 운동하는 것도 좋아했다.

어릴 때 내가 특히 좋아한 스포츠는 농구였다. 그러나 내 키는 결국 168센티미터를 넘기지 못했고, 그래서 내 농구 '커리어'는 중학교 운동장에서 막을 내렸다. 나는 축구나 미식축구에서 결코 두각을 나타내지 못했다. 내가 고등학교에서 실제로 팀에 들어가서 경기를 뛸 수 있었던 스포츠는 야구뿐이었다. 야구공을 때리면서 나는 내 눈과 손 사이 협응력_{hand-eye coordination}이 매우 뛰어나다는 사실을 알게 되었다. 유독 좋았던 시력이 뒷받침해 준 덕분이었다.

나이가 들면서 나는 학교 운동장과 팀 스포츠를 떠나 멕시코의 친척들이 즐겨 하는 스포츠인 테니스를 시작했다. 테니스를 하면서 나는 내가 어린 시절 배운 모든 스포츠를 가져다가 조합해서 한 스포츠에 집어넣었다. 야구의 공 던지고 받기, 농구의 슛, 패스, 풋워크, 미식축구의 공 던지기가 모여 오늘날 내가 테니스라고 부르는 콜라주가 되었다. 이 새로운 스포츠는 마치 키메라와도 같다. 한 스포츠는 여러 스포츠에서 가져온 조각들을 하나로 엮어 넣은 조합의 산물이었다. 내 사고의 흐름에서 테니스와 같은 복합 기술의 학습은 언어 학습과 동일하다. 우리는 각기 다른 모든 경험들을 층층이 쌓아서 하나의 더 큰 전체를 만들어 낸다.

새로운 것을 배우거나 이미 알고 있는 것을 더 잘하게 되는 과정은 모든 사람에게 적용된다. 우리가 프로 스포츠 선수이건, 최소 11개 국어를 구사하는 다중언어 구사자이건, 단순히 뭔가 새로운 것을 배우고 실력을 향상시키는 사람이건 동일한 규칙이 적용된다. 전문성의 최종 수준에 상관없이 우리 인간은 작은 조각들을 잔뜩 가져다가 훨씬 더 큰 전체를 만들어 내는 일에 능숙하다. 숙달에 이르는 이 창발적 과정이야말로 우리 인간에게 부여된 재능이며 인간을 규정하는 특징이다.

1장. ———————— '제대로' 연습하기

── 에릭손을 만나다

2019년 말 과학 학회에 참석하기 위해 비행기를 타고 플로리다주 탤러해시로 가는데, 이 기회에 안데르스 에릭손 K.Anders Ericsson 을 만나면 좋겠다는 생각이 불쑥 들었다. 나는 내 책 『이중언어 뇌』의 한 챕터에서 의식적 연습과 전문성에 관한 에릭손의 주장을 주요 주제로 다뤘다. 에릭손의 주요 연구 주제인 기술 학습은 내 연구 관심사와 완벽하게 일치하지는 않았지만, 나는 에릭손의 통찰이 언어에도 적용될 수 있을지 모른다는 생각에 그의 연구에 흥미를 가지게 되었다.

성인이 된 후 일과 가정을 빼면 내 삶은 독일어와 테니스, 크게 두 가지 취미로 채워졌다. 나는 독일어를 유창하게 연마하고 테니스 실력 향상을 위해 노력하는 두 과정에 매우 유사한 측면이 있다고 느꼈다. 독일어를 배울 때 나는 독일어의 작은 부분들을 익히는 데 많은 시간을 쓰곤 했다. 기본적으로 단어, 구문, 문장을 듣고 따라 하면서 말이다. 테니스를 할 때도 그와 똑같이, 테니스 스트로크나 그와 결합된 특정 동작

패턴 등 작은 부분을 보고 따라 하며 익혔다. 그렇게 언어와 운동 기술에 유사한 학습·평가 방식을 적용할 수 있었다. 이런 경험들 때문에 나는 대학 운동선수와 비교적 덜 숙련된 사람의 차이를 관찰하며 전문성의 본질을 살펴보는 다른 연구에 참여하기도 했다. 탤러해시 방문은 에릭손의 연구에 대한 내 생각을 그에게 전할 완벽한 기회였다.

안데르스 에릭손에게 이메일을 써야겠다는 생각이 떠오른 것은 2019년 12월, 탤러해시로의 여정 중 첫 경유지에 향하는 비행기 안에서였다. 그날 오후 두 시경, 환승을 위해 잠시 머물 탬파에 도착하기 한 시간 전, 비행기 와이파이에 서둘러 접속해 이메일을 썼다. 내일 학회가 있어 탤러해시에 가는 중인데, 오늘 저녁에 만나서 함께 식사를 하고 싶다는 내용이었다. 탤러해시에 도착했을 때 이미 그에게서 좋다는 답신이 도착해 있었다. 그는 기꺼이 나를 만나겠다고 했고, 그날 저녁 여섯 시에 탤러해시의 한 레스토랑에서 만나기로 했다. 에릭손은 인터넷으로 내가 탄 비행기가 연착한다는 소식을 보았고, 탤러해시 공항에 20분 늦게 도착한 나를 위해 레스토랑 예약 시간을 미리 늦춰 두었다.

레스토랑에 다다르자 수많은 논문 지면에서만이 아니라 웹사이트와 영상에서도 본 적이 있는 그의 얼굴을 멀리서도 곧장 알아볼 수 있었다. 그에게 다가가 나를 소개했고, 우리는 자리에 앉았다. 웨이터가 와서 음료 주문을 받았다. 우리는 둘 다 상대가 먼저 주문하기를 기다리면서 머뭇거렸다. 어색한 침묵을 깨려고 웨이터가 큰 소리로 물었다. "특별한 이벤트를 기념하려고 오셨나요? 어느 분 생일인가요?" 나는 말했다. "네, 그래요. 특별히 기념할 만한 일이 있어요. 제게는 학계의 영웅인 분과 저녁 식사를 하게 되는 일이 매일 있는 건 아니니까요." 내 말에 크게 놀란 에릭슨은 더듬더듬 내 연구를 칭찬하는 말을 보냈다.

그날 저녁 나는 에릭슨에 대해 많은 것을 알게 되었다. 그동안 내가 읽은 어떤 책이나 논문에도 나온 적이 없는 내용들이었다. 에릭슨은 우리가 뭔가를 잘하게 되려면 매우 특수한 유형의 연습을 진행해야 한다고 생각했다. 우리는 그 이론의 초석에 대해 이야기했다. 또한 에릭슨이 논문을 아주 많이 발표하기를 바라는 사람들이 있지만, 그가 그런 요구를 무시하고 있는 점에 대해서도 이야기했다. 에릭슨에게는 많은 논문을 쓰는 것보다는 좋은 논문을 쓰는 것이 중요했고, 그런 점이 나는 늘 존경스러웠다.

에릭슨을 처음 대면하고 대화를 나누면서 특히 감탄했던 부분은 그의 영어였다. 나는 스웨덴인인 에릭슨이 내 테니스 영웅인 비에른 보리 Björn Borg처럼 말할 거라고 예상했다. 그러나 스웨덴어 억양이 매우 강한 영어를 구사했던 보리와 달리 에릭슨의 영어에서는 스웨덴어 억양이 거의 느껴지지 않았다. 언어를 배울 때 나이가 들수록 모국어 억양을 지우기가 어려워진다. 성인 외국어 학습자가 원어민처럼 완벽하게 언어를 구사하는 듯 보일 때도 있지만, 이는 아주 드문 경우다.

나는 에릭슨의 영어에서 스웨덴어 억양이 약해진 이유가 될 만한 것들을 찾아봤다. 예를 들어 나이가 어린 언어 학습자는 성인 언어 학습자에 비해 그 언어의 억양을 훨씬 더 완벽하게 구사하는 것처럼 보인다. 나는 에릭손에게 어릴 때 영어에 노출된 경험이 있는지 물었다. 영어 원어민 교사가 있었다든가, 부모나 친구가 영어 원어민이었다든가 말이다. 그는 아니라고 했다. 에릭손은 스웨덴에서 학교교육으로 영어를 배웠다. 영어 원어민을 접한 것은 어른이 된 후 집에서 가족과, 그리고 직장에서 동료와 이야기를 나누면서부터였다.

에릭손이 어른이 된 후에 스웨덴어 억양 없이 영어를 구사하는 법을 익혔다는 사실은 어떤 면에서는 의식적 연습, 즉 심층적인 연습이 중요하다는 에릭손의 주장에도 부합한다. 사실 성인 언어 학습자와 아동 언어 학습자의 차이점은 그들이 언어 학습을 시작한 연령이 아니라, 어떤 유형의 상호작용을 하는지와 관련이 있다. 추측일 뿐이지만, 어쩌면 에릭손은 가족 및 동료와 이야기할 때 마치 아이와 같은 방식으로 영어를 사용했을지도 모른다. 그리고 그렇게 몇 년 동안 집중 연습을 한 덕분에 스웨덴어 억양을 지울 수 있었는지도 모른다. 그렇다면 영어 전문가가 되는 데 필요한 수준을 훨씬 뛰어넘는 시간을 투자한 셈이다.

그 외에도 어떤 것이 에릭손의 영어에서 스웨덴어 억양이 사라지게 만들었는지에 관한 나만의 가설도 있었다. 일단 에릭손이 생각하는 이유들을 살펴보자.

안데르스 에릭손은 '1만 시간의 법칙'의 주창자로 널리 알려져 있다. 1만 시간의 법칙이란 용어는 맬컴 글래드웰Malcolm Gladwell이 자신의 책 『아웃라이어Outliers』(김영사, 2019)에서 처음 사용했다. 에릭손의 연구 데이터를 검토한 글래드웰은 오로지 1만 시간 이상 연습한 사람만이 전문가가 되었다고 제시했다. 그러나 정작 에릭손은 1만 시간이 마법의 숫자라고 주장한 적이 단 한 번도 없었다. 에릭손은 단지 총 연습 시간이 어떤 사람의 역량을 결정하는 주된 요인이었다고 지적했을 뿐이다.

에릭손의 부모가 자녀를 양육하면서 기본 전제로 내세운 것이 한 가지 있다. 그들은 에릭손과 형제들에게 원하는 일은 무엇이든 해도 좋다고 말했다. 다만 무언가를 성취하기까지는 시간이 매우 오래 걸리므로 한번 정한 길로 계속 나아가야 한다는 점도 잘 알고 있었다. 무언가를 잘하게 되기까지 시간이 오래 걸린다면 당연히 그 무언가는 아이들의 주의를 오랫동안 붙들 수 있어야 했다. 에릭손의 부모는 아이들의 관심을 끌고 마음을 사로잡아서 실력을 향상하는 데 필요한 시간을 충분히 들일 수 있을 만한 주제를 찾는 데 집중했다.

숙달하기까지 시간이 오래 걸리는 과업의 문제점 한 가지는 그 과정에서 많은 부침을 겪게 된다는 것이다. 성공이 몇 시간이나 며칠이 아닌 몇 달이나 몇 년 단위로 측정된다면 발전 정도는 어떻게 측정할 수 있을까? 에릭손의 부모는 아이들에게 완벽한 학점을 받아야 한다고 압박을 가하는 대신, 그들이 시간이 지나면서 얼마나 꾸준히 더 많은 지식을 습득하는지에 주목했다. 실력을 향상시키려면 노력을 들여야 한다. 그것이 에릭손의 부모가 자녀들에게 요구한 전부였다. 실력 향상으로 가는 긴 여정에 초점을 맞춘 부모의 양육 방식은 에릭손과 학습에 관한 그의 접근법에 흥미로운 영향을 미쳤다.

부모의 양육 방식으로 인해 에릭손은 자신만의 학습 방법으로 지름길을 택하지 않았다. 에릭손은 자신이 역사 과목 시험에 필요한 학습 자료를 어떤 식으로 다루었는지 알 수 있는 한 일화를 들려줬다. 역사 과목을 공부할 때 에릭손은 내용을 달달 암기하기보다는 핵심 인물의 배경을 조사했다. 역사에 등장하는 주요 전투를 배울 때는 그 전투에 참가한 인물들의 배경을 탐구했다. 또한 그 전투나 전쟁을 야기한 문화적·정치적 상황을 들여다봤다. 이렇게 심층적인 연관성을 구축하는 작업이 단순히 사실 정보를 암기하는 것보다 처음에는 시간이 더 오래 걸렸다. 하지만 에릭손은 그렇게 배운 내용을 잊어버리는 일은 거의 없었다고 덧붙였다. 동일한 정보를 급하게 외웠다가 잊어버리고 또다시 급하게 외우기를 반복하는 급우들과 달리 에릭손은 한번 배운 내용을 시험 이후까지, 심지어 학기가 끝난 뒤에도 기억했다.

에릭손 본인의 학습 경험을 통해 우리는 그의 연구에서 등장하는 많은 원칙들을 더 잘 이해할 수 있게 된다. 에릭손의 이론은 우리가 의식적 연습, 즉 심층적 연습을 해야 한다는 관념을 토대로 한다. 의식적 연습은 비교적 큰 덩어리의 기술을 의도적으로 다수의 작은 구성 요소들로 쪼개서 연습하는 형태를 취한다. 이런 의식적 연습은 에릭손이 역사 과목 학습 자료를 단순히 암기하지 않고 오랜 시간을 들여서 천천히 배우면서 사용한 학습 방법론과 유사하다. 또한 우리는 정신적 이미지를 생성해야 한다. 에릭손은 이를 **표상**representation이라고 부르며, 이런 정신적 이미지는 우리가 어떤 기술을 배우건 그 본질을 포착하도록 돕는다. 에릭손이 역사적 사건의 정신적 이미지를 형성하기 위해 특정 시기에 일어난 사건의 배경을 조사한 것도 이에 해당한다고 볼 수 있다.

에릭손은 학습을 근본적으로 정신적인 것, 즉 오랜 시간에 걸쳐 다듬어진 인지 프로그램의 결과물이라고 봤다. 안데르스 에릭손이 보기에 탁월함으로 가는 길은 길고도 깊다. 이런 에릭손의 관점은 그의 책 『1만 시간의 재발견 Peak』(비즈니스북스, 2016)에서 특히 두드러지게 나타난다. 이 책에서 에릭손은 탁월함에 도달하는 길로서 연습과 정신적 개념의 중요성을 강조한다. 에릭손은 개인별 능력 차이 중에 타고난 유전적 요소에서 비롯된 것은 거의 없다고 생각했다. 키와 몸무게를 제외하면 한 개인의 최종 성과를 결정하는 주된 요소는 연습이라고 주장했다. 실제로 어떤 사람이 연습에 몰입하면 그 연습이 신체적 작용을 변화시킨다. 에릭손 본인이 원어민의 억양에 가깝게 영어를 구사하는 능력을 익혔다는 사실에서도 그러한 점을 잘 알 수 있다. 에릭손의 연구는 우리가 연습에 들이는 노력과 그 과정에서 쌓은 정신적 이미지가 최종 성과를 좌우하는 가장 중요한 요소임을 보여 준다.

우리가 머릿속에 쌓은 정신적 이미지를 심리학에서는 **심적 표상**mental

representation이라고 부른다. 표상이란 '다시re 표현함presentation'을 의미한다고 생각하면 된다. 요컨대 심적 표상은 외부 세계를 우리 정신이 더 효율적으로 접속할 수 있도록 다시 빚는 방식인 것이다. 이런 정신적 이미지는 지금부터 살펴볼 에릭손의 이론에서 중요한 역할을 한다.

──── 심적 표상에 대하여

전문가에게 심적 표상이 중요하다는 안데르스 에릭손의 연구의 중심 관념은 1930년대 후반 체스 마스터에 관한 아드리안 더흐로트Adriaan De Groot의 학위논문에서 기원했다. 더흐로트는 청소년 시절 2년 연속 세계 체스 선수권대회에서 각각 6위와 8위를 차지한 네덜란드 체스 국가대표 선수였다. 또한 1937년에 네덜란드 체스 선수권대회에서 우승했고, 1938년에는 4위에 올랐다. 수학과 물리학 학위를 딴 그는 심리학 박사과정을 밟기 시작했고, 자연스럽게 체스 경기에 참가하는 선수 활동은 중단하게 되었다. 그러나 체스에 대한 더흐로트의 열정은 좀처럼 사라지지 않았고, 그는 체스를 연구 주제로 삼기에 이르렀다.

더흐로트는 체스 선수로 활동하면서 다채로운 경험들을 했고, 그런 경험들을 돌아보면서 체스 전문가로 인정받는 선수와 그보다 실력이 떨어지는 선수가 어떻게 다른지 살펴보게 되었다. 자신의 경기 경험, 체스 저널리스트 경력, 체스 팀 동료였던 세계 챔피언 막스 외버Max Euwe와의 대화를 토대로 더흐로트는 체스 선수가 자신의 게임을 숙고하는 방식에 깊은 관심을 가지기 시작했다. 더흐로트는 외버를 상대로 자신의 아이디어 몇 가지를 시험해 보았고, 그의 도움을 받아 당시 체스 챔피언 여러 명을 모집해 실험을 실시했다. 또한 그에 못 미치는 실력의 선수들도 모집해 체스 챔피언과 어떤 차이점이 발견되는지 관찰했다. 이 주제에 관심이 생긴 더흐로트는 체스 선수들의 머릿속에서 어떤 일이 벌어지고 있는지를 이해하기 위한 연구를 설계하기 시작했다.

더흐로트의 실험은 전문가의 기억력 수준에 차이가 있으며, 특히 체스판을 2~3초간 보여 줬을 때 그런 차이가 두드러진다는 사실을 밝혀냈다. 선수들에게 체스판을 잠시 보여 준 다음 체스 말들을 전부 치우고, 기억에 의지해 앞서 보여 준 체스판을 재현하게 했다. 더흐로트는 정확하게 기억한 체스 말의 개수와 체스 실력이 높은 상관관계를 보인다는 사실을 발견했다. 더 뛰어난 전문가일수록 더 많은 체스 말을 기억했다. 전문성이 낮은 선수일수록 기억한 말의 수가 더 적었다.

기억력이 더 좋은 전문가들은 더 신속하게 결정을 내릴 수 있었다. 체스판을 아주 잠깐 봤는데도 체스 마스터는 잠재적 위협에 관한 정보를 얻어 냈다. 주어진 체스판에서 공격에 나서야 하는지, 수비에 나서야 하는지 재빠르게 판단할 수 있었다.

더흐로트의 학위논문은 수십 년간 잊혔다가 1960년대에 그가 카네기멜론대학교에 잠시 방문했을 때 소환되어 다시 생명을 얻었다. 카네기멜론대학교에서 더흐로트는 앨런 뉴웰Allen Newell과 허버트 사이먼

Herbert Simon을 만났다. 두 사람은 컴퓨터에게 체스를 두게 만드는 프로그램을 개발하고 있었다. 두 사람과 나눈 대화에서 새로이 영감을 얻은 더흐로트는 박사과정 지도 학생 리컨트 용만Riekent Jongman에게 자신의 학위 논문에 대해 이야기했고, 두 사람은 곧장 그 연구를 되살리는 데 합의했다. 용만은 자신의 박사 학위 논문을 쓰면서 더흐로트의 획기적인 연구 여러 개를 확장했다.

새로운 과학기술을 적극적으로 활용한 용만은 체스 마스터의 눈동자는 더 빠르고 매끄럽게 움직인다는 사실을 발견했다. 체스 마스터는 체스 말의 위치를 매우 신속하게 포착할 수 있었다. 용만의 논문 마지막 부분은 체스 마스터가 의사 결정을 할 때 중복성redundancy을 어떻게 활용하는지 살펴보았다. 그는 특히 체스 마스터가 체스 말 하나하나를 별개의 단위로 보지 않는다는 사실을 발견했다. 오히려 체스 마스터는 각 체스판을 하나의 패턴으로 인식했다. 한 체스판 위에 있는 모든 체스 말이 그 체스판에 있는 다른 체스 말과 연결되어 있었고, 심리학자들이 '덩이chunk'라고 부르는 것을 구성했다.

더흐로트의 연구가 카네기멜론대학교의 인공지능 연구 집단과 만나자 실제 체스 플레이어들을 대상으로 한 실험에 다시 관심이 쏠렸다. 체이스W. G. Chase와 사이먼은 체스 플레이어들을 대상으로(전문가 집단 대 초보 집단) 체스판을 보고 외우도록 했다. 이번에는 실험을 살짝 변형해서 체스 경기에서 나올 수 있는 체스판과 결코 나올 수 없는 체스판 중 하나를 보여 줬다. 결과적으로 전문가 집단은 초보 집단보다는 체스판을 더 잘 외웠지만, 오로지 그 체스판이 실제 경기에서 나올 법한 체스판인 경우에만 그랬다. 체스 말들이 실제 체스 경기에서는 볼 수 없는 패턴으로 배치되었을 때는 전문가 집단과 비전문가 집단 간 기억력에 차이가 없었다.

이 마지막 결과는 전문성의 본질에 관한 단서를 제시한다. 특정 분야에서의 연습과 전문성은 일반 적성general aptitude에 의해 좌우되는 것이 아니다. 체스 마스터의 기억력 자체가 더 뛰어난 것이 아니며, 따라서 체스 말을 더 잘 기억하는 능력이 있는 것도 아니다. 체스 마스터의 전문성은 실제 경기에서 체스판에 체스 말이 배치되는 형태와 관련이 있으며, 그들이 경험해 보지 못한 배치 형태에는 적용되지 않는다.

체스 마스터는 한 번에 한 수만 생각하는 것이 아니라 체스 게임을 다양한 수를 거쳐 최종적으로 체크메이트에 도달하는 하나의 흐름으로 보고 있었다. 체스 마스터에게는 모든 수 하나하나에 의미가 있었다. 마치 각 수와 체스 말이 전체 게임의 일부가 되어서 더 이상 개별 구성 요소들로 해체될 수 없는 하나의 지식 덩이를 이룬 것 같았다.

인간 인지의 한계

전문가가 전문성을 획득하는 방식을 이해하려고 노력하는 연구자들이 온통 체스에 대해서만 생각한 것은 아니다. 그들은 더 일상적인 과업에도 관심이 있었다. 전문성 연구에서 널리 활용된 과업 한 가지는 **숫자폭 검사** digit span 라고 불리는 단기 기억 과제였다. 이 검사는 참가자에게 숫자를 한 번에 하나씩 불러 주거나 보여 준다. 과제에 나열된 숫자를 다 전달하면 마지막 단계로 참가자가 자신이 전달받은 숫자를 그 순서 그대로 다시 말해야 한다. 숫자폭 검사를 활용한 연구들에서 평균 숫자폭은 7±2로 나타났다. 상위 그룹은 숫자를 아홉 개까지, 하위 그룹은 다섯 개까지 정확히 외울 수 있었다.

사람들이 외울 수 있는 숫자폭에 차이가 나는 것을 본 연구자들은 그 이유를 찾아나섰다. 당시 H. J. 험프스톤 H. J. Humpstone 이 발표한 중요한 논문에서는 개인의 숫자폭 한계는 유전된 기질일 가능성이 높다고 단언했다. 근거로는 다음의 두 가지 사항을 들었다. 첫째, 사람마다 기억에 저장할 수 있는 숫자의 개수가 달랐다. 그 개수가 그렇게까지 차이가 많이 나고, 대학생들 사이에서조차 큰 차이를 보인다는 점에서 숫자폭은 선천적인 능력임이 분명하다. 둘째, 아동을 대상으로 한 검사에서 낮은 숫자 기억 저장 능력은 낮은 학습 능력과 상호 연관성이 있는 것으로 나타났다. 따라서 모든 사람은 자신의 기억에 저장할 수 있는 숫자의 개수인 숫자폭에 대한 상한선을 타고난다. 험프스톤의 논리에 따르면 머릿속에 저장할 수 있는 숫자는 연습을 통해 늘릴 수 있는 것이 아니었다. 숫자폭은 부모로부터 물려받으며, 우리가 처음부터 갖고 태어나는 능력이었다.

마틴 P. R. Martin 과 펀버거 S. W. Fernberger 는 험프스톤의 선천설에 의문을

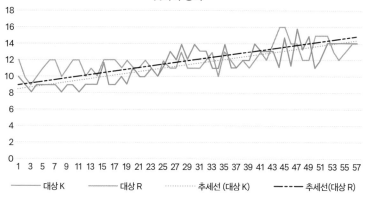

숫자폭 증가

실험 대상 K와 R을 여러 회차에 걸쳐 훈련시키면서 얻은 결과들.

제기한 첫 주자였다. 두 사람은 숫자폭이 얼마나 고정된 능력인지 시험해 보기로 했다. 이를 위해 두 실험 대상 K, R과 함께 여러 회차에 걸쳐서 숫자 암기 훈련을 실시했다. 그 결과 K와 R 모두 숫자 암기 실력이 상당히 향상되었다. 상단 표에서 마틴과 펀버거의 연구 결과를 볼 수 있다. 실선은 실제 점수를 나타낸다. 점선은 K와 R의 점수가 시간이 지남에 따라 우상향 그래프를 그렸다는 사실을 나타낸다. 마틴과 펀버거는 훈련을 통해 숫자폭을 늘릴 수 있으며, 숫자폭이 태어날 때부터 고정된 것이 아니라고 결론 내렸다.

숫자폭을 향상시킬 수 있다는 사실은 또한 안데르스 에릭손에게도 영감으로 작용했다. 마틴과 펀버거의 1929년 연구는 그동안 학계에서 잊힌 상태였다. 에릭손은 노벨상을 수상한 인지심리학자 허버트 사이

먼을 만나면서 이 주제를 이어서 연구할 기회를 얻었다. 앞서 언급했듯이 사이먼은 체스 경기에서 인간을 이길 수 있는 컴퓨터 프로그램 개발을 위해 더호르트의 연구를 부활시켰다. 사이먼은 인간의 문제 해결 활동에도 깊은 관심을 가지고 있었다. 인간의 문제 해결 활동을 탐구하기 위해 사이먼은 사람들에게 자신의 생각을 실시간으로 소리 내 말하게 하기도 했다. 에릭손을 박사후과정 학자로 초청해 피츠버그에 있는 카네기멜론대학교에 머물 기회를 준 허버트 사이먼은 미래에 노벨상 수상자가 된다.

카네기멜론대학교에서 에릭손은 사이먼이 (그리고 그에 앞서 더호르트가) 도입한 구두 보고verbal report 방법론을 스티브 펠룬이라는 학생에게 적용했다. 펠룬은 한 해 여름 동안 긴 숫자 열을 암기하는 훈련을 받았다. 에릭손은 펠룬이 여덟 내지 아홉 개보다 더 긴 숫자열을 암기하도록 훈련시킬 수 있다는 것을 의심하지는 않았다. 에릭손에게 중요한 것은 '얼마나 더?'였다.

에릭손은 펠룬에게 전화번호나 우편번호 등 그가 이미 알고 있는 일련의 숫자를 인출하도록 요청하는 게 아니었다. 에릭손은 펠룬에게 숫자를 매 초마다 하나씩 불러 줬고, 그 숫자들을 장기 기억에 저장할 수 있는 시간은 주지 않았다. 처음 접하는 숫자 열을 그 자리에서 즉시 학습하도록 요청한 것이다. 일단 새로운 숫자 열을 익히고 나면, 다시 새로운 숫자 열을 익혀야 했다. 이것을 계속 반복했다. 펠룬의 숫자폭은 예측한 범위 내에 있었고, 아무리 애를 써도 여덟 내지 아홉 개 이상은 암기할 수 없었다. 여덟아홉 개가 대다수 인간이 몇 초간 머릿속에 담아 둘 수 있는 숫자의 개수이기도 했다. 그러나 그보다 더 많은 숫자를 암기하는 사람도 분명 있었다. 에릭손은 팰룬도 아홉 개라는 장벽을 깰 수 있다고 확신했다.

── 숫자폭 한계 부수기

숫자폭 검사는 단기 기억에 의존하는데, 단기 기억은 제한적이다. 인간이 그 한계를 늘릴 수 있는 방법에는 두 가지가 있다. 단기 기억 자체를 늘리거나, 혹은 '덩이짓기chunking' 전략으로 장기 기억을 끌어들여서 활용하는 것이다. 이 덩이짓기 전략이 숫자폭에도 통할지를 확인해야 했다. 요컨대, 팰룬이 장기 기억을 끌어들여서 숫자 외우기 달인이 될 수 있을까? 아니면 영영 각 숫자를 따로따로 암기하는 방식에서 벗어나지 못할까?

팰룬은 자신의 한계를 극복하기 위해 숫자 열을 다른 구체적인 개념과 연결시키기 시작했다. 배워야 하는 사실이나 새로운 내용을 개념과 연결시키는 방법을 **연상부호암기법**mnemonics이라고 부른다. 이 기억술은 수백 년 전부터 기억력을 향상시키기 위해 사용되어 온 것이다. 프롬프터 장비의 도움을 받을 수 없었던 고대 그리스 의원들은 장소법method of loci을 사용했다. 장소법은 어떤 장소에서 주제를 정신적으로 배치하는 기억술이다. 고대 그리스 의원들은 연설문을 익히고 연설문 발표 연습을 하면서 자신이 다룰 각 주제가 회의실의 각기 다른 구역에 있다고 상상했다. 안데르스 에릭손은 원주율의 소수점 이하 숫자를 67,890번째 자리까지 암기했던 차오 루Chao Lu도 유사한 기억술을 사용했다는 사실에 주목했다.

팰룬은 연상부호암기법이 아닌 자신만의 전략을 결국 찾아냈다. 그는 숫자를 앞쪽 네 자리, 뒤쪽 세 자리로 나누어 묶어서 달리기 기록과 나이로 저장하기 시작했다. 예컨대 4533135는 45분 33초와 13.5세가 되었다. 그런 다음 마라톤 기록과 사춘기 소년을 기억했다. 이 두 번째 기억술을 추가하자 팰룬은 네 자리 숫자 열과 세 자리 숫자 열의 조합으로 숫자폭을 80개로 늘릴 수 있었다.

팰룬의 사례는 숫자를 가져다가 달리기 기록이나 나이와 통합한다는 점에서 굉장히 정신적인 활동으로 보일 수 있다. 연구자들은 아주 긴 숫자열을 익히는 활동을 인지 작업이라고 부르곤 한다. 정신적 기술과 신체적 기술 간 구분이 언제나 명확한 것은 아니다. 사실 우리의 정신적 기술은 종종 외부 세계의 신체적 활동에서 기본 구성요소를 가져와 이를 바탕으로 형성되고 발전된다. 우리가 매우 작은 조각들을 가지고 이런 기술을 쌓는다는 것이, 에릭손이 2020년 6월 17일 세상을 떠나기 전까지 자신의 연구 경력 전반에 걸쳐 주장한 핵심 요지다.

2019년 12월, 두 시간 동안 함께 저녁 식사를 한 뒤 에릭손과 나는 식당 밖으로 나왔다. 에릭손은 발렛파킹 구역으로 가서 젊은이에게 자신의 주차권을 건넸다. 나는 거기서 먼저 떠나지 않고 더 머물면서 그의 말 상대가 되어 주었다. 아직 그에게 묻지 못한 것이 너무 많다는 생각이 들었다. 에릭손은 내게 호텔에 데려다주겠다고 제안했고, 우리는 대화를 계속 이어 나갔다. 차에서 내리면서 나는 그렇게 급하게 약속을 잡았는데도 받아 줘서 고맙다고 인사했다. 에릭손은 내게 필요한 것이 있으면 언제든 연락하라고 말했다. 닫힌 차 문에 비친 내 모습이 보였고, 에릭손의 차 후미등이 보였다. 나는 마지막으로 한 번 더 돌아보면서 손을 흔들었고, 그의 차가 멀어지는 것을 지켜봤다.

그 뒤로 몇 주 동안 나는 식사 자리에서 다뤘던 주제들에 대해 에릭손과 이메일을 몇 차례 주고받았다. 특히 두드러진 주제는 외국어를 배울 때 자신의 모국어 억양을 지우기는 매우 어렵다는 관념이었다. 앞서 언급했듯 에릭손의 영어에서는 스웨덴어 억양이 거의 느껴지지 않고, 그 사실은 의식적 연습과 심적 표상이라는 관념에 꼭 들어맞았다.

에릭손과 처음 주고받은 이메일에서 나는 또 다른 가설을 제시해 보았다. 그것은 에릭손이 제2 언어 학습에 유리한 점을 지니고 있을지도 모른다는 것이었다. 나는 그에게 노래를 음정에 맞게 잘 부르는지 물었다. 나중에 살펴보겠지만, 노래 부르기와 언어의 고유한 억양 습득 사이에는 연관성이 있다. 에릭손은 자기 자랑을 하는 사람은 아니었으므로 그가 노래를 잘하는지 못하는지 알기 어려웠다. 에릭손은 노래하는 걸 좋아한다고는 말했다. 나는 그것을 노래를 잘한다는 의미로 받아들이기로 했다. 그렇다면 에릭손은 원어민처럼 말하는 데 유리한 점을 지니고 있었는지도 모른다.

우리는 또한 언어 습득 연령에 대해서도 꽤 길게 논의했다. 내가 늘 이상하게 여긴 것 중 하나는 전문성에 관한 에릭손의 연구에서 전문가가 처음 연습을 시작한 시기를 제대로 살펴보지 않는다는 점이었다. 학습을 시작한 연령이 우리 뇌가 새로운 기술 학습을 다루는 방식에 깊은 영향을 미친다는 점은 이미 알려져 있다. 따라서 답을 얻지 못한 질문이 많이 남아 있었다.

의식적 연습과 심적 표상은 발달 과정에서 어떤 식으로 변화할까? 결론적으로, 학습을 시작한 연령이 다르면 도착점도 다를 수밖에 없다. 대다수 전문가는 어린 나이에 학습을 시작한다. 그러나 어른이 된 후에 개발할 수 있는 기술도 있다. 스티브 팰룬은 어른이 된 후에 나름의 전략을 동원해 긴 숫자 열을 암기할 수 있게 되었다.

또한 기술 학습의 생물학적인 측면에 대해서도 많이 생각했다. 이 모든 것과 뇌는 어떤 식으로 연결되는가? 뇌는 단순히 하드웨어일 뿐인가? 아직은 밝혀지지 않았지만, 어떤 식으로든 사고로 변환되는 신경 신호를 생성하는 게 전부인가? 만약 그렇다면 사고와 심적 표상은 소프트웨어와 같은 것인가? 인지신경과학자들은 뇌와 마음이 어떻게 연결되어 있는지에 대해 고심한다. 에릭손이라면 기술 학습의 생물학적 토대에 대해 어떤 설명을 내놓을까?

두세 번 이메일을 주고받은 뒤에 에릭손과의 연락이 뚝 끊겼다. 명절 연휴가 다가왔고, 나는 에릭손에게 샌디에이고에 있는 가족들과 즐거운 시간을 보내길 바란다고 말했다.

2020년 봄, 4월 1일에 나는 에릭손에게 이중언어 뇌를 다루는 내 강의 교재 중 하나로 에릭손의 책을 선정했다고 알리는 이메일을 보냈다. 그의 책에서 테니스 학습에 대한 통찰을 얻었다는 말도 했다. 자신의 안전지대에서 벗어나 도전하는 것이 에릭손이 말하는 의식적 연습의 핵심 개념이다. 나는 특히 상대 선수가 내 플레이의 약점을 발견하고 그 약점을 공략했던 일화를 전하면서, 스스로 불편하게 느껴지는 지점에서 연습을 해야 한다는 점을 배웠다고 전했다.

그 이메일에 대한 답장은 영영 받지 못했다. 나는 에릭손이 연구에 몰두하느라 답장이 없는 거라고만 생각했다. 그러다 몇 달 뒤에 에릭손이 세상을 떠났다는 소식을 듣게 되었다. 2020년 6월, 플로리다주립대학교에서 주최한 에릭손의 연구 업적을 기리는 온라인 기념회에 초청되었다. 나는 에릭손을 만나서 기쁘기도 하고 슬프기도 하다. 그를 적어도 한 번은 직접 만났다는 것이 기쁘고, 그가 세상을 떠났다는 것이 슬프다. 우리의 대화가 어떻게 흘러가서 어디에 닿았을지 늘 궁금하다. 아직도 이야기해야 할 것이 너무나 많이 남아 있는 것 같다.

─── 창발, 발달, 연습

이 책의 장들은 내가 에릭손에게 물어봤을 만한 주제들을 다룬다. 나는 인지신경과학자로서 많은 시간을 뇌에 대해, 그리고 뇌가 우리의 사고방식과 어떤 관계에 있는지에 대해 생각하면서 보낸다. 또한 인간이 요람에서부터 시작해 성인이 되고 그 이후까지 어떻게 변화해 가는가에 대해서도 매우 관심이 많다. 인간의 기술이란 어떻게 생겨나며 나이 들어 가면서 어떻게 변하는 것인가?

우리가 특히 심도 있게 탐구할 주제는 창발emergence이며, 이는 기존의 것들이 결합해 뭔가 새로운 것을 형성한다는 관념이다. 창발은 덩이 짓기에서 한 단계 더 나아가 많은 덩이들이 결합하고 변형되어 '거대덩이megachunk'가 만들어지는 과정을 강조한다. 또한 나는 기술을 감각 정보와 운동 정보가 조합된 것으로 볼 수 있는 과정들을 추적할 것이다. 책의 후반부에서는 더 나아가 우리 의식에서 주어진 정보와 주어지지 않은 정보를 통합하는 뇌의 더 복합적인 부분들에 대해 알아본다.

에릭손과 나는 지식, 기술과 그것들을 습득하는 방식에 대해 견해가 달랐다. 그러나 에릭손이 자신의 연구로 사람들의 삶에 영향을 미치는 방식에 있어 나는 그를 깊이 존경했다. 에릭손은 심층 연구를 진행하면서 만나는 개인들과 협력하기를 정말 좋아했다. 연구 주제는 숫자 열 암기와 같은 인지 기술에 국한되지 않았다. 스포츠와 같은 신체 기술도 연구했다. 다음 장에서는 에릭손이 특히 애정을 가지고 관여한 자연실험

하나를 살펴보겠다. 한 성인이 완전히 낯선 스포츠인 골프를 접한 뒤 연습을 통해 자신의 실력을 어디까지 향상시킬 수 있을지 확인하고자 한 실험이다.

2장. ——————— 댄 계획과 성인기 이후의 숙달

: 사례연구 ❶

_____ 어른이 된 후에 시작해서 전문가 되기

2009년 6월, 댄 매클로플린Dan McLaughlin은 네브래스카주 오마하에서 형과 골프를 치던 중 인생을 송두리째 바꿀 결정을 내린다. 그날 오후 댄과 형은 많은 사람이 품어 온 커다란 의문에 대해 이런저런 이야기를 나눴다. 어떤 일을 성인이 된 이후에 시작해도 아주 뛰어난 실력을 갖추는 것이 가능할까? 만약 가능하다면 그 실력은 어느 수준까지 도달할 수 있는 것일까? 그러기 위한 최선의 방법은 무엇일까? 이들 질문에 대한 답을 찾기 위해 댄은 스스로 프로 골퍼가 되기 위한 여정에 오른다.

댄은 전문성 획득에 연습이 미치는 영향에 관한 안데르스 에릭손의 이론을 시험하기에 아주 좋은 후보자였다. 댄은 골프 초보자였고, 운동선수로 훈련받은 적이 없었다. 물론 그렇다고 소파와 한 몸이 되어 살지도 않았다. 테니스를 칠 줄 알았고, 고등학교 1학년 때는 크로스컨트리 스키도 했다. 하지만 프로 수준의 실력을 갖춘 스포츠는 없었다.

댄은 처음부터 기록을 수집하기로 계획했다. 입문자에서 시작해 전문가를 향해 나아가는 자신의 발전 정도를 표로 나타낼 수 있도록 말이다. 어린 시절에 연습을 시작한 사람들에게 적용되는 규칙들이 성인기 이후 시작한 사람들에게도 적용되는지 확인할 기회였다.

댄의 목표는 PGA투어 Q스쿨(전년도에 PGA투어 총 상금 랭킹이 125위에 들지 못했거나 투어 참가 경력이 없는 프로 지망생이 PGA 1부 투어 출전권을 얻기 위해 참가하는 골프 대회 - 옮긴이)에 참가하는 것이었다. 이를 위해서는 핸디캡을 2.5까지 낮춰야 했고, 이는 곧 미국 전체 골프 선수 중 상위 6퍼센트 안에 속해야 한다는 것을 의미했다. 달리 말하면 미국 전역의 골프 선수 94퍼센트가 댄보다 더 순위가 낮아야 했다.

골프에서 전문성을 획득했다고 할 만한 수준에 도달하는 것은 결코 쉬운 과제가 아니므로, 댄은 계획을 꼼꼼히 짜고 그를 실행할 최선의 방법을 찾는 데 공을 들였다. 그는 외부의 도움 없이 자신의 목표를 달성할 수 없다는 것을 알았다. 그러나 처음에는 전문가에 대한 전문가인 학자 안데르스 에릭손과 직접 협력하게 되리라고는 상상도 하지 못했다.

____ 댄의 연습 계획

더 많은 정보와 조언을 얻고자 댄은 웹사이트를 개설해 자신의 신념과 프로 골퍼로 성장하기 위한 로드맵을 상세하게 소개했다. 웹사이트를 개설하자마자 조언이 밀려 들어왔다. 댄의 계획은 결국 운동 스킬 전문성 관련 연구와 이어지게 되었다. 댄은 레너드 힐Leonard Hill 박사와 연락이 닿았다. 힐은 플로리다주립대학교에서 안데르스 에릭손의 지도를 받아 골프 전문가의 특징을 연구한 경력이 있었다.

PGA투어 Q스쿨에 참가하겠다는 목표를 달성하기 위해 댄은 에릭손의 연구를 마음에 새겼다. (대다수 사람들이 그랬듯이) 댄이 특히 주목한 내용은 1만 시간의 법칙이었다. 1만 시간의 법칙은 그 단순성에 힘입어 맬컴 글래드웰이 대중화시킨 개념이다. 댄은 이 마법의 숫자에 맞춰 자신이 갈 길을 계획하기 시작했다. 비록 에릭손이 자신의 연구에서 직접 언급한 적은 없는 법칙이지만 1만 시간은 목표로 삼기 좋은 숫자였다.

댄이 세운 첫 계획은 하루 여섯 시간 연습으로 3년 반 안에 1만 시간을 채우는 것이었다. 힐, 에릭손, 자신의 코치와 대화를 나눈 후에는 이 계획을 수정했다. 에릭손의 이론이 연습의 양에 초점을 두지 않는다는 사실을 금세 알게 되었기 때문이다. 에릭손의 연구는 의식적 연습의 중요성에 초점을 맞추고 있었으며, 이 의식적 연습은 매우 구체적인 특징을 지니고 있었다.

의식적 연습을 하려면 자신의 수행 능력에 대한 피드백을 받을 수 있어야 한다. 따라서 연습을 했다고 해서 그 시간이 모두 동등한 가치를 지니는 것이 아니다. 에릭손은 연습 시간의 대부분이 낭비되는 것에 공공연한 안타까움을 표했다. 강도가 약한 연습이 긴 시간 동안 이어지면서 사람들이 신경을 꺼 버리고 기계적으로 연습 시간을 채우면 그 시간은 의미 없는 것이 된다. 강도가 너무 높아 지치게 되는 경우에도 마찬가지다. 의식적 연습에서는 학습자가 지속적으로 피드백을 받기 때문에 자신이 하고 있는 것에 대한 집중력을 유지할 수 있다. 에릭손은 스승, 코치, 멘토가 있을 때 의식적 연습의 효과가 가장 크다고 말했다.

다행히 에릭손은 기꺼이 댄의 멘토가 되어 주겠다고 했다. 댄의 코치는 골프 연습의 구체적인 측면들의 지도를 맡았다. 계획을 마련했으니 이제는 그 계획의 세부 사항을 실행에 옮길 차례였다.

3년 안에 1만 시간을 채우겠다는 자신의 처음 계획을 지키기 위해 댄은 매일 연습을 두 구간으로 나눠서 진행했다. 먼저 오전 연습을 두세 시간 정도 진행하고 정오에 멈춘다. 그리고 오후에도 두세 시간 동안 연습을 한다. 오전 연습 시간과 오후 연습 시간 사이에는 휴식 시간을 두었지만, 이따금 그 시간에 체육관을 찾거나 달리기를 추가로 하기도 했다.

연습을 두 구간으로 나눠서 진행한 이유는 두 가지다. 첫째, 이렇게 하면 댄이 확실하게 의식적 연습을 하는 데 도움이 되었다. 연습 시간 사이에 간격을 두면 가장 강력한 효과를 낸다고 알려진, 이른바 **구획 연습**spaced practice과 **분산 연습**distributed practice이라는 학습 형태를 활용할 수 있다. 실제로 지나치게 길게 연습을 지속하는 것은 시간을 쪼개서 하는 연습보다 비효율적이라는 사실이 밝혀졌다. 연습 시간을 두 구간으로 나눔으로써 댄은 심리학자들이 **응고화**consolidation라고 부르는 학습의 안정화에 필요한 시간을 확보할 수 있었다.

댄은 연습의 길잡이로 학습과학을 십분 활용했다. 댄의 여정은 전문성에 대한 오래된 질문의 21세기형 답을 구하는 시험이었다. 그는 학습

과학을 활용함으로써 이미 성인이 된 자신이 목표를 달성할 수 있기를 바랐다. 계획을 완성한 댄은 마침내 자신의 연습법에 돌입할 수 있었다.

___ 댄의 행동 계획

첫 연습 기간에는 퍼팅에 집중했다. 댄의 코치는 퍼팅이 매우 어려운 동작임을 강조했다. 몇 센티미터부터 9미터까지 매번 다른 거리에서 공을 치는 법을 배워야 했다. 거리가 천차만별이라는 점이 퍼팅이 그토록 어려운 이유다.

가장 쉬운 퍼팅조차 까다로울 수 있다. 원칙적으로는 아주 가까운 거리에서 공을 치는 것이 쉬워야 하지만, 이는 또한 골프 게임에서 가장 신경이 곤두서는 샷이기도 하다. 나중에 다루겠지만, 선수가 중압감을 못 이겨 무너지는 일은 꽤 흔하다. 너무나 쉬운 나머지 오히려 실패하는 것이 끔찍한 일이 되면 중압감은 훨씬 더 커진다.

퍼팅을 배우기 위해 댄은 역순으로 접근했다. 먼저 30센티미터 거리에서 퍼팅을 연습했고, 하루 만에 100퍼센트 성공률을 달성했다. 그제서야 1미터로 거리를 벌렸는데, 90퍼센트 성공률을 달성하는 데 2~3주가 걸렸다. 댄은 꾸준히 거리를 점점 더 벌려갔고, 4개월 반이 지난 뒤에는 그라운드 밖에서 공을 칠 수 있었다.

댄은 첫 1년 반 동안은 오로지 연습만 했다. 골프를 배우기 시작한지 18개월이 지나서야 처음으로 풀코스를 완주했다.

댄은 연습 시간을 기록하는 외에도 자신의 핸디캡을 추적 관찰 했다. 우측의 그래프는 댄의 웹사이트에 공개된 데이터를 토대로 작성한 것이다. 데이터값에 부합하는 선 두 개를 그려 넣었다. 실선은 선형방정식을, 점선으로 표시한 곡선은 비선형방정식을 적용했다.

각 선 위와 아래에는 데이터값을 가장 잘 설명하는 함수 두 개를 표기했다. R^2는 적합도를 나타내며, 한 변수의 변화가 다른 변수의 변화와 얼마나 관련 있는지를 보여 준다. 이 경우 선형 함수, 즉 $y = ax + b$는 연습 시간에 따른 핸디캡 변동을 약 75퍼센트 정도 설명한다. 댄의 수행 능력을 나타낸 선들 아래에 표기했듯이 (x^4, x^3 등 항이 둘 이상인) 다항 함수를 추가하면 그 비중을 86퍼센트까지 늘릴 수 있다.

두 함수 모형 모두 많은 데이터값을 설명할 수 있지만, 실제로는 그 선들 위아래에도 데이터값이 존재한다는 점에 주목하라. 이렇게 튀어 나온 점들은 댄의 핸디캡이 설명할 수 없는 이유로 요동쳤다는 것을 말한다. 예를 들어 1만 시간 실험을 시작한 후 약 4,000시간에 도달했을 때 댄의 핸디캡이 갑자기 7.3으로 올라간다. 그런데 같은 날 댄은 자신이 골프를 엄청나게 잘 쳤다는 느낌이 들었다고 보고한다. 다른 평범한 연습일에는 더 나은 핸디캡을 기록했다.

선을 따라가다 보면 다른 튀어나온 점들이 있고, 2014년 6월 1일 약 5,200시간을 채웠을 때 최저점을 기록한다. 그 후에 핸디캡이 또 올라가지만, 결국 다시 내려온다. 일반적으로는 하향 추세를 보이지만, 그렇

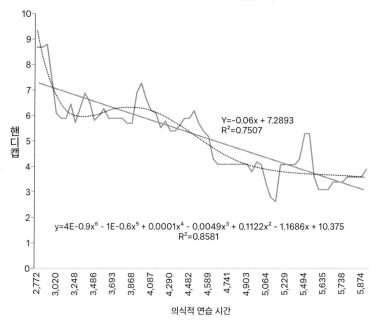

댄 매클로플린의 골프 핸디캡 변화

$Y=-0.06x + 7.2893$
$R^2=0.7507$

$y=4E-0.9x^6 - 1E-0.6x^5 + 0.0001x^4 - 0.0049x^3 + 0.1122x^2 - 1.1686x + 10.375$
$R^2=0.8581$

핸디캡

의식적 연습 시간

2012년 4월부터 2015년 5월까지 의식적 연습을 한 시간이
늘어날수록 댄의 핸디캡이 낮아졌다.

게 하향선을 그리기까지 시간이 걸린다.

2015년에 1만 시간이라는 목표까지 절반을 조금 넘겼을 때, 댄은 허리 부상을 당했다. 재활 운동과 스트레칭, 물리치료를 병행했지만 허리는 좀처럼 낫지 않았다. 연습을 잠시 중단해 보았으나, 결국 완전히 회복되지 않았다. 댄은 마음이 아팠지만, 자신의 계획에 작별을 고하는 게시글을 작성했다. 그 게시글은 이렇게 시작했다. "지난 2개월간 이 글을 적어도 열 번은 쓰기 시작했던 것 같다."

어떻게 보면 '댄 계획'은 실패했다. 갓 6,000시간을 넘긴 시점에 허리 부상을 당한 댄은 자신의 계획을 포기했다. 목표는 PGA투어 Q스쿨에 참가하기 위해 핸디캡을 2.0까지 낮추는 것이었다. 그러나 댄의 핸디캡은 단 한 번도 2.5 밑으로 내려가지 못했고, PGA투어 Q스쿨에 참가할 자격을 얻지 못했다.

그러나 또한 모든 사람이 댄이 엄청난 성과를 이루었고, 실험을 마칠 시기에 그의 실력이 처음 시작했을 때보다 훨씬 향상되었다고 인정했다. 기억 및 학습 전문가이자 열렬한 골퍼인 로버트 비요크Robert Bjork는 댄의 실력 향상에 감탄했다. 초보자가 그렇게 적은 시간에 그토록 대단한 실력을 쌓을 수 있었다는 점은 주목할 만했다. 그러나 많은 사람이 보기에 댄의 실험은 이른바 타고난 천재는 존재하지 않는다는 것을 입증하는 데는 실패했다. 댄은 의식적 연습으로 프로 골퍼가 되지 못했다.

이 모든 논쟁이 간과하는 것은 발달이라는 관념이다. 에릭손의 전문가 연구나 탁월한 수행 능력에 관한 다른 연구들은 거의 대부분 성인이 되기 전에 탁월한 성과를 낸 개인들에 치우쳐 있다. 댄의 계획이 '실패'한 이유로 댄이 전문가가 되기에는 너무 늦은 나이에 시작했다는 점을 들 수도 있을 것이다.

그러나 댄의 계획에는 적어도 내가 아는 한 아직 깊이 다뤄지지 않은 또 다른 측면이 있다. 댄이 계획을 실행하고자 한 속도에 초점을 맞춘 논의는 거의 없다. 댄의 원 계획에서는 3년 반 안에 1만 시간을 채우도록 되어 있었다. 그러나 세계적인 전문가가 된 대다수가 실력이 정점에 도달하기까지는 적어도 10년이 걸렸다.

댄이 너무 늦은 나이에 훈련을 시작했다는 주장을 살펴볼 때 참고하면 좋을 통찰이 하나 있다. 2015년 10월에 댄은 핀란드 키사칼리오에서 열린 제1회 운동기능습득과학회의Scientific Conference on Motor Skill Acquisition에 참석했다. 그는 자신의 블로그에 학습이 직선적으로 이루어지지 않는다는 아이디어를 담은 "비선형 교육 방법론"이라는 제목의 글을 올렸다. 새로운 기술의 학습에는 여러 다른 유형의 활동이 관여한다는 것이다. 이것은 데이비드 엡스타인David Epstein이 자신의 저서 『늦깎이 천재들의 비밀Range』(열린책들, 2020)에서 다룬 주제이기도 하다. 엡스타인은 이른 나이의 전문화는 규칙이 아닌 예외라고 주장한다.

댄이 실패한 이유는 너무 늦은 나이에 시작했기 때문이 아니라 몇 년에 걸쳐 진행되어야 하는 과정을 너무 서둘러서 압축적으로 진행했기 때문인지도 모른다. 또한 그 기간 동안 단순히 골프만 연습하지 않고 아이들이 하듯 다른 여러 활동도 병행해야 했는지도 모른다. 아이들은 단순히 어른보다 나이가 더 어릴 뿐 아니라 어른과는 다르게 학습한다. 비선형 교육 방법론은 **창발주의**emergentism라는 명칭의 아주 오래된 사상과 공통점이 아주 많다.

창발주의는 비선형성에 초점을 맞춘다. 변화란 수많은 작은 조각들이 한데 모여서 더 큰 전체를 형성하는 과정을 수반하는 것이라 보기 때문이다. 이런 조합들은 단순한 합에 그치는 것이 아니다. 그런 조합들은 변형을 일으키고, 그 결과 작은 것들이 조직화되는 방식이 근본적으로 변한다.

댄의 실험에서라면 이는 다른 스포츠를 하고, 다른 활동을 하고, 심지어 아주 긴 휴지기를 갖는 것을 말한다. 이것은 다른 요소들을 엮어 넣은 매우 극단적인 분산 학습의 형태를 띠었을 것이다. 나중에 다루겠지만, 실제로 한 프로 테니스 선수에게 이런 접근법이 매우 효과적이었다. 그의 사례는 앞으로 몇 장을 더 살펴본 후에 나온다. 먼저 창발이라는 관념과 그 관념이 기술 구축을 바라보는 우리의 관점에 어떤 영향을 미치는지 생각해 보겠다.

3장. ——————— 인간의 삶과 창발성

___ 자연 세계에서의 창발

과학자들은 무언가가 우후죽순처럼 갑자기 출현하는 것을 **창발 현상** emergent phenomena 이라고 부른다. 우리 몸이 생물학적 과정과 화학적 과정의 조합이라고 생각해 보자. 우리 한 사람 한 사람의 동작, 생각, 감각은 화학적·전기적 활동의 산물이다. 시간이 흐르는 동안 이런 요소들이 통합되면서 우리는 새로운 것을 학습하는 능력을 얻는다.

19세기의 대표적인 철학자 중 한 명인 존 스튜어트 밀은 화학 원소 수준에서 사물들이 어떤 방식으로 재조합하는지를 고찰했다. 이에 대한 밀의 생각은 『논리학 체계A System of Logic』라는 그의 저서에 가장 잘 정리되어 있다.

밀은 청소년기에 프랑스에 머물면서 산을 자주 탔다. 산을 오르내리고 공부를 하는 동안 밀은 두 가지 유형의 관계를 접했다. 어떤 관계는 연달아 일어났다. 예를 들어 산을 올라가다가 의도치 않게 돌을 찼는데, 그 돌이 다른 돌을 쳤다. 이런 경우 인과관계가 확립된다. 밀의 발이 돌과 부딪혔고, 그로 인해 그 돌이 날아가 또 다른 돌에 부딪혔다. 두 번째 돌의 움직임은 첫 번째 돌의 움직임이 원인이 되어 나타난 결과다.

밀의 대표적인 저작에 나오는 두 가지 핵심 개념은 동시성simultaneity 과 연쇄성succession을 중심에 두고 있다. 동시성에서는 두 가지 일이 동시에 일어날 수 있다. 앞서 든 예로 돌아가 본다면 돌을 찬 순간 그와 동시에 흙도 튀어오른다. 연쇄성에서는 어떤 일이 먼저 일어난 다음에 다른 일이 일어나야만 한다. 돌이 날아가기 전에 발로 돌을 차는 일이 먼저 일어난다. 밀은 동시성과 연쇄성이 과학과 자연 세계를 이해하는 열쇠라고 생각했다.

일반적으로 과학자는 인과관계를 확립하고자 열심히 노력한다. 이를 위해 과학자는 연쇄성, 즉 원인이 먼저 오고 결과가 나중에 온다는 관념에 기댄다. 인과관계의 확립은 문제를 가장 기본적인 부분들로 환원시킬 때 효과적이다. 예컨대 우리는 연습 시간을 원인으로, 기술 향상을 결과로 볼 수 있다. 뭔가를 가장 기본적인 부분들로 환원하는 것을 **환원주의**reductionism라고 부른다.

창발주의는 한 가지 결과를 두고 여러 원인을 떠올린다는 점에서 환원주의와 대비된다. 이렇게 복합적인 관계에서는 실제 원인을 확정하기 어렵다. 왜냐하면 변형적 사건이 일어나는 동안에는 기본 구성단위들이 극적으로 변하기 때문이다. 밀은 심지어 화학적 요소 수준에서도 사물이 조합되고 재조합되어서 뭔가 새로운 것이 형성된다고 주장한다. 예컨대 물은 산소와 수소가 기체 상태를 벗어나 함께 결합하여 액체를 형성하는 조합에서 발생한다.

자연 세계와 우리 인간 세계의 연결고리는 밀의 논리학 체계에서 다룬 주제는 아니었다. 창발주의라는 관념을 한층 더 정교하게 다듬은 것은 피에르 테야르 드샤르댕Pierre Teilhard de Chardin이었다. 이 세상에 우리 인간이 존재하는 이유와 진화론에 대해 생각하던 테야르 드샤르댕은 화학적 수준에서의 조합들에서 인간으로서의 우리 삶, 더 나아가 새로운 기술을 학습하는 우리 인간의 능력으로 이어지는 연결고리를 만들어 냈다.

─── 인폴딩, 인간, 창발주의

고생물학자인 피에르 테야르 드샤르댕은 다윈주의적 관점에 따라 종의 수준에서 자연 세계를 연구했다. 다만 한 가지 문제가 있었다. 테야르 드샤르댕은 가톨릭 신부였고, 당시에는 진화론이 이단으로 여겨졌다. 비록 프랑스 사회는 테야르 드샤르댕의 이론을 매우 적극적으로 받아들였지만, 종교계는 가톨릭 신부가 진화론을 지지하는 것을 못마땅하게 여겼다.

가톨릭교회는 테야르 드샤르댕을 대학교수로 임명하는 등 엘리트 지식인에게 어울리는 직위를 내리지 않고, 대신 그를 중국으로 보냈다. 테야르 드샤르댕이 더 큰 문제를 일으키기 전에 침묵시키려 한 것이었다. 그러나 그런 처벌로는 테야르 드샤르댕의 학문적 신념을 꺾을 수 없었다. 그는 자신의 믿음을 버리지 않았다. 오히려 유배된 그곳에서 그는 자신과 더 큰 세계를 이어 주는 연결고리를 발견했다.

낯선 대륙으로 쫓겨난 그는 과학적 연구와 영적인 탐구를 이어 나갔다. 황량한 사막을 내다보면 쓸모없는 황무지만이 펼쳐져 있었다. 사막에 놓인 바위를 뒤집어도 그 아래에는 아무것도 없었다. 그런데도 그는 이 세계가 생명으로 넘친다는 사실을 알았다. 자신의 눈앞에 있는 그런 풍경에서 생명은 태어났다. 그는 지구를 덮은 이 층을 **선생명** pre-life이라고 불렀다.

테야르 드샤르댕의 탐색은 무기물 세계에서 멈추지 않았다. 그는 삭막한 선생명에서 분자들이 조합되고 재조합되는 과정이 어떻게 생명의 창발로 이어졌는지 상상했다. 식물과 동물로 가득한 살아 있는 행성은 지구를 덮친 두 번째 물결로 이어졌다. 따라서 선생명은 지구를 감싸는 두 번째 구界, sphere를 낳았고, 그는 이를 **생명** life이라고 불렀다. 그는 진화의 각 주기가 우리 지구를 에워싼 구들을 층층이 형성했다고 생각했다.

최종적으로 테야르 드샤르댕은 이 책에서 우리가 다루는 주제를 확장하는 핵심 통찰을 제시했다. 그는 지구를 둘러싼 각각의 구들이 스스로 안으로 말려 들어간다고 묘사한다. 생명의 각기 다른 기본 구성단위들이 서로 섞이면서 그 구성단위들은 본질적으로 사라지고 변형되었다. 요컨대 마치 각 구가 그 아래에 있는 구에 삼켜진 것과도 같다.

이것은 세계가 자신의 속으로 말려 들어가는 것을 반복하면서 끝없이 변화하는 과정이었다. 아원자 입자들이 말려들어 원자가 되고, 원자가 안으로 말려들어 분자를 형성하고, 이것이 반복된다. 잠시 뒤에 살펴보겠지만, 이 인폴딩infolding이라는 관념은 우리 인간의 발달 과정에도 적용된다. 그리고 인간의 발달 과정은 다시 기술 구축의 본질과 우리가 새로운 것을 학습하는 방식에도 시사하는 바가 있다. 새로운 기술의 학습 과정은 단순히 계속 쌓아 나가는 것이기보다는 일련의 변형들의 집합이다. 이 장의 후반부와 책의 후반부에서 이 주장에 관해 다시 살펴보겠다.

—— 인폴딩과 뇌 발달

우리가 유아동기, 청소년기, 성인기에 학습하는 모든 기술에 활용되는 기본 시스템은 생애 주기를 시작한 직후에 확립된다. 우리 뇌는 시간이 지나면서 정교하게 배선된다. 세포 수준에서 기본 구성단위들은 우리 뇌에서 감각과 움직임을 사고로 변환한다. 이 감각과 움직임은 이후 우리가 새로운 스포츠, 새로운 악기, 새로운 언어를 배울 때 활용된다.

세상으로 나아가는 우리 여정의 출발선에서 정자와 난자가 합쳐지고, 그 결과 양쪽 부모에게서 물려받은 유전 재료가 한데 모인다. 모든 인간은 정자와 난자에서 나온 염색체 두 쌍을 지닌다. 이 염색체에는 생명의 기본 구성단위인 아미노산 사슬, 즉 DNA 가닥들을 지닌 유전자가 들어 있다. 정자와 난자가 합쳐지면 일련의 생물학적·화학적 과정에 의해 단 40주 안팎이라는 시간 동안 단일 세포 배아가 태아를 거쳐 신생아가 된다.

DNA에는 우리의 발달 과정에서 길잡이 역할을 하는 유전암호가 들어 있다. 그러나 DNA는 발달에 간접적으로만 관여한다. DNA에는 단백질 생성 순서에 대한 지시 사항이 나와 있지만, DNA가 직접 그런 단백질을 생성할 수는 없다. DNA는 밧줄처럼 두 개의 가닥이 서로 꼬여 있는데, 그 끝이 풀리면 자유롭게 떠다니는 RNA 가닥과 결합할 수 있게 된다. 각각의 DNA 가닥이 단백질 생성에 필요한 지시 사항을 운반한다.

따라서 초기 발달 과정 중에 세포 속 DNA 가닥은 메신저 RNA 가닥을 만들어 내고 RNA 가닥들이 우리 몸속 조직을 구성하는 단백질을 생성한다. DNA는 말 그대로 스스로 풀려서 메신저 RNA 가닥들을 만들어 내고, 그 가닥들이 조직을 만들고, 그 조직들이 우리 몸을 형성하는 것이다.

수정 직후 우리 존재를 형성하는 세포들은 미분화 상태다. 이런 미분화 조직은 줄기세포로 이루어져 있다. 이후 세포들이 각기 다른 위치로 이동하면서 조직들이 전문화되기 시작한다.

발달의 첫 단계에서는 세포들로 이루어진 하나의 덩어리인 배반포가 형성된다. 이 세포 덩어리는 곧 세 개 층으로 나뉜다. 가장 안쪽에 있는 내배엽은 간, 심장, 폐 등 장기를 형성한다. 중간층인 중배엽은 근육과 골격 체계를 형성한다. 바깥층인 외배엽은 신경 체계를 형성한다.

지금까지 살펴본 뇌 발달 과정을 돌아보면 우리는 각 단계가 어떻게 스스로 안으로 말려 들어가는지 이해할 수 있다. 최초의 세포들이 분화되면서 세포들로 이루어진 하나의 덩어리를 형성하고 그 덩어리가 다시 세 개 층으로 변화한다. 세 개의 층은 그 자체로 전문화에 돌입한다. 이런 풍경은 사막을 내다본 테야르 드샤르댕의 시야에 들어온 풍경과 크게 다르지 않다. 아무런 생명이 없는 곳에서 생명이 등장한다. 두 개의 세포에서 세포들의 집합으로, 그리고 태아가 발달하는 동안 점점 더 복잡한 층들이 지속적으로 생겨난다. 이런 복잡성에서 신경 체계가 탄생하고, 이 신경 체계에서 뇌가 탄생한다.

―― 인간의 뇌, 중첩된 구

단순한 요소들의 조합이 더 복합적인 전체로 변형되는 중에 사라지는 현상인 인폴딩은 뇌 발달 과정에서도 관찰된다. 포도 같은 구조인 배반포는 매우 빠른 속도로 변형해 또 다른 조합을 만들어 낸다. 앞서 언급한 세 개 층의 가장 바깥층인 외배엽은 신경 체계를 형성하는 과정을 시작한다. 이를 위해 평평한 층이 돌돌 말리면서 관을 형성하고 그 관은 나중에 신경 체계가 된다. 그 물리적 형상을 따서 생물학자들이 **신경관** neural tube이라고 부르는 기관이다.

기술 구축을 위한 기초 작업은 신경관이 우리 신경 체계를 구체적으로 만들어 가는 방식에서 찾을 수 있다. 이 과정에 우리는 두 가지 방향으로 접근할 수 있다. 첫째, 신경관을 세로 방향으로 따라가 보자. 신경관의 최상단 끝부분이 뇌와 감각기관이 된다. 신경관의 최하단 끝부분은 척수가 된다. 이 축은 평생 유지되어서 뇌는 우리 머리에, 척수와 신경 체계의 나머지 부분은 대부분 그 아래에 있다.

이와 별개로 신경관을 가로 방향에서 바라볼 수도 있다. 이는 운동 및 감각 체계의 방향과 일치한다. 우리가 어떤 기술을 개발하든 언제나 바깥세상에 무엇이 있는지를 지각한 뒤에 그 감각에 반응해야 한다. 이런 감각운동의 구별이 워낙 중요하다 보니 신경관을 따라 두 개의 장소에 자리 잡고 있다. **등쪽**dorsal side이라고 불리는 상단은 우리 몸의 등을 향해 펼쳐져 있고, 감각 처리를 거의 전담하다시피 한다. **배쪽**ventral portion이라고 불리는 하단은 운동 처리를 전담한다.

상단에서는 인폴딩이 추가로 관찰된다. 뇌 발달이라는 측면에서 초창기에 형성된 층들은 중심에 있고, 이후에 형성된 층들은 그 중심을 감싸고 있다. 나중에 뇌의 영역들이 하나의 중심을 에워싸는 방식은 인폴딩에 관한 이전 논의를 연상시킨다. 진화와 선생명에서 인간 문명으로의 이행을 설명하기 위해 처음 제안된 구 형성 과정은 뇌 발달 과정에서도 흥미로운 비유를 제공한다. 우리는 테야르 드샤르댕이 관찰한 것과 유사한 과정을 뇌 발달에서도 목격한다.

이제 뇌는 어떻게 스스로를 조정해서 새로운 것을 배우는가 하는 질문이 남는다. 학습 과정을 더 명확하게 이해하기 위해 우리는 곧장 신경세포의 수준으로 되돌아가야 한다. 그런 다음 다시 뇌 이야기로 돌아올 것이다.

___ 단 하나의 음에서 교향곡으로

우리의 정신계는 별개의 음들이 모여서 구성된 교향곡에 비유할 수 있다. 인간의 뇌는 수십억 개의 신경세포로 이루어져 있다. 이 신경세포들은 우리 정신계의 기본 구성단위다. 기계 부품으로서의 뉴런은 비교적 단순하다. 중심에 세포체가 있고, 그 안에 세포핵이 들어 있다. 세포핵은 신경이 기능할 수 있게 해 주는 단백질을 생성한다는 점에서 아주 중요하다.

뉴런의 양쪽 말단에는 가지돌기가 있다. 뉴런에서 뻗어 나온 이 촉수는 이웃 뉴런과의 연결을 제공한다. 가지돌기의 촉수는 다른 신경이 내보낸 화학 신호를 통해 정보를 받아들인다. 만약 이런 신호들이 충분히 쌓여서 큰 덩어리를 이루게 되면 전기 파동이 생성된다. 이 전기 파동은 축삭돌기라고 불리는 긴 관 모양의 구조물을 통해 이동한다. 축삭돌기를 감싸고 있는 지방질 막이 신호가 새어 나가지 않도록 막아 준다. 일단 전기 파동이 축삭돌기의 말단에 도달하면 뉴런의 반대편 말단에 있는 가지돌기를 자극해서 화학물질을 배출시킨다. 다른 뉴런들이 그

화학 메시지를 받으면 그 뉴런들에서 이 과정이 반복된다.

뉴런의 구조에 대한 우리 지식의 많은 부분은 산티아고 라몬이카할 Santiago Ramón y Cajal이 밝혀낸 것이다. 스페인의 신경과학자이자 노벨의학상 수상자인 라몬이카할은 의사가 되지 못할 뻔했다. 아버지 산티아고 라몬이카수스Santiago Ramón y Casus는 의학대학원에 진학해 졸업하기까지 개인적으로 큰 희생을 치렀다. 아들인 산티아고 라몬이카할은 의학에는 전혀 관심이 없었다. 의사가 된다는 것은 아픈 환자를 돌보아야 한다는 것을 의미했고 그것이 전혀 매력적으로 느껴지지 않았다. 라몬이카할의 가장 큰 목표는 화가가 되는 것이었다. 그는 미술을 공부하고 싶었다. 그의 아버지와 교사들은 그가 그토록 장래가 암울한 진로를 선택하는 것을 극구 반대했다. 라몬이카할은 배고픈 화가가 되어 굶어 죽을 것인가, 아니면 의사가 되어 죽어 가는 환자들을 돌볼 것인가, 이 두 가지 선택지에 갇혀 있었다.

당시에 그는 자신의 꿈이 모두 실현될 것이라는 사실을 까맣게 몰랐다. 라몬이카할은 화가이자 의사가 되었고, 아픈 환자를 돌보지 않았다. 의학 과정을 마치고 의사 자격증을 취득한 그는 환자를 전혀 만날 일이 없는 일을 했다. 현미경 밑에 놓인 조직 조각들을 들여다보는 일이었다. 그는 신경 체계의 세포들을 보기 위해 카밀로 골지Camilo Golgi가 개발한 기법을 활용했다.

라몬이카할과 마찬가지로 의사였던 골지는 환자들을 돌보는 의사였다. 그러나 여유가 생기면 병원에 딸린 부엌에서 다양한 염색 기법을 실험했다. 그는 금속을 사용하면 신경 체계의 구조를 관찰할 수 있다는 사실을 발견했다. 다른 연구자들은 신경 체계의 조직을 볼 수 있는 방법을 찾지 못하고 있었다. 골지는 축삭돌기와 가지돌기를 비롯해 뇌의 여러 영역들을 관찰했다. 그는 자신의 연구 결과를 토대로 뇌가 서로 연결된 신경섬유들의 망으로 이루어졌다는 결론에 도달했다.

골지의 염색법을 사용해 본 라몬이카할은 이 염색법을 개선하기로 마음먹었다. 몇 가지 수정을 거친 염색법으로 관찰한 내용들은 골지의 주요 주장과는 모순되었다. 라몬이카할은 서로 연결된 신경섬유들의 망이 아닌 별개로 존재하는 뉴런들을 발견했다.

이 시기에 라몬이카할은 오랜 시간 현미경을 들여다보면서 관찰한 일종의 흐름을 상술했다. 또한 자신의 미술 재능을 활용할 방법도 찾았다. 현미경을 통해 본 뉴런들을 그림으로 그리는 일은 매우 즐거웠다. 관찰한 형상을 시각화하는 그의 능력은 어떤 의미에서는 그의 선택이 결국 옳았음을 입증하는 증거와도 같았다. 그는 화가이자 의사가 될 수 있었고, 더 나아가 환자를 돌보는 일을 완전히 피할 수 있었다.

이 두 노벨의학상 수상자들의 연구는 한동안 지속된 논쟁을 부각시킨다는 점에서 흥미롭다. 라몬이카할의 뉴런 이론은 각 뉴런이 독립된 기계라는 생각으로 이어진다. 이와 달리 골지는 뇌가 신경섬유들이 서로 연결된 하나의 덩어리라고 제시한다. 물론 실제로는 둘 다 어느 정도 맞는 말이다. 뉴런은 한 개의 독립된 처리 단위다. 그리고 서로 연결되어서 하나의 망을 이룬다. 뉴런은 각각 독립적으로 활동할 수 있지만,

그 주위의 다른 뉴런들에게서 영향을 받는다. 오늘날 우리는 뇌 속을 들여다볼 수 있고, 뇌가 정보를 처리하는 것을 실시간으로 관찰할 수 있다. 이 활동을 관찰할 때 연구자들이 보는 것은 우리의 두개골과 바깥세상 사이에 놓인 해안에서 밀려오고 밀려가는 전기 파동이다.

─── 기술 구축의 신경학적 토대

기술 구축은 앞서 언급했듯, 우리 안에 존재하는 생물학적 체계 내에서 벌어지는 일들의 결과물이다. 학습의 구성 요소는 이미 기본 구성 단위들에서도 찾아볼 수 있다. 뇌는 스스로를 감싼다. 나중에 발달하는 뇌의 영역들이 먼저 구축된 더 기본적이고 기초적인 체계를 중심으로 삼아 그 주위로 회로를 연결한다. 더 일찍 발달한 더 단순한 체계는 우리가 살아가면서 나중에 필요해질 것들을 미리 암호화해 둔다. 아직 태어나지 않은 태아는 실제로 자발적으로 움직이면서 나중에 움직임에 관여하게 될 체계의 배선 작업을 한다. 또한 자궁 안에 있으면서도 외부의 빛과 소리의 변화를 감지한다.

이것은 단순히 분자가 생명을 만들어 내기 위해 조합되고 재조합되는 방식을 닮기만 한 것이 아니다. 실제로 이것은 기술 구축의 특징에서 핵심 부분을 이룬다. 우리가 구축하는 모든 기술은 필연적으로 앞서 발달한 신경 체계와 나중에 발달한 신경 체계 모두와 접선하게 될 것이다.

이후 장들에서 우리는 아주 기초적인 정신의 구성단위들이 더 복합적인 기술들로 변모하는 예들을 간략하게 살펴볼 것이다.

지금까지 우리는 학습의 재료라는 관점에서 뉴런이 다른 뉴런과 어떻게 서로 연결되는지를 살펴봤다. 이 관점에는 작은 문제점이 딱 하나 있는데, 뉴런들이 연결되는 방식이 상당히 느린 속도로 변화한다는 것이다. 이는 매우 분명한 한 가지 의문을 낳는다. 연결 변화가 그토록 천천히 일어나는데, 학습은 어떻게 그토록 빠른 속도로 이루어질 수 있는가? 결론은 연구자들이 수년 동안 찾지 못했던 또 다른 학습 및 기술 구축 기제가 존재한다는 것이었다. 이 기제를 **교세포**glia라고 부른다.

교세포는 뇌 발달에서 필수 불가결의 역할을 한다. 교세포는 생물학적 통행로다. 태아의 뇌 발달 초기에 뉴런들이 특정 장소로 반드시 이동하도록 돕는다. 성숙한 뇌에서는 영양 및 여러 대사 과정을 보조한다. 또한 교세포는 미엘린myelin의 발달도 돕는다. 미엘린은 전기신호가 뉴런의 축삭돌기를 따라 더 빠르게 이동하도록 돕는 지방질 막이다.

흥미로운 점은 교세포가 피질 어디에나 널리 분포하고 있다는 사실이다. 교세포는 단순히 보조 역할만 하는 것으로 알려져 있지만, 최신 연구들은 미엘린의 보조 작용이 뉴런들이 서로 대화하는 방식을 미세하게 조정하는 작업을 돕는다고 본다. 이런 미세 조정이 우리가 새로운 것을 배울 때 관여한다.

우리가 어떤 새로운 과업을 시작할 때는 어쩔 수 없이 뇌를 재배선해야 한다. 그러나 시냅스를 가로지르는 연결에 의존하는 뉴런 간 연결이 형성되는 데는 대개 몇 개월, 심지어 몇 년이 걸린다. 이때 특정 유형의 교세포가 개입한다.

이 점을 고속도로에 비유해 구체적으로 설명해 보겠다. 당신이 도시에 산다고 가정해 보자. 예를 들어 그 도시가 로스앤젤레스라고 하자.

2004년에 405번 고속도로와 101번 지방도로를 잇는 분기점(그림의 왼쪽 상단)은 미국에서도 최악의 분기점으로 꼽혔다. 나는 이것이 사실임을 몸소 체험해서 알고 있다. 나는 열네 살 때 아버지, 새어머니, 이복동생 루치아노와 함께 로스앤젤레스로 이사했다. 그 후로 30년 동안 로스앤젤레스에 거주하거나 남북으로 지나다니는 등 로스앤젤레스에 꽤 오래 머물렀다. 그동안 405번 고속도로와 101번 지방도로의 분기점을 시원하게 통과해 본 적이 단 한 번도 없다. 한번은 일요일 새벽 2시에 그 분기점을 지나갔는데, 그 시간에도 여전히 약간 정체를 겪었다. 말할 것도 없이 출퇴근 시간대에는 차들이 엉금엉금 기어다닌다.

자, 이제 405번-101번 분기점에서 교통사고가 났다고 가정해 보자. 도시로 들어가는 모든 교통 흐름이 막힌다. 이때 교통 지도에는 사고가 난 곳 주변으로 차들이 빽빽하게 차 있는 커다란 점이 보일 것이다. 이 점을 교통 핫스팟이라고 부르자. 사고 소식은 금세 퍼진다. 2004년 당

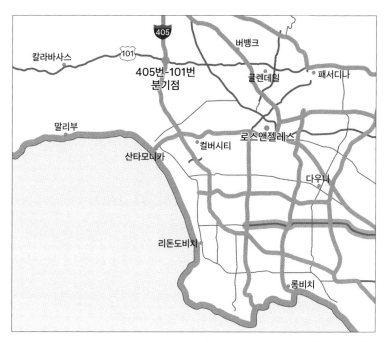

미국 캘리포니아주 로스앤젤레스의 고속도로 지도.

시에는 도시로 진입하려는 운전자가 라디오방송을 통해 이 소식을 듣고, 그에 맞춰 주행 경로를 수정했을 것이다. 따라서 이 분기점을 향하던 일부 차량은 다른 고속도로로 흘러 들어가기 시작할 것이다.

교통 정체를 완화하기 위해 최초 대응자들이 곧바로 구조에 나설 것이다. 응급 구조대원, 소방관, 경찰관, 견인차들이 들어와서 사고 현장을 정리할 것이다. 뇌에서는 이 작업을 미세교세포microglia가 담당한다. 미세교세포는 온갖 보수와 청소 작업을 담당한다고 알려져 있다.

일단 사고 현장이 수습되고, 교통 흐름이 다시 뚫리면 도시계획가는 교통 흐름을 개선하기 위해 일반적으로 어떤 유형의 변화가 필요한지 자문할 수 있다. 물론 합리적인 답변은 차선을 늘리거나 아예 새로운 고속도로를 건설해야 한다는 것이다. 도시계획가는 차들이 이 지역에서 이동할 때 다른 경로를 찾을 수 있도록 405번 고속도로를 다른 도로와 연결하는 진입·진출 차선을 더 많이 만들자고 제안할 수도 있다. 이런 해결 방안들은 돈과 시간이 많이 든다.

실제로 도로를 건설하는 일은 시간이 오래 걸리고 품이 많이 든다. 이상적으로는 이 문제를 더 빠르게 완화할 방법이 있다. 이때 미세교세포가 도움이 될 수 있다. 뭔가를 건설하는 대신 거대한 외계인이 나타나 스스로를 펼쳐서 고속도로를 넓힌다고 생각해 보자. 만약 그런 존재가 있다면 원하는 곳 어디로든 이동할 수 있을 것이다.

실은 우리 뇌에도 그런 외계인 같은 존재가 떠다니고 있다. "외계인 같다"는 것은 피오 델리오오르테가Pío del Río-Hortega가 처음 교세포를 묘사할 때 사용한 표현이다. 델리오오르테가는 니콜라스 아추카로Nicolas Achú-carro와 함께 최초로 미세교세포를 발견했다. 두 사람 모두 산티아고 라몬이카할의 제자였다. 두 사람의 연구는 교세포가 뇌에 지속적으로 영양을 공급하고 뇌에서 폐기물을 제거하는 작업의 필수 요소라는 사실을 알림으로써 뉴런의 관념을 확장했다.

오늘날 더 최신 연구들은 교세포가 우리 뇌의 신경 연결을 조정할 수 있다는 사실을 발견했다. 교세포는 재빨리 행동하기 때문에 현재 일어나는 일에 맞춰서 특정 신경 연결을 약화하거나 강화할 수 있다. 따라서 교세포는 단순히 최초 대응자이기만 한 것이 아니다. 어느 순간에든 그 순간에 필요한 경로를 확장하는 것을 도울 수 있다. 현대 신경과학은 우리가 기존에 생각했던 것보다 뇌의 상호 연결이 더 밀접하게 형성되어 있다고 본다. 따라서 우리가 뉴런에만 너무 집중하다 보면 우리 사고와 만개하는 기술의 창발적 특성을 놓치게 된다.

현대 연구는 뇌의 움직임, 감각, 사고의 암호화에 다중 체계들이 관여하며, 그 체계들이 스스로 안으로 말려 들어갔다가 다시 밖으로 펼쳐졌다가 한다는 사실을 밝혀냈다. 복잡계를 연구하는 일이 워낙 어렵다보니 과학자들이 이를 좀 더 손쉽게 할 방법을 찾아 나서기도 한다. 이를 위해 과학자들은 복잡한 것을 가져다가 부분으로 쪼갠다. 테야르 드샤르댕은 자신의 구 모형에 빗대어 이를 살짝 다르게 표현했을 것이다. 우리가 동그란 것을 가져다가 납작하게 만들고 있다고.

_____ 납작해진 창발을 다시 펴기

인폴딩과 구의 창발이라는 관념을 기술 구축에 대한 사고방식에도 적용할 수 있다. 이것을 더 직접적으로 지도 제작에 빗대어 살펴보자. 지도는 세계를 평면으로 본다. 그런 관점은 우리가 단골 식당이나 동네 공원을 찾아갈 때는 유용하다. 앞서 살펴본 LA 고속도로 지도도 평면이었다. 이렇듯 규모가 작을 때는 평면지도가 꽤 유용하다. 따라서 차로,

또는 걸어서 여기에서 저기로 가는 길을 파악하는 것과 같은 작은 문제를 해결할 때는 이런 평면 접근법을 사용할 수 있다. 그런데 훨씬 더 먼 거리에 대해 생각하기 시작하면 상황이 완전히 달라진다. 평면 접근법을 비행기 여행에 적용해 볼까? 다음 표는 남아프리카공화국의 요하네스버그와 전 세계 여러 도시 간 비행시간을 보여 준다.

평면지도에서도 요하네스버그와 타 도시 간 직선거리가 대다수 도시에 대해서는 어느 정도 들어맞는다는 것을 알 수 있다. 예를 들어 미국 애틀랜타까지의 비행시간은 16시간인 반면 세네갈 수도 다카르까지

도시	공항 코드	위도	경도	비행시간 (시간)	거리 (km)	측정 거리	
						곡선 (cm)	직선 (cm)
요하네스버그	JNB	-26.134	28.242	--	--	--	--
안타나나리보	TNR	-18.797	47.479	3.2	2,156	6.5	3.2
마에	SEZ	-4.674	55.522	4.9	3,752	12.0	4.2
두바이	DXB	25.253	55.364	8.1	6,389	20.5	4.9
다카르	DKR	14.740	-17.490	8.5	6,705	21.5	5.6
텔아비브	TLV	32.011	34.887	9.1	6,473	20.5	4.4
퍼스	PER	-31.940	115.967	9.2	8,326	26.0	12.4
이스탄불	IST	40.976	28.814	9.5	7,430	24.5	5.0
상파울루	GRU	-23.382	-46.469	9.8	7,451	23.5	9.9
마드리드	MAD	40.494	-3.567	10.3	8,077	26.0	5.7
싱가포르	SIN	1.359	103.989	10.4	8,661	27.5	9.7
프랑크푸르트	FRA	50.033	8.571	10.8	8,658	27.5	5.9
취리히	ZRH	47.465	8.549	10.8	8,387	27.5	5.6
암스테르담	AMS	52.309	4.764	11.1	8,986	29.0	6.1
런던	LGW	51.148	-0.190	11.3	9,004	29.0	6.2
시드니	SYD	-33.946	151.177	11.8	11,044	35.0	15.8
홍콩	HKG	22.309	113.915	12.8	10,672	34.5	9.8
베이징	PEK	40.067	116.600	14.1	11,699	37.5	9.5
뉴욕	JFK	40.640	-73.779	15.8	12,824	41.0	9.9
애틀랜타	ATL	33.637	-84.428	16.4	13,581	44.0	10.6

남아프리카공화국의 요하네스버그와 전 세계 여러 도시 간 비행시간과 거리.

의 비행시간은 8.5시간이다. 따라서 이 두 경우에는 비행시간과 거리가 꽤 잘 맞는다. 비행 거리와 직선거리는 서로 다른 것이라고 주장할 수도 있지만, 전반적으로 비행시간은 직선거리에 비례한다. 그런데 다카르 다음에 나오는 두 도시, 이스라엘의 수도 텔아비브와 오스트레일리아의 퍼스를 보면 두 도시까지의 비행시간은 각각 9.1시간과 9.2시간으로 둘 다 다카르까지의 비행시간보다 더 길다고 나온다. 마찬가지로 오스트레일리아 시드니가 미국 애틀랜타보다 직선거리상 요하네스버그에서 더 멀리 떨어져 있지만, 실제로 시드니까지의 비행시간이 약 4.5시간 짧다는 사실을 알 수 있다. 지도상 직선거리를 재는 것이 대체로는 통하지만 한계가 있다. 전체 그림을 보려면 구의 형태를 띤 지구본을 봐야 한다. 지구본을 사용하면 평면지도에서는 아주 멀리 떨어진 것처럼 보이는 도시들이 지구 표면이 곡선으로 이루어진다는 사실을 반영해 제작한 지도에서는 그보다 더 가까이 위치한다는 것을 알 수 있다. 테야르 드샤르댕은 이와 같은 입체적 관점을 인간에게도 적용했다.

평면화flattening 접근법은 인지, 그리고 인지가 기술 구축에 미치는 영향에 대해 생각하는 방식에 적용할 수 있다. 기본적으로 인간이 고유한 기술을 개발하는 방식에 적용되는 일련의 원칙들을 추출할 수 있다. 에릭손의 연구에서는 의식적 연습과 이미지 떠올리기, 심리학적으로 더 적합한 용어를 쓰자면 심적 표상이 이에 해당한다. 이런 평면화 접근법의 문제점은 우리가 전체 그림의 일부를 놓치게 된다는 것이다. 비행 거리 계산에 직선거리를 사용할 때와 마찬가지로 기술 향상을 이해하기 위해 평면화를 활용하면 불가피하게 놓치는 것들이 생길 수밖에 없다. 창발성이라는 관념을 반영하는 이 책의 사례들은 인폴딩과 구형성球形性, sphericity이라는 개념을 밑바탕에 깔고 있다. 요컨대 우리의 기술은 단일하지 않으며, 직선 형태로 향상되지도 않는다. 따라서 창발주의는 시간이 지나면서 스스로 안으로 말려들고 이것을 반복하는 과정에서 나온 결과를 탐구한다.

____ 인폴딩과 기술 구축

우리 뇌는 감각 체계와 운동 체계를 통해 세상과 관계를 맺기 시작한다. 처음에는 그런 활동이 매우 기본적인 수준에 머문다. 세상을 담은 첫 시선은 안으로 말려 들어가고 이것은 세상을 보는 더 복합적인 방식을 만들어 내는 기본 구성단위가 된다. 출생 직후 우리는 얼굴을 구성하는 기본적인 요소들을 추적할 수도 있을 것이다. 대상의 특징이나 움직임이 잘 드러나지 않는 단순한 흑백 이미지가 천천히 말려 들어가면서 동작, 색상 등을 인지하는 다음 단계로 넘어가는 식으로 진행된다. 이 과정은 마치 표면에 있는 것을 가져다가 그것을 중심으로 끌고 들어가고, 그 결과 현재 사용되는 또 다른 층을 드러내는 구처럼 계속 말려 들어며 진행된다. 구들이 하위 정보들을 응축하면서 고등 정보들이 나타나기 시작한다. 우리는 감각을 움직임과 조합하기 시작하고, 이런 조합

작업을 반복한다.

우리 몸에서는 운동 기술이 이와 유사한 과정을 거친다. 감각에 반응해서 올바른 행동을 촉발하는 데 필요한 신경섬유는 처음에는 아주 기본적인 것들에 의해서도 점화된다. 그러다 시간이 지나면 우리 뇌와 몸은 이런 과정들을 통합하기 시작한다. 초보자에 비해 더 많은 것을 **보는** 체스 챔피언이 여기에 해당한다. 형태, 모양, 패턴을 보는 기본 과정은 점점 더 스스로 안으로 말려 들어가다가 마침내 패턴의 집합과도 같은 체스판이 드러난다. 체스 선수에게 체스판은 우리 나머지 사람들에게는 얼굴이나 단어와 같은 것이다. 즉 어디선가 시작해서 어딘가 다른 곳으로 이어지면서 의미를 지니게 되는 패턴이다.

언어는 기본 소리를 가져다가 그것들을 조합해서 점점 더 큰 덩이를 만들어 낸다. 이런 소리들은 당신이 지금 보고 있는 것과 같은 줄글 형태와 연결된다. 당신은 큰 노력을 들이지 않아도 글을 읽을 수 있다. 너무나 자동적으로 일어나는 일이어서 문장을 쪼개는 것이 점점 더 어려워진다. 이 문장에 이응이 몇 개인지 세는 일이 매우 성가신 작업이 된다. 기술된 문장에서 글자들은 단어 속으로 들어가서 사라지고, 단어들은 문장 속으로 들어가서 사라진다. 이상적으로는 단락들이 페이지 속으로 녹아들고 페이지들은 챕터들 속으로 녹아들며, 당신이 미처 알아차리기도 전에 책이 완성된다.

인폴딩의 특징은 우리 뇌의 해부학에서도 찾을 수 있다. 세포 하나가 단독으로 화학 신호를 받아들이고 그 세포의 몸체를 따라 내려가는 전기 파동을 생성해 반대쪽으로 화학 신호를 내보낼 수 있지만, 이 일을 온전히 혼자 한다고는 할 수 없다. 신경세포는 커다란 망에 속해 있다. 따라서 세포 하나하나와 그 세포들의 활동도 변환의 결과물이다. 점점 더 많은 뉴런이 상호작용하면서 점점 더 커지는 파동들은 점점 더 넓어지는 경로를 따라 이동한다. 이 공식에 교세포를 더하면 신경 체계는 훨씬 더 복잡해진다.

또한 인폴딩이라는 관념은 특정 기술을 개발할 때에도 관여한다. 내게는 테니스 서브를 배우고 연습할 때 인폴딩이 특히 유용했다. 얼핏 보기에 테니스 서브는 간단한 스트로크 같다. 그러나 서브를 배우면 배울수록 사람들은 서브가 단 하나의 동작이 아니라는 사실을 깨닫는다. 서브는 여러 가지 운동 프로그램의 집합이며, 그 프로그램들이 조합되고 재조합되면서 모든 스포츠를 통틀어 특히 복합적인 기술로 꼽히는 샷을 만들어 낸다.

4장. —— 창발적 기능으로서의 테니스 서브

: 사례연구 ❷

____ 아주 작은 공으로 아주 큰 구멍 맞히기

테니스 서브는 선수와 팬 모두에게 특별한 의미를 지닌다. 평정심과 자제력을 높게 평가하는 게임에서 공격적인 우위를 상징하는 단 하나의 스트로크가 바로 서브다. 프로 테니스 선수가 서브를 넣는 것을 보고 있노라면 그 기세에 압도당한다. 특히 수준 높은 서브는 엄청나게 큰 소리를 낸다. 마치 샴페인 병을 터뜨린 것 같다. 갑작스럽고, 맹렬하고, 폭발적이다. 서브를 넣기 위해 공을 공중으로 띄우지만, 네트 위로 날아가 서비스박스 안에 들어가는 샷을 만들어 내기 위해 공을 맞추기 전까지는 두 발이 코트 밖에 있어야만 한다. (코트 안쪽에 발을 딛는 것은 허용되지 않지만) 최대한 라켓을 높이 뻗기 위해 선수들이 코트 안쪽 방향으로 점프한 뒤에 코트 안에 착지하기 전, 공중에서 공을 때리는 것은 허용된다. 서버에게는 서비스박스 안에 서브를 넣을 수 있는 기회가 두 번 주어진다. 두 번째 서브에도 실패하면 점수를 잃는다.

서브에서 가장 경이로운 부분은 서브를 넣어야 하는 서비스박스가 너무나 작다는 것이다. 전통적으로 테니스 경기는 폭 10.97미터, 길이 23.77미터인 코트에서 진행한다. 그러나 양쪽 사이드라인 바깥으로 약 2.74미터는 복식경기에서만 사용된다. 따라서 단식경기에서는 코트의 폭이 8.23미터로 줄어든다. 서브가 이동할 수 있는 거리는 그보다 더 짧다. 왜냐하면 베이스라인에서 반대편 서비스박스의 가장 먼 쪽 경계까지의 거리는 단 16.46미터에 불과하기 때문이다. 대각선으로 서면 그 거리를 조금 더 벌릴 수는 있다. 아, 잊을 뻔했다. 공이 넘어야 하는 네트의 높이는 기둥 쪽에서는 106.5센티미터, 코트 중앙에서는 91.5센티미터이다.

대학 시절 UC버클리에서 테니스 시합을 처음으로 관전했을 때 내 머리에 각인된 서브에 대한 기억은 당시 세계 랭킹 1위였던 스티브 데브리스Steve Devries가 때린 공이 마치 서비스박스 안으로 휘어져 들어가는 것처럼 보였다는 것이다. 공을 직선으로 때리고도 여전히 서비스박스 안에 넣을 수 있는 선수는 오직 키가 2미터를 훌쩍 넘는 소수의 선수들뿐이다. 다행히 테니스 서브는 직선 경로로 이동하지 않는다. 내가 이 사실을 알아차린 이유는 익숙한 '팡' 소리가 들릴 때마다 테니스공이 야구공처럼 하늘 높이 솟아오르기를 기대했지만 공은 위로 날아오르는 대신 아래로 내리꽂혔기 때문이다. 마치 야구의 커브볼이나 데이비드 베컴David Beckham 덕에 유명해진 축구의 바나나킥처럼, 높은 위치에서 출발해서는 말 그대로 뚝 떨어져 반대편 코트의 서비스박스 안으로 들어갔다. 그로부터 몇 년이 지난 뒤에 나는 프로 테니스 선수 노박 조코비치Novak Djokovic와 스탠 바브링카Stan Wawrinka의 경기에서 같은 현상을 목격하게 된다. 두 선수 모두 네트에서 한참 올라간 높은 지점에서 공을 때리지만, 그 공은 마지막 순간에 갑자기 서비스박스 안으로 곤두박질치는 것처럼 보인다.

서브는 우리에게 모순을 제시한다. 테니스공은 매우 작다. 우리가 맞춰야 하는 구멍은 매우 크다. 그리고 네트도 그럭저럭 낮다. 겉으로 보기에는 비교적 쉬운 샷이다. 그리고 실제로도 그렇다. 문제는 네트 반대편에 다른 사람이 기다리고 있다는 사실이다. 그 사람은 점수를 따려고 마음을 먹었고, 서브 리턴을 하려고 준비하면서 우리에게 서브를 더더욱 잘 넣어야 할 거라고 압박한다. 서버와 리터너의 전투가 테니스 게임의 모든 점수 하나하나의 시작점을 좌우한다. 서버는 서브를 때리는 그 순간까지는 모든 통제권을 쥐고 있지만, 일단 공이 라켓헤드를 떠나는 순간 그 통제권을 완전히 잃는다는 사실이 오히려 더 큰 중압감으로 돌아온다. 이 중압감은 최고의 서버조차도 어이없는 실수를 해서 서브가 사방팔방으로 빗나가게 만들 수 있다.

에릭손의 접근법을 조금만 변형해서 이 중압감을 극복하는 데 활용할 수 있다. 의식적 연습을 하면 된다. 서브 실력을 키우도록 지도해 줄 코치를 고용할 수도 있다. 표면적으로는 이 무엇이든 도움이 되겠지만, 언제나 그런 건 아니다. 실은, 어떤 의미에서는 그런 것들이 오히려 우리 실력을 퇴보시키고 서브가 더 나빠질 수도 있다. 지금부터 살펴보겠지만, 썩 좋다고는 할 수 없는 평범한 서브라는 구덩이에서 빠져나오는 길은 곧게 뻗어 있지 않다. 오르락내리락하고 중간중간 걸림돌도 많다. 가장 중요한 것은 어떻게 연습해야 하는지를 알아내는 것이다.

_____ 올바른 연습 유형 찾기

서브가 워낙 중요하다 보니 사람들이 코트에서 혼자 서브를 반복 연습하는 모습을 쉽게 볼 수 있다. 나도 그런 선수 중 한 명이었다. 테니스를 친 지 20년이 넘었지만, 나는 내 서브가 마음에 들지 않았다. 서브 실력을 향상시키는 것은 너무나 큰 과제처럼 느껴져서 그것을 10년 기한의 장기 개인 목표로 삼았다. 서브가 미비한 것은 전적으로 내 탓이었다. 20대 후반에 나는 10년 조금 넘게 테니스를 친 상태였다. 단식시합에서는 서브가 잘 들어갔지만, 복식시합에서는 별로였다. 직장에서 맡은 업무가 점점 더 늘고, 부모로서 해야 할 일도 늘어나면서 멕시코를 방문하는 횟수가 갈수록 줄어들었다. 어느 날 나는 프로 테니스 선수에게 서브 연습하는 것을 도와 달라고 요청했다. 우리는 한 시간 동안 연습을 했고, 그 후로 다시는 수업을 받지 않았다. '새 서브'를 계속해서 연습하는 동안 여러 나쁜 습관이 스며들었다. 나는 스핀을 많이 건 서브를 넣을 수 있게 되었지만, 가속도를 거의 붙이지 못했다. 한 친구는 내 서브에 끊김이 생겼다는 표현으로 이 점을 지적했다. 10년이 지나니 나는 한계점에 부딪히고야 말았다. 나는 여전히 내 서브에 불만이 많았다. 그래서 자체적으로 서브 재활 프로그램을 시작했다.

제일 먼저 테니스플레이어닷넷tennisplayer.net에 등록했다. 존 얀델John Yandell이 운영하는 이 웹사이트는 테니스 코치와 선수 모두에게 보물창고와도 같은 곳이었다. 얀델은 일찍이 『비주얼 테니스Visual Tennis』라는 책을 출간했다. 테니스의 모든 스트로크 동작을 여러 단계로 쪼개어 각 단계별 자세를 보여 주는 사진들을 실은 책이었다. 지금처럼 손쉽게 동영상을 접할 수 있게 되기 전, 여러 스트로크의 정지 화면을 제공했다고도 볼 수 있다. 얀델은 테니스가 시각적이면서도 운동역학적인 스포츠이며, 따라서 스트로크를 쪼개서 익히는 것이 선수의 경기력 향상에 도움이 된다고 주장했다. 이런 조언이 테니스를 막 시작한 초보자를 위한 것이라고 생각하겠지만, 실제로는 모든 사람에게 통한다. 1991년, 존 매켄로John McEnroe는 얀델의 방법론으로 서브 기량을 회복했다. 매켄로에게 통했다면 내게도 통할지 모른다.

동네 테니스 코트를 둘러보면 서브 연습 광경은 얀델이 제시하는 것과는 완전히 다른 모습이다. 다들 마치 프라이팬으로 허공에 뜬 달걀을 맞춰서 깨뜨려야 하는 사람처럼 라켓을 휘두른다. 기본 서브 연습이다. 공을 눈높이에서 들고 있다가 위로 던진 다음 그 공을 때려서 반대편 상자 속에 들어가게 한다. 별로 어려울 게 없지 않은가. 기본 서브도 상자 속에 들어가기는 할 것이다. 그러나 중급 이상 수준에서는 그런 서브를 넣으면 곧장 엄청난 고난의 세계가 열린다. 내가 직접 시합을 하면서 체득한 사실이다. 나는 프라이팬을 휘두르듯 서브를 넣지는 않았다. 그러나 내 서브는 힘이 잔뜩 들어갔고, 매끄럽지 않았다. 내게 서브를 넣는 것은 기가 빨리는 일이었다.

서브를 보면서(그리고 실제로는 모든 테니스 스트로크를 보면서) 나는 그것이 전형적인 창발적 기능임을 깨달았다. 기본 서브를 넣기는 쉽지만, 스티브 데브리스나 존 매켄로처럼 고급 서브를 넣기는 쉽지 않다. 서브를 손보는 과정에서 내가 배운 것은 서브가 정말로 복잡한 동작이라는 것이다. 생체역학 박사 학위를 받은 테니스 코치 브라이언 고든Brian Gordon 은 수년 간 서브를 연구했다. 그는 고급 서브는 모든 스포츠를 통틀어 가장 복잡한 기술 동작 중 하나라고 단언한다. 오해하지는 말자. 가장 복잡한 **유일한** 기술이라는 것이 아니다. 가장 복잡한 기술 동작 **중 하나** 라는 것이다.

테니스 시합을 하면서 내 서브의 허점이 드러났다. 그럭저럭 괜찮은 서브였지만, 내가 원하는 것만큼 좋은 서브는 아니었다. 그 후로 몇 년 간 나는 온갖 종류의 보강 훈련을 했다. 코치를 바꿨고, 심지어 원격 코칭도 받았다. 최고의 조언을 한 것은 토마즈 멘신게르Tomaz Mencinger였다. 그는 기계공학을 전공했으며, 그 지식을 활용해 성인 테니스 선수의 경기력을 향상시키는 일을 전문으로 하는 슬로베니아의 코치였다. 토마즈와는 결국 친구가 되었는데, 그와 테니스에 대해 이메일을 주고받는 중에 그의 훈련법의 핵심 요소가 무엇인지를 깨닫게 되었다.

토마즈는 스트로크를 여러 부분으로 쪼개서 각 조각을 연습하는 것에 대해 이야기했다. 그는 코칭 의뢰를 받으면 항상 그 선수가 스스로의 스트로크를 어떻게 인식하고 있는지를 이해하려고 노력했다. 얀델과 비슷하게 토마즈는 선수가 머릿속에 어떤 이미지를 떠올리고 있는지 파악하고자 했고, 그 이미지를 어떻게 바꿔야 하는지를 고민했다. 스트로크 교정 작업에는 그 스트로크의 매우 작은 부분들을 연습하는 과정이 포함되어 있다. 시간이 지나면서 그런 새로운 조각들이 전체 스트로크 안에 자연스럽게 섞여 들어간다. 이것은 신체적 덩이짓기의 한 형태이며 스트로크 이미지에 영향을 미쳤다. 토마즈의 훈련법은 에릭손이 자신의 연구에서 강조한 심적 표상과 의식적 연습이라는 관념을 토대로 하고 있다.

서브를 계속 향상시키고 싶었던 나는 토마즈에게 내 서브 영상을 보내면서 그의 피드백을 구했다. 토마즈의 답변은 간단했고, 매우 불만족스러웠다. 그는 내 서브 동작이 너무 경직되어 있다고 말했다. 힘을 뺄필요가 있었다. 그는 내게 로저 페더러Roger Federer가 워밍업하는 영상을 보내면서 물었다. "페더러는 왜 저렇게 느리게 시작할까요? 역대 최장기간 세계 랭킹 1위 기록을 보유한 선수가 왜 시작할 때 거의 속도가 붙지 않을 정도로 공을 살살 때리는 걸까요?" 그는 직관에 반하는 온갖 연습 과제를 내기 시작했다. 하나는 정말이지 힘을 거의 주지 않고 서브를 넣는 것이었다. 공이 네트만 겨우 넘길 정도로 말이다. 또 하나는 커다란 고무 밴드를 구해서 허리에 두른 뒤에 내가 서브를 넣는 동안 누군가 그 고무 밴드를 붙들고 있게 하는 것이었다. 나는 인터넷에서 다른 연습 과제들도 스스로 찾아냈다. 어떤 보강 훈련은 먼저 공을 멀리 던진

다음, 곧이어 서브를 넣게 했다. 이 시기에 나는 내가 '제로' 서브라고 명명한 서브를 개발했다. 문자 그대로 아무것도 안 하면서 최대한 힘을 뺀 채로 공을 치려고 노력했다. 코트 반대편에 상대 선수가 있는 상태에서 '제로' 서브를 연습하기도 했다. 그런데, 이 '제로' 서브에서 '뭔가'가 눈에 띄었다. 이 느린 서브 연습을 계속하다 보니 힘을 뺄 때 뭔가 기묘한 일이 벌어진다는 사실을 깨달은 것이다. 한때 야구와 미식축구를 했음에도 불구하고, 이상하게도 여태까지 서브에서 던지기 동작의 중요성에 대해 단 한 번도 생각해 본 적이 없었다. 그리고 마침내 놀라운 사실을 알아냈다.

___ 서브의 핵심 찾기

서브는 매우 복합적인 스트로크다. 선수의 발에서 시작해 손가락 끝으로 뻗어 나가서 라켓의 타점에 떨림을 만들어 낸다. 서브의 핵심 재료는 눈에 잘 띄지 않는다. 아주 오랫동안 나는 서브가 던지는 동작을 응용한다는 말을 들어 왔지만 전혀 이해가 되지 않았다. 그러던 어느 날 나는 내가 어떻게 공을 던지는지 제대로 이해한 적이 없다는 사실을 깨달았다.

그래서 공은 어떻게 던지는가? 공을 잡고 던진 다음 설명해 보라. 팔을 뒤로 젖혔다가 앞으로 내보내고, 손에 쥔 공을 놓는다. 자, 공을 놓은

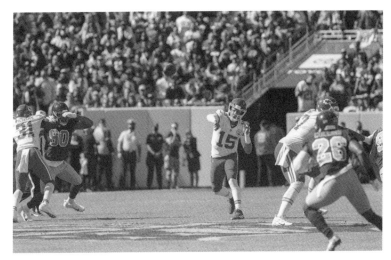

미식축구의 던지기 동작.

다음 당신 손이 어떻게 되는지 떠올려 보라. 당신도 나처럼 공을 던진다면, 손이 아래로 내려가 있을 것이다. 그런데 야구 투수나 미식축구 쿼터백은 어떻게 하는지 유심히 관찰해 보자. 위 사진은 미식축구에서 공을 던지는 장면이다.

미식축구 선수가 공을 던진 뒤에 손목이 바깥쪽으로 꺾여 있는 것에 주목하라. 동그랗지 않은 공에 회전을 줘서 던지기 때문이라고 생각할 수 있다. 그러나 야구공을 던지는 투수를 봐도 똑같은 현상을 보게 될 것이다.

자, 이제 테니스 서브 동작을 보자.

손목이 몸에서 먼 쪽으로 꺾여 있는 것에 주목하라. 이것을 **회내운동** pronation이라고 부르며, 실제로는 어깨와 팔에서 시작해 이와 같은 매우

4장 • 창발적 기능으로서의 테니스 서브 – 사례연구 2

투수가 야구공을 던지는 동작(왼쪽), 테니스 서브를 때리는 동작(오른쪽).

기이한 마무리 동작으로 끝난다. 오른손 손바닥을 머리에 얹은 다음 손과 팔을 천천히 오른쪽으로 돌리면(왼손잡이라면 왼손 손바닥을 얹고 왼쪽으로 돌리면), 이 회전운동이 어떤 것인지 느낄 수 있다. 공은 앞으로 나아가는데 손을 옆으로 돌리는 동작을 한다는 게 잘 납득되지는 않는다. 그런데 공을 던질 때는 단순히 앞으로만 던지는 것이 아니다. 측면 방향이 더해져야 팔 전체에 가속도가 추가로 붙는다.

지난 몇 년간 나는 공을 던질 때 이 요소를 도입했고, 그로 인해 내가 던지는 방식이 어떻게 달라지는지 실험했다. 무엇보다 그냥 전면 방향으로만 공을 던질 때보다 더 멀리, 높이 던지게 되었다는 느낌이 든다. 만약 당신이 이런 사실을 처음 알게 되었다면, 한번 실험해 보라. 물건을 던질 때 도움이 될 수도 있다. 나는 큰 유기물 쓰레기 조각을 뒷마당 멀리 던지고 싶을 때 이런 동작을 사용한다. 새로운 던지기 동작을 사용하면 휴스턴의 무더운 여름 날씨에 상해 버린 과일을 멀리 투척할 수 있다. 힘을 최소한만 들이고도 뒷마당 끝자락에 서 있는 나무도 맞출 수 있다.

여기서 명심할 점은 이 동작이 찰나에 일어난다는 것과 팔이 일종의 지렛대 역할을 한다는 것이다. 이 던지기 동작을 성공적으로 수행하려면 팔에서 힘을 완전히 뺀 상태에서 더 긴 궤적을 그리게 해야 한다. 지렛대가 길수록 가속도가 더 많이 붙고, 더 멀리 던질 수 있다. 기본적으로 높은 수준의 투구와 테니스 서브는 최고 속도에 도달하기 위해 팔이 이동하는 거리를 최대로 늘리고자 한다.

팔에서 힘을 빼고 느리게 휘두르는 동작이 어떻게 서브 실력 향상에 도움이 된 건지 궁금할 수 있다. 나도 아주 오랫동안 그 질문의 답을 고민했다. 느리고 느슨한 서브 동작이 어떻게 내 서브를 더 빠르고 강력하게 만들었을까? 그 답은 신경 체계의 작동 원리에서 찾을 수 있다.

운동 기술을 천천히 재배선하기

서브를 넣을 때 샴페인 병을 터뜨리는 소리가 나는 이유는 라켓이 급격하고 맹렬하게 바깥쪽으로 방향을 틀기 때문이다. 라켓이 테니스 공을 때릴 수 있게 하려면 매우 좁은 시간 구간 안에 라켓을 비틀어야 한다. 라켓이 정확히 그 타이밍에 방향을 틀지 않으면 공을 맞추기는커녕 한참 빗나갈 수 있다. 엄청난 스핀이 걸린 서브를 넣는 것으로 유명한 프로 테니스 선수인 샘 스토서Sam Stosur의 경우에는 공이 라켓 프레임에 맞는 바람에 하늘 높이 치솟은 적도 있다. 하늘로 날아간 공은 상대선수와 라인 심판들의 머리 위를 지나 관람석에 떨어졌다. 이것은 라켓을 비틀 때 엄청난 가속도가 순식간에 붙은 상태에서 실수를 하면 서브타이밍이 완전히 빗나간다는 것을 잘 보여 주는 예다.

나는 처음부터 중급 서브를 넣었다. 이 초창기 서브는 기본적으로 기존에 내가 가지고 있었던 던지기와 점프하기 운동 프로그램에서 나온 것이었다. 어린 시절 나는 놀이 삼아 농구와 미식축구를 했다. 또한 자전거 타기를 비롯해 돌 던지기, 언덕 오르기, 스케이트보드 타기를 하면서 많은 시간을 보냈다. 처음 서브를 넣기 시작했을 때, 여러 기술을 통합해서 꽤 단순한 서브를 넣는 것이 자연스럽게 느껴졌다.

테니스 선수의 랭킹이 올라갈수록 시합은 더 치열해지고, 스핀을 건 서브가 점점 더 중요해진다. 복식경기에서는 특히 더 그렇다. 스핀 서브를 넣으면 네트 앞으로 나갈 시간을 벌 수 있고, 이것이 훨씬 뒤쪽에서 대부분의 플레이를 하는 단식경기와 다른 핵심적인 차이점이다.

스핀 서브를 추가하면 기존의 프로그램이 변형된다. 나는 공에 스핀을 걸기 위해 노력했지만, 그럴 때마다 힘이 들어가고 매우 뻣뻣해졌다. 20대 후반에 받은 수업은 일단 임시방편을 제공해 준 셈이다. 그 후로 나는 그 운동 프로그램을 계속 반복했다.

새로운 운동 기술을 배울 때 우리 뇌는 두 가지 다른 회로를 만든다. 한 가지 회로는 실제로 시냅스 연결을 만들어 낸다. 뉴런들이 함께 엮이면서 근육 운동 조합을 실행할 수 있도록 한다. 두 번째 메커니즘은 신경세포를 돌보는 일을 돕는 교세포인 성상교세포astrocytes다. 연구를 통해 밝혀진 바에 따르면 성상교세포는 새로운 시냅스 연결을 형성하는 일도 돕는다.

이것이 왜 느린 연습이 그토록 중요한지 설명하는 데 도움이 될지도 모른다. 새로운 기술을 배우거나 기존 기술을 변환하려고 시도할 때 특히 더 그렇다. 두 경우 모두 우리 뇌는 새로운 신경 점화 패턴을 지원하기 위해 스스로 재배선되어야 한다. 우리가 최대 속도로 연습할 때는 마치 기술이 이미 완성된 것처럼 행동한다. 그러나 새로운 기술은 여전히 배선 단계에 있다. 이 초기 단계에서 반복적으로 사용하기에는 배선 연결이 효율적이지 않다. 바로 이때 매우 느리고 유연한 연습이 도움이 된다. 그런 연습은 회로가 빠르게 형성되어야 한다는 부담 없이 새롭게 형성될 수 있는 기회를 제공한다.

시간이 흐르면서 속도를 서서히 올릴 수 있다. 프로 선수 수준에서조차 느린 연습을 실행한다는 사실에 주목할 필요가 있다. 테니스 경기 도중 칼에 찔리기 전까지 메이저 대회에서 여러 차례 우승을 거둔 테니스 천재 모니카 셀레스Monica Seles는 훈련 시간의 반을 코트 반쪽에서 매우 느린 공을 치는 연습을 하면서 보냈다고 알려져 있다. 골프 챔피언 벤 호건Ben Hogan은 자신의 평소 골프 스윙과 거의 동일하되 매우 느린 속도로 스윙을 휘두르는 연습을 했다. 내 아들 니콜라스는 느슨하게 연습을 하기 위해 라켓을 엄지손가락과 다른 한 손가락만으로 들었다. 또한 시합 도중에도 자주 아주 느린 서브를 넣기도 했다.

그런 세밀한 움직임을 단 하나의 전체 동작에 통합시키는 것은 시간이 필요한 일이다. 어린아이는 강제로 그런 시간을 보내게 된다. 아이는 당연히 어른이 되기 전까지는 어른과 같은 게임을 할 수는 없기 때문이다. 그런데 어른은 빠르게 그런 회로를 마련하고 다른 것들로 넘어가려 서두르는 경우가 많다.

시냅스와 시냅스를 배선하는 작업은 시간이 걸린다. 특히 테니스 서브와 같은 기술에는 시간이 많이 든다. 뇌의 전기화학 신호 파장이 해당 신체 부위들에 맞추어 배정되고 조율되어야 한다. 이 부위들이 발에서 시작해 몸통을 타고 위로 올라와서 가속하는 팔을 지나 손까지 이르는 파장을 생성한다. 그다음 마치 라켓이 손바닥의 연장선이 된 것처럼, 파장이 라켓의 손잡이를 통과해 자루를 타고 올라가 헤드로 이동한다. 근육과 신경이 뇌로부터 신호를 받고 그 신호를 실행에 옮김으로써 이루어지는 과정이다.

따라서 테니스 서브에는 단순한 신체 조정뿐 아니라 정신적인 조정도 필요한 것이다. 우리 뇌와 몸은 스스로 조율한다. 그토록 많은 시간을 보내고서 이제 나는 마침내 이 복합적인 움직임을 하나의 전체 동작으로 조율하는 법을 배웠다. 그러나 내 서브가 훨씬 더 좋아진 뒤에도 서브는 늘 변한다. 나는 가끔 테니스 수업을 받으면서 작은 것 하나를 새로 배워서 서브에 더한다. 내 서브는 끊임없이 스스로를 구성하고 재구성한다. 이 과정은 10년 전에 비하면 훨씬 더 미묘하지만 정지 상태는 아니다.

이런 신체 기술이 우리의 정신 기술과는 별개라고 생각할 수도 있겠지만, 많은 규칙이 신체 기술과 정신 기술에 동일하게 적용된다. 앞으로 이 책에서 살펴보게 될 고등 기술 다수는 끊임없는 재구성이라는 기본 패턴을 따를 것이다. 아동기에 관찰되는 변화는 성인기에 관찰되는 변화에 비해 훨씬 더 극적일 수 있다. 그러나 초기에 일어나는 그런 변화는 이후의 학습을 위한 무대를 세운다. 그럼 이제부터 아동기에 관찰되는 학습 패턴을 살펴보겠다.

5장. —— 아동기, 청소년기의 발달 과정

___ **퇴행 법칙**

테오뒬아르망 리보Théodule-Armand Ribot는 뇌전증 발작으로 기억상실증을 앓는 환자들이 기억을 잃어버리는 과정에 처음으로 큰 관심을 보인 프랑스 심리학자들 중 한 명이다. 1882년에 출간한 자신의 저서에서 리보는 기억상실이 일상적으로 반복하는 절차보다는 인지 기억에 더 큰 영향을 미친다고 보고했다. 환자들은 신발 끈 묶는 법이나 동네 약국으로 가는 길은 기억했다. 그러나 과거 사건은 좀처럼 기억하기 힘들어했다. 환자들의 기억상실증은 특히 발병 시기 직전과 직후의 기억에서 특히 더 뚜렷하게 나타났다. 한 뇌진탕 환자는 넘어져서 머리를 세게 부딪치기 전과 후에 무슨 일이 있었는지 기억하지 못했다.

기억 손실에 관한 리보의 이론을 **퇴행 법칙**law of regression이라고 부른다. 퇴행 법칙의 패턴은 환자의 언어가 고장 나는 방식에서 가장 잘 드러난다. 순서는 거의 언제나 똑같았다. 고유명사, 보통명사, 형용사, 동사, 감탄사, 그리고 마지막으로 몸짓 순으로 문제를 겪었다. 고유명사의 경우 환자들은 가장 최근에 배운 단어를 가장 먼저 잊었고, 아주 어릴 때 배운 단어를 가장 마지막까지 기억했다. 동일한 패턴이 보통명사에서도 나타났다. 어릴 때 배운 '코끼리' 같은 단어는 '주판' 같은 단어보다 훨씬 더 늦게까지 붙들고 있었다.

과학의 관점에서는 이런 현상을 한 번만 목격하는 것도 대단한 일이다. 그러나 리보는 이 법칙이 다른 유형의 환자에게도 관찰되는지 알고 싶었다. 퇴행 법칙을 기억에 일반적으로 적용할 수 있을까?

자신이 제시한 여러 가지 가설을 시험하기 위해 리보는 제1 언어와 제2 언어를 각각 다른 시기에 배운 이중언어 구사자를 연구하기로 했다. 그는 어릴 때 배운 언어와 어른이 되어서 배운 언어는 특정 뇌 손상에 대한 저항력에서 차이가 난다는 가설을 세웠다. 어릴 때 배운 제1 언어는 뇌 손상을 입었을 때 가장 잘 보존될 것이고, 제2 언어, 특히 어른이 된 후에 배운 제2 언어는 뇌 손상에 가장 취약할 것이다.

리보는 스위스의 심리학자 피아제가 아동 발달에 관한 중요 연구를 시작하기 전인 1920년대 후반에 과학자로서 자리를 잡았다. 따라서 리보의 퇴행 법칙을 입증할 수 있는 아동 관련 연구가 매우 드물었다. 리보는 어쩔 수 없이 제2 언어 습득에 관한 기존 문헌을 검토했다. 당대의 연구는 운동 기억인 말하기와 정신적 요소인 이해하기 간 구분을 기본으로 삼고 있었다. 실제로 리보 역시 구술 언어와 다른 유형의 기억이 구별된다고 우회적으로 언급해 오고 있었다. 그러나 리보가 자신의 가설을 뒷받침하는 가장 확실한 증거를 찾은 것은 다중언어 구사자가 언어를 회복하는 방식에서였다. 특히 그의 흥미를 끈 것은 환자들이 오랫동안 사용하지 않은 언어를 마취 상태에서 회복한 놀라운 사례들이었다. 리보는 자신이 문헌에서 읽은 한 예를 제시했다.

한 연로한 산림 관리인은 폴란드 국경 지대에서 어린 시절을 보냈는데, 그곳에서 살 때는 오직 폴란드어만 사용했다. 이후에는 독일어 사용 지역으로 이주해 죽 그곳에서 살았고, 그의 자녀들은 그가 30~40년 동안 폴란드어는 단 한 마디도 듣거나 말하지 않았다고 주장했다. 마취로 인해 촉발되어 거의 2시간 동안 지속된 이 일화에서 그는 오직 폴란드어로만 말하고, 기도하고, 노래했다.

____ 조기 학습은 중요하다

나는 각기 다른 연령대에 언어를 배운 경험이 있으므로, 나이가 제2, 제3 언어 학습에 어떤 영향을 미치는지에 대해 늘 관심이 있었다. 연구자들은 연령별로 나타나는 학습 차이를 **습득 연령 효과**age of acquisition effect, AoA라고 부른다. 기본적으로 어릴 때 배우는 것과 나중에 커서 배우는 것은 서로 다르다는 관념에서 출발한다.

조기 학습의 효과는 내가 2002년 라이프치히에서 크리스티안 피바흐Christian Fiebach와 실시한 연구에서도 드러난다. 이 연구에서 우리는 독일어가 모국어인 집단에게 글자 조합 이미지를 보여 줬다. 그 글자 조합

중에는 단어인 것(licht, 빛)과 단어가 아닌 것(nable, wight 등)이 섞여 있었다. 시험 참가자들에게 주어진 과제는 각 글자 조합을 보고 그 글자 조합이 단어인지 아닌지를 판단하는 것이 전부였다. 참가자들이 컴퓨터 화면에 뜬 글자 조합을 보는 동안 기능자기공명영상fMRI으로 그들의 뇌를 스캔했다. 이 기법은 특정 뇌 영역에 공급되는 혈액 속 산소량을 통해 뇌 활동을 측정한다.

피바흐가 실험 데이터를 보여 주자 나는 입이 떡 벌어졌다. 어린 시절에 배운 단어들은 구술 언어를 처리하고 소리와 시각 정보를 연결하는 일을 전담하는 영역에서 뇌 활동이 더 활발하게 나타났다. 나중에 어느 정도 커서 배운 단어들은 사람들이 의미를 파악하며 읽기를 시도할 때 사용하는 영역인 전두엽에서 뇌 활동이 늘어났다.

달리 말하면 어떤 글자 조합이 단어인지 여부를 판단할 때 그것이 어린 시절에 배운 단어인 경우에는 소리를 내 말하는 것에 더 많이 의존하는 것처럼 보였다. 그에 비해 조금 더 자라서, 즉 학교에서 배운 단어인 경우에 실험 참가자들의 뇌 영상을 보면 그들이 그 단어의 의미를 파악하려고 시도했다는 추론이 가능하다. 만약 어떤 단어가 의미를 지니고 있다면 그 단어는 확실히 단어라고 판단하는 것이다. 이 연구는 단어를 읽는 두 가지 경로가 있다는 사실을 내게 알려 줬다. 어릴 때 배운 단어는 시각과 청각을 훨씬 더 많이 사용했다. 나중에 배운 단어는 사전속 단어에 더 가까웠다. 이런 연구 결과를 토대로 핑 리Ping Li와 나는 언어 습득을 설명하는 감각운동 가설을 제시했다.

조기 학습이 우리가 지각하고 움직이는 방식에 더 크게 좌우된다고 설명하는 감각운동 가설은 피아제가 주창한 인지 발달단계 이론에 근거를 두고 있다. 피아제는 인지 발달이 일종의 적응 과정이라고 주장했다. 동물학을 전공한 피아제는 아동 발달에 관한 이론에 생물학의 관념을 많이 차용했다. 생물학과 인간 발달의 연결고리는 피아제가 아동의 학습 방식을 설명하기 위해 **적응**adaptation과 **조절**accommodation이라는 표현을 사용했다는 데서 가장 명확하게 드러난다. 이는 새로운 서식지에 적응하고 스스로를 조절하려고 시도하는 생물종에게 사용하는 용어들이다. 피아제는 학습 과정이 진화론과 흥미로운 유사성을 지닌다고 생각했다.

또한 피아제는 발달을 여러 단계로 나누었다. 첫 번째 단계는 감각운동기sensorimotor stage로 이 단계에서 아동은 학습을 할 때 자신의 움직임을 시각 정보, 청각 정보, 후각 정보, 촉각 정보와 연결시킨다. 이 단계는 유아기까지 지속되다가 전조작기preoperational stage로 넘어간다. 전조작기의 아동은 세상을 눈에 보이는 그대로 받아들인다. 다음 쪽의 그림을 보고 어느 쪽에 원이 더 많이 들어 있는지 말해 보라. 어른은 왼쪽에 있는 그림을 선택할 것이다. 그러나 전조작기의 아동, 즉 2~7세 아동은 오른쪽 그림을 선택할 때가 많다. 크기와 양을 혼동해서 개수를 세는 전략을 안정적으로 사용하지 못하기 때문이다.

크기 항등성size constancy을 시험하기 위해 아동에게 보여 주는 자극물 예시.

피아제는 7세 이후에는 아동이 왼쪽 그림에 원이 더 많다고 답하는 것을 관찰했다. 그는 이 단계를 **구체적조작기**concrete operation stage라고 불렀다. 아동이 물리적 사물을 보이는 그대로 받아들이지 않고 생각하는 단계다.

연구자들은 아동을 속여서 사물이 변했다고 믿게 만드는 각종 보존 시험을 고안했다. 그중 한 실험에서는 연구자가 고양이에게 개 가면을 씌웠다. 그런 다음 아동에게 개 가면을 쓴 고양이가 개인지 고양이인지 물었다. 7세를 넘긴 아동은 고양이라고 답했다. 7세보다 어린 아동은 개라고 답했다. 요컨대 전조작기 단계의 아동은 사물의 겉모습에 속았다. 구체적조작기 단계에 있는 아동은 사물의 겉모습에 속지 않았다.

아동 발달의 마지막 단계를 피아제는 **형식적조작기**formal operation stage라고 불렀다. 이 단계에서 아동은 추상적인 사고를 할 수 있다. 아동이 12세를 넘기면서 하기 시작하는 모든 것들을 떠올려 보자. 이 단계의 아동은 추상 수학을 배우고 스포츠 경기에서 전략적 사고를 펼칠 수 있다. 또한 가설적 상황에 대해서도 생각할 수 있다. 예컨대 '외계인이 지구를 정복하려고 침공했는데 막상 지구에 와 보니 새가 무서워서 새를 대신 다뤄 줄 인간이 필요해졌다면 어떻게 될까?'와 같이 말이다. 비둘기를 쫓는 기술을 지닌 내 아들이라면 새롭게 등장한 필수 직종에서 최상급 관리자로 승진할 수 있었을 것이다. 피아제의 이론에 따르면 아동은 12세가 되면 그때부터 이와 같은 모든 가설적 상황들에 대해 생각할 수 있게 된다.

피아제가 제시한 이론 틀의 기본은 동물학이지만, 피아제의 연구는 아동이 각기 다른 상황에서 어떻게 행동하는지를 탐구했다. 아동의 뇌 발달에 관한 연구는 피아제의 주장에 합치한다. 예를 들어 최근 롱X. Long 과 동료들이 실시한 연구에서는 언어에서 사용되는 소리를 처리하는 상측두회superior temporal gyrus라는 영역이 다른 뇌 영역과 연결되는 방식이 아동기에 변화를 겪는다는 사실을 발견했다. 생애 초반에는 상측두회가 국지적으로만 매우 강하게 연결되어 있다. 요컨대 오로지 소리를 담당하는 주변 영역들과 강력하게 연결되어 있다. 그러나 아동기에 이 영역은 뇌의 다른 영역과 강력한 신경 결합을 형성한다. 언어의 소리가 세상의 물건, 우리가 사랑하는 사람, 심지어 우리가 참가한 스포츠의 소리 등 다른 것들과 연결되기 시작한다.

국지적 연결에서 더 광범위한 연결로 이행한다는 사실은 크리스티안 피바흐와 내가 관찰한 연구 결과와도 잘 맞아떨어진다. 더 구체적으로 말하면 어린 시절 배운 단어를 보여 줬을 때 구술 언어의 청해에 관여하는 상측두회에서 뇌 활동이 증가하는 것으로 나타났다.

롱과 동료들은 또한 아동기 후반에 뇌에서 각기 다른 부위에 있는 전두엽과 두정엽이 연결되는 방식에 변화가 일어난다는 사실을 발견했다. 이 두 영역은 **연합 영역**association area으로도 알려져 있으며, 감각 정보와 운동 지령을 더 복합적인 방식으로 통합하는 작업을 돕는다. 연합 영역은 머릿속에서 여러 가지 작업을 조율하는 능력인 이른바 **작업 기억** working memory에 관여한다.

작업 기억은 아동이 개 가면을 씌운 고양이가 개가 아니라 고양이라는 것을 아는 능력과 관련이 있다고도 생각할 수 있다. 개 가면을 씌운 고양이가 고양이라는 사실을 알기 위해서는 그 자리에는 고양이가 있으며 가면으로 인해 고양이가 개처럼 보이는 것뿐이라는 사실을 머릿속에 담고 있으면서, 동시에 개 가면을 벗기면 그 자리에 다시 고양이가 나타날 것이라고 상상할 수 있어야 한다. 요컨대, 그 자리에 있는 고양이는 개처럼 보이는 고양이인 것이다. 이런 더 복합적인 사고 유형은 아동의 뇌가 원거리 연결을 형성하기 시작할 때 가능해진다.

_____ 나이가 든다는 것은 연결이 더 확장된다는 것

미국의 여느 도시와 마찬가지로 휴스턴은 점점 더 확장되는 고속도로 시스템으로 거미줄처럼 연결되어 있다. 앞 장에서 나는 뇌의 활동이 촘촘하게 상호 연결된 방식이 마치 로스앤젤레스 같은 도시의 교통 흐름과 유사한 모습을 보인다고 묘사했다. 대도시의 교통 흐름이라는 비유는 아동 뇌의 처음 모습과 이후 뇌가 성숙하는 과정을 살펴볼 때에도 유용하다. 예를 들어 우리 가족은 처음 휴스턴 지역으로 이사하면서 휴스턴대학교로부터 23킬로미터 떨어진 근교에 있는 인접 카운티의 주택을 구매했다. 우리가 이사 왔을 때만 해도 이 소도시는 휴스턴과는 동떨어진 작은 섬처럼 돌아갔다. 고속도로에서는 정체를 겪기도 했지만, 출퇴근 시간대에만 그랬다. 우리 동네에서 교통 정체는 하루 중 특정 시간대에 몰려 있었다.

시간이 지나면서 우리가 사는 근교도 발달했고, 휴스턴 도시 전체와 더 긴밀하게 연결되기 시작했다. 고속도로와 일반 도로가 상당히 확장되었고, 원활한 교통 흐름을 유지할 수 없게 되었다. 처음 이곳에 이사 왔을 때는 러시아워에도 길어야 25분 정도 걸리던 통근 시간이 40분으로 확 늘어났다.

2019년 시 당국은 교통 흐름을 개선하기 위해 새로운 유료 도로 개설 계획을 발표했다. 새로운 유료 도로는 교통 정체 문제 해소를 약속했다. 교통 흐름을 개선하겠다는 이런 약속은 큰 착각이자 망상일 뿐이다. 듀랜튼G. Duranton과 터너M. A. Turner의 연구는 도로 확장이 교통에 어떤 영향을 미치는지 살펴봤다. 이를 위해 두 사람은 과거의 데이터를 수집해서 교통 흐름을 늘리고 줄이는 것이 인간의 통행량에 어떤 영향을 미치는지 계산했다. 두 사람은 역사적 연구 방법으로 대도시 권역 내에서 자동차의 이동 거리를 검토했다. 즉 나 같은 사람이 휴스턴 도시에서 차를 타고 얼마나 많이 돌아다녔는지를 살펴봤다.

두 사람은 과거의 데이터를 검토하면서 인과관계를 파악했다. 즉, 새로운 유료 도로 개설은 교통에 어떤 영향을 미치는가? 그리고 놀라운 결론에 도달했다. '도로 막힘의 기본 법칙fundamental law of road congestion'에 따라 자동차가 이동할 수 있는 차선의 수를 늘리는 것은 교통에 아무런 영향을 미치지 않는다는 사실이 드러난다. 듀랜튼과 터너는 사람들이 돌아다니는 것을 좋아하며, 도로는 사람들이 돌아다닐 수 있게 해 준다고 지적한다. 내가 사는 근교 소도시의 경우에는 우리 집 남쪽, 더 바깥쪽 근교에 쇼핑몰이 건설되기 시작했다. 그보다 더 남쪽에서는 첫 주택단지가 개발되는 것도 볼 수 있었다. 그 주택단지는 몇 년 전 우리 단지가 그랬듯이, 30분 이내에 어디든 갈 수 있을 정도로 휴스턴과 가까우면서도 조용한 삶을 누리기에 충분할 정도로 멀었다. 시간이 지나면서 한때는 고립된 근교였던 우리 동네는 더 큰 대도시 권역에 흡수되고 있다. 지금처럼 새로운 도로가 생기더라도 그저 사람들이 더 많이 돌아다니게 될 뿐이다.

그러니 잠시 한발 물러서 보자. 인간의 통행이 전혀 없는 장소를 상상해 보자. 이를테면 여기에서 달 사이를 얼마나 많은 사람이 오가는지 생각해 보라. 2020년 현재 그 숫자는 0일 것이다. 이제 한 달에 한 번 달을 오가는 셔틀이 있다고 상상해 보라. 통행량이 늘 것이다. 교통수단이 늘어나면(게다가 요금까지 적당하다면!) 통행량이 과연 줄어들까? 나 같은 SF 마니아에게 달 셔틀의 등장은 금맥을 발견한 것과 같은 일일 것이다. 내가 비용을 감당할 수만 있다면 아이들을 데리고 주말에 달을 방문할 기회를 마다할까? 그럴 리 없다. 새로운 달 도시는 곧 사람들로 북적이게 될 것이다. 그리고 우리가 미처 정신을 차리기도 전에 달을 오가는 길은 교통 정체를 겪게 될 것이다. 도로 막힘의 기본 법칙은 인간 시스템의 자연스러운 결과일 뿐이다. 인간이 만든 시스템은 모든 자연 시스템과 동일하고 뇌와도 동일하다. 유연하다. 그렇게 우리의 논의는 다시 뇌로 돌아온다.

지구와 달 사이 교통 흐름에 대한 이 비유를 뇌에 적용하면 어떻게 될까? 새로운 도로를 건설하고 그 도로를 교통 흐름으로 채운다. 어찌 보면 바로 이것이 우리 인간의 뇌가 하는 일이다. 도로들의 집합에 해당하는 뉴런 다발들이 생겨나고, 이를 신경과학자들은 **백질 신경로**white matter tract라고 부른다. 뉴런 다발들은 마치 우리 뇌의 메트로폴리스에 존재하는 여러 허브들을 잇는 도로처럼 뇌스캔에 하얀색으로 나타난다. 앞서 설명했듯이 우리 뇌의 각 뉴런은 지방질 막이 감싸고 있고, 이 지방질 막은 전기 파동을 보존하는 단열재 역할을 한다. 전기 파동은 축삭돌기를 따라 이동해 시냅스에 닿고, 그 시냅스가 방출한 화학물질이 다음 뉴런으로 건너간다. 미엘린은 축삭돌기를 감싼 지방질 장갑과도 같아서 일종의 케이블 묶음처럼 아주 많은 수의 축삭돌기를 모아 두면 마치 도로처럼 보인다.

아동기 초반에 특정 뇌 영역의 활동은 국지적으로 이루어진다. 마치 대도시와 근교 소도시 간 상호 연결이 아직 밀접해지기 전 소도시의 교통 흐름과도 같다. 아동이 성장하면서 뇌의 각 영역들은 점점 더 멀리 떨어진 다른 영역들과도 상호 연결된다. 뇌는 상호 연결되어 함께 작동하는 고속도로와 도로의 망에 더 가까워진다. 내가 사는 근교나 그보다 훨씬 더 교통 정체가 심한 로스앤젤레스의 교통량과 마찬가지로, 모든 것이 하나의 상호 연결된 네트워크의 일부가 된다. 교통 흐름은 자연 시스템과 같은 것이 된다. 여기에서 핵심은 이렇게 발달하는 과정의 초기에는 감각 정보와 운동 반응을 전담하는 영역의 상호 연결성이 중요하다는 것이다. 시간이 지나면서 뇌의 상호 연결성이 점점 더 확장되고, 이와 더불어 뇌는 더 복합적인 방식으로 정보를 다루게 된다.

뇌의 이런 발달 과정은 피아제가 아동의 행동 발달 과정에서 관찰한 것과 유사성을 보인다. 생애 초기에 아동은 물건의 겉모습에 좌우된다. 고양이 가면을 쓴 개는 고양이다. 그러나 시간이 지나면서 아이들은 고양이처럼 보이는 동물이 개일 수 있다는 사실을 이해하기 시작한다. 이를 위해서는 한 가지 관념(개)을 머릿속에 담고 있으면서, 눈으로는 그와 다른 이미지(고양이)를 볼 수 있어야 한다. 이때 세계에 있는 것과 우리 머릿속에 있는 것을 타협시키는 작업을 지원하는 뇌 영역이 개입한다. 따라서 생애 후기에 형성되는 기억들은 생애 초기에 학습된 기억에는 담겨 있지 않은 추가적인 정보의 층을 지닌다. 우리 뇌는 나이가 들면서 더 복합적으로 작동하고, 뇌에 저장되는 기억들에는 더 복잡한 정보가 담긴다. 이런 관념은 언어, 그리고 어린 학습자와 성인 학습자의 차이에 관한 논의로 이어진다.

나는 언어의 회복과 상실에 관한 100년도 더 된 이야기들을 읽으면서 처음으로 이중언어와 뇌에 관심을 갖게 되었다. 앞서 독일로 이주한 뒤로는 오랫동안 독일어만 하면서 살았던 폴란드 출신 산림 관리인의 일화를 소개했다. 그 노인은 어느 날 마취 상태에서 2시간 동안 자신이 태어나서 처음 익힌 언어인 폴란드어로 말하기 시작했다. 그전까지 무려 30년 동안 폴란드어에 전혀 노출되지 않았는데 그런 일이 일어난 것이다. 내게도 비슷한 경험이 있다. 마취 상태는 아니었지만. 내 '일화'는 고작 몇 초 동안 지속되었다. 당시에 내가 회복한 언어는 모국어가 아닌 포르투갈어였다. 나는 어린 시절 뜻하지 않게 음악을 통해 포르투갈어를 접했다.

브라질 가수 호베르투 카를루스Roberto Carlos는 포르투갈어로 부른 자신의 노래를 스페인어로 개사해서 스페인어로도 불렀다. 루이스 엔리케 삼촌이 아주 좋아하는 가수였다. 엔리케 삼촌이 하도 그의 노래를 부르고 다녀서 결국 나도 카를루스의 노래에 물들게 되었다. 나는 호베르투 카를루스의 노래를 많이 알고 있었고, 그 노래들을 직접 부르기 시작했다. 방학이 끝나 캘리포니아 북부로 돌아갔을 때 아버지는 카를루스의 스페인어 앨범을 사 주셨고, 나는 혼자서 카를루스의 앨범에 실린 노래들을 계속 불렀다.

동네 레코드샵에 두 번째로 들렀을 때는 카를루스의 스페인어 앨범을 한 장도 구할 수가 없었다. 레코드판 더미를 뒤지던 나는 내가 이미 가지고 있는 앨범의 포르투갈어 버전을 발견했다. 내가 실망하기 전에 아버지가 그 앨범을 계산대로 가져갔다. 그후로 몇 주간 나는 내가 정말 좋아하는 노래들의 포르투갈어 가사를 익히고 연습했다. 그렇게 포르 투갈어로 노래 부르기를 몇 달 정도 하다가 멈췄다.

그로부터 10년이 지났을 무렵 나는 다시 포르투갈어를 배우고 있었 다. 이번에는 대학교 수업을 들었다. 이제 포르투갈어로 노래를 부르지 는 않았지만, 여전히 브라질에 방문하는 꿈을 꾸고 있었다. 대학교 3학 년 때 교환학생 프로그램에 지원했고, 합격했다. 그리고 브라질 상파울 루에서 총 2년을 보냈다. 브라질에서 보낸 기간 동안 스페인어 억양이 무너진 대신 나는 상파울루 사람처럼 말하기 시작했다.

브라질에서 돌아오고 여러 해가 지난 뒤에 나는 밤에 아들을 재우면 서 노래를 부르기 시작했다. 잠자리 독서보다는 노래를 불러 주는 편이 아들을 달래는 데 더 효과적인 것 같았다. 그런데 어느 날 어린 시절 호 베르투 카를루스의 앨범에서 들었던 브라질 자장가의 단어들이 떠올랐 다. 그 노래를 부르면서 한 단어가 매우 기이한 악센트로 튀어나오는 바 람에 당황스러웠다.

호베르투 카를루스는 브라질 북동부에서 자랐다. 북동부 지역의 포 르투갈어 억양은 내가 익숙한 상파울루 억양과는 매우 달랐다. 아들에 게 자장가를 불러 준 그날 밤 나는 자장가의 첫 소절을 노래하기 시작 했다. "이 탕 타르지, 아 마냐 자 벵(É tão tarde, a manhá já vem, 이젠 너무 늦어, 아침이 오고 있네)." 그런데 '타르지(tarde)'의 r 발음이 파열음으로 나왔다. 마치 '따흐지'처럼 영어의 h 발음에 가까웠다. 나는 호베르투 카를루스처럼 그 단어를 발음하고 있었던 것이다!

어린 시절에 익힌 노래를 브라질 포르투갈어로 노래하면서 나 스스로 퇴행 과정을 거쳤다. 아들에게 자장가를 불러 주는 동안 나는 호베르투 카를루스에 대한 최초의 기억과 그의 노래를 그의 모국어로 부르려는 시도로 되돌아갔다. 내 생애 초기에 배선된 운동 프로그램이 다시 깨어났다. 그리고 그 운동 프로그램이 내가 어른이 되어 배운 언어의 억양에 영향을 미쳤다. 내 포르투갈어를 창조한 작은 조각들이 여전히 그 자리를 지키고 있었던 듯했다. 이 초창기의 원초적 조각들은 내가 이후 발달시킨 더 큰 기술 집합의 기본 구성단위가 되었다.

알고 보니 이런 원초적 조각들이 스포츠에서도 등장한다. 그 당시에 나는 조기 언어 교육의 효과를 연구하고 있었다. 같은 시기에 톰 바이어Tom Byer는 자신만의 리보의 퇴행 법칙을 개발하느라 바빴다. 바이어의 경우에는 그 대상이 축구였다.

6장. ——————— 톰 바이어와 작은 공 요법

: 사례연구 ❸

___ 선수에서 코치로

만약 누군가 위대한 차세대 축구 기술 코치를 물색할 장소를 골라야 했다면 아마도 뉴욕시로부터 북쪽으로 160킬로미터 떨어진 울스터카운티를 지목하지는 않았을 것이다. 현재 주민 18만 명이 거주하는 이 지역은 1970년대에도 축구 선수를 키울 만한 장소로 꼽히지 않았을 것이다. 1970년대는 주류 미국 스포츠의 인기가 지배적인 시기였다. 미식축구 경기에서는 공 차기보다는 공 던지기를 더 많이 한다. 농구와 야구도 축구보다 더 인기가 많았다. 그리고 물론, 아이스하키, 스키, 스케이트 같은 겨울 스포츠 종목도 있었다. 그 당시에 미국에서는 아무도 '풋볼futbol'(멕시코 스페인어로 축구를 의미한다−옮긴이)이라는 단어를 쓰지도 않았다.

울스터카운티는 톰 바이어가 맨 처음 축구에 관심을 가지게 된 곳이다. 축구는 비인기 종목이었지만, 라운드하우트밸리고등학교에는 축구팀이 있었고, 톰 바이어는 청소년기에 이 팀에서 선수로 활동했다. 바이어의 고등학교 축구팀은 두 개 리그에서 챔피언십 우승컵을 땄다. 톰은 축구를 그만두고 싶지 않았고, 우선은 울스터카운티에 있는 뉴욕주립대학교에서, 그 다음에는 사우스플로리다대학교에서 축구를 계속할 수 있었다.

20대 초에 대학을 졸업한 뒤에도 축구에 대한 바이어의 열정은 여전해서 그는 프로 축구 선수로 활동할 길을 찾아 나섰다. 그는 영국의 10부 리그 격인 스파르탄 사우스미드랜즈 리그Spartan South Midlands League의 레이튼축구클럽Leighton FC에 들어가 유럽 무대에 진출했다. 그러다 일본으로 이주해 당시 히타치축구클럽Hitachi SC이었던 팀에서 선수 생활을 했다. 축구 선수로서의 삶이 완전히 황혼기에 접어든 뒤에도 축구에 대한 열정은 좀처럼 사그라들지 않았다. 29세에 프로 축구계에서 은퇴한 뒤 그는 축구와 관련된 다른 일자리들을 찾기 시작했다. 바이어는 코칭에 필요한 예리한 안목을 개발하기 시작했다. 바이어의 설명을 빌리면 그는 감독이 아닌 기술 코치였다. 바이어는 자신이 실질적으로는 축구를 시험대로 삼은 응용 발달심리학자의 길을 걷기 시작했다는 것을 까맣게 몰랐다.

당시에는 축구 코칭은 아동기 후반과 청소년기에 실시하는 것이 최선이라는 인식이 일반적이었다. 바이어의 생각은 달랐다. 뛰어난 축구 선수들을 연구한 바이어는 그 선수들이 하나같이 그보다 훨씬 더 어린 나이에 축구 훈련을 시작했다는 사실을 깨달았다. 그 선수들의 경우 축구 훈련은 가정에서 시작되었다. 이에 따라 바이어는 훨씬 더 어린 나이에 축구 코칭을 시작해도 된다는 결론에 도달했다. 나중에 보게 되겠지만, 바이어는 2세 이전에 아이들에게 기초 축구 테크닉을 지도할 수 있는 방법을 발견했다. 아래 인용문에는 바이어의 생각이 거의 대부분 정리되어 있다.

> 최상위 선수들 다수는 탄탄한 체력, 경기를 읽는 능력, 헤딩 슛 능력 등 훌륭한 기술을 지니고 있다. 그러나 기초 테크닉은 부족하다. 왜 그럴까? 기초 테크닉을 배운 적이 없기 때문이다! 이런 핵심 기술을 배울 기회는 어린 시절에 단 한 번 주어진다. 많은 코치와 축구 협회는 여전히 그런 기술을 선수가 더 컸을 때, 예컨대 9세 내지는 10세 또는 그 이후에나 가르칠 수 있다고 믿는다. 그러나 나이가 들면 아이들은 대개 이미 경기를 뛰고 있고, 다른 것들을 배우고 있다. 핵심 테크닉을 먼저 다뤄야 한다.

바이어는 축구 교육이 다음 순서로 이루어지고 있다고 지적했다. 아이들이 5세나 6세 무렵에 축구 리그에 가입한다. 몇 번 연습 기회가 주어진다. 그런 다음 경기를 뛰기 시작하고, 코칭은 경쟁이라는 맥락에서 진행된다. 그런데 바이어는 이런 현실이 혼란스러웠다. 축구 코치는 왜 6세와 10세 사이의 아동 선수 다수가 축구 경기를 성공적으로 치르는 데 필요한 기초 기술을 갖추지 못했는데도 그들을 경기에 투입하는가?

또한 바이어는 아이들의 훈련 내용에도 문제를 제기했다. 바이어는 축구 코치들이 아이들에게 킥을 가르치는 데 지나치게 집중하고 있다고 생각했다. 바이어가 보기에 공을 차는 것은 부차적인 문제였다. 공을 차서 골대 안에 넣는 연습을 한다는 발상은 더더욱 이해할 수 없었다. 축구 경기장에서 선수들은 대부분의 시간을 상대 팀 골대까지 가거나 상대 팀이 자기 팀 골대로 가까이 오는 것을 막으면서 보낸다. 따라서 바이어가 보기에 정말로 중요한 것은 공을 가지고 움직이는 기술이었다. 또 하나 중요한 것은 이 기술을 어린아이들에게 적합한 방식으로 가르치는 것이었다.

어떤 면에서 바이어의 아이디어는 앞서 논의한 핵심 테크닉에서 시작해야 한다는 아이디어와 일맥상통한다. 서브의 경우 핵심은 공을 던지는 동작과 상당히 유사하다고 볼 수 있다. 언어의 경우에는 발화 소리 등이 핵심일 것이고, 골프에서는 아주 가까운 거리에서 하는 퍼팅일 것이다. 그런 것들이 다양한 서브를 넣거나 문법에 맞는 문장을 만들어 내거나 골프장 몇 홀을 도는 등 더 수준이 높은 복합적인 활동으로 넘어가기 전에 가장 먼저, 가장 기본적으로 개발해야 하는 테크닉이다.

기술을 배우고, 이후에 축구 경기에서 그 기술을 활용하는 것은 하나의 과정이다. 시간이 걸린다. 그리고 그 과정을 서둘러 진행하면 결국 아이들이 좌절하고 말 수도 있고, 다음에 보듯 더욱 안 좋은 결과를 낳을 수도 있다. 바로 선수의 남은 인생 전체에 영향을 미칠 치명적 신체 부상이다.

일찌감치 슈퍼스타가 되어야 한다는 압박감이 우리의 집단의식에 단단히 박혀 있다. 타이거 우즈Tiger Woods의 이야기는 어떤가. 우즈는 두 살부터 골프를 치기 시작했다고 알려져 있다. 많은 신동들과 마찬가지로 그도 아버지의 코치를 받았고, 그렇게 우즈는 골프계의 전설이 되었다. 앤드리 애거시André Agassi의 아버지 마이크는 아들의 요람에 테니스공을 넣어 주었다는 소문이 있었다. 요지는 운동선수가 챔피언이 되기 위해서는 이른 나이에 시작해야 하고, 엄청나게 훈련을 많이 해야 한다는 것이다. 비록 글래드웰과 그의 저서 『아웃라이어』와 직접적인 연관성은 없지만, 1만 시간의 법칙이 그 중심에 있었다. 댄 매클로플린이 1만 시간을 목표로 삼도록 영감을 준 안데르스 에릭손의 접근법 또한 최대한 이른 나이에 전문가가 될 수 있도록 유아동기에 연습을 시작하게 만드는 데 한몫했을 것이다.

이 새로운 길에서 아이들은 일찌감치 경쟁하기 시작한다. 많은 이들이 클럽 팀을 따라 일 년 내내 이어지는 고된 일정을 소화한다. 이런 리그에서 경쟁의 우위를 점하기 위해 많은 클럽이 어릴 때부터 경쟁적으로 시합에 임해야 한다고 강조한다. 여기에는 주중에 수 차례 훈련을 받고 주말에는 경기를 뛰는 일정이 포함된다. 많은 부모가 아이들이 점점 더 어린 나이에 단 하나의 운동에 전념하게 만든다.

유감스럽게도 훈련 시간이 늘어나면 필연적으로 더 큰 비용을 치르게 된다. 댄 매클로플린의 허리처럼 아이들의 몸이 굴복하고 있다. 통상적으로 더 성숙한 신체가 부담해야 할 노동 스트레스 아래에서 아이들은 이전 시대에는 보고되지 않았던 부상을 당하고 있다. 전문화의 대가가 어린 선수들에게서 나타나기 시작했다. 현재 선수들은 점점 더 어린 나이에 수술대에 오르고 있다. 보스턴아동병원의 의사 미닌더 코처Mininder Kocher는 수술실에서 당혹스러운 추세를 목격하고 있다. 무릎의 전방십자인대 재건 수술 건수가 눈에 띄게 증가하고 있었다. 수술 건수 증가는 성인 선수와는 무관했다. 재건술을 받는 환자의 연령이 점점 더 낮아지고 있었다.

전방십자인대 부상은 청소년과 성인 운동선수 사이에서는 매우 흔한 부상이다. 특히 몸싸움을 하거나 선수들이 빠른 속도로 진행 방향을 바꿔야 하는 스포츠에서는 더욱 그렇다. 프로 선수와 준프로 선수 사이에서는 부상 빈도가 그대로였지만, 코처는 아이들이 이 까다로운 재건 수술을 받는 일이 너무나 흔해지고 있다는 사실에 주목했다. 소아 환자의 전방십자인대 재건술은 특히 더 까다롭다. 아이들은 아직 성장하는 중이고, 아이들이 성장하는 동안 관절 모양도 매년 변하기 때문이다. 자신이 관찰한 현상이 일반적인 추세인지 확인하기 위해 코처는 다른 두 명의 연구자 프랜시스 테폴트Frances Tepolt, 라나 펠드먼Lanna Feldman과 함께 다수의 소아 수술 외과의로부터 데이터를 수집했다. 그 결과는 충격적이었다. 소아 재건 수술 건수가 2004년과 2014년 사이에 500건에서 2,500건으로 다섯 배 증가한 것이다.

앞서 언급했듯이 과잉 훈련은 댄이 허리 부상을 당한 이유 중 하나일 수 있다. 댄의 훈련은 하루에 서너 시간씩 지속되었다. 그의 계획은 3년 반 안에 1만 시간을 채워서 프로 골퍼가 되는 것이었다. 그러나 댄의 발전 속도가 너무 빨랐는지도 모른다. 척추 지압사^{chiropractor}를 찾아가도 그때뿐이었다. 댄의 허리 부상은 계속 문제를 일으켰고, 그렇게 시간을 보내다 1만 여 시간을 채우겠다는 목표를 포기할 수밖에 없었다.

댄이 어린 운동선수와 같은 운명을 맞이했다는 사실은 역설적이다. 이른 나이에 시작하는 것에는 물론 이점들이 있다. 일반적으로 생애 초기에 익힌 운동 기술은 오랫동안 유지된다. 예를 들어 농구 슛, 축구 슛 같은 새로운 운동 기술을 수행하거나 새로운 외국어 단어를 익힐 때 처음에는 부모가 어린 자녀보다 더 뛰어난 수행 능력을 보이는 일이 드물지 않다. 그러나 시간이 지날수록 자녀가 결국 부모를 뛰어넘게 된다.

여기서 핵심은 **결국**이라는 단어다. 문제는 기술을 기계적 관점에서 접근하는 것이고, 여기에는 1만 시간의 연습이라는 마법을 성취하려는 성급함이 담겨 있다. 이런 관점에서는 아동 운동선수를 어른이 할 수 있는 모든 것을 할 수 있는, 기름칠이 잘 된 기계처럼 본다. 아동의 기술 습득 과정에 함께하며 부모, 교사, 코치 들도 이제는 발전 속도가 느릴 수 있다는 것을 배웠다.

시간이 충분히 주어지면 아이들은 결국 어른 학습자를 뛰어넘을 수 있다. 이것은 뭔가 새로운 것을 학습하는 아이는 작은 어른이 아니라는 점을 명확하게 보여 준다. 학습에 대한 이런 성장 접근법은 기술이 아주 많은 여러 요소의 조합에서 생성되는 유기적 존재라는 내 관점에도 부합한다. 창발적 기능이라는 관념은 또한 피아제의 연구와도 잘 맞아떨어진다. 피아제의 연구는 기본 감각운동 구성단위의 조합에서 복잡한 인지가 생성된다고 봤다.

____ 바이어의 접근법

아동 운동선수가 기계와 같다는 관념은 톰 바이어의 아이디어와는 결이 달랐다. 바이어는 축구 코치들이 아이들에게 슛 동작을 몇 시간이고 연습시키는 것을 지켜봤다. 부상을 일으키기 쉬운 유형의 지도 방식이었다. 바이어가 보기에 이런 유형의 반복 연습이 언제나 이상적인 것은 아니었다. 가장 뛰어난 선수들을 관찰한 바이어는 그들이 반드시 슛을 잘하는 선수는 아니었다는 사실을 발견했다. 펠레Pelé, 디에고 마라도나Diego Maradona, 리오넬 메시Lionel Messi, 마르타 비에이라 다시우바Marta Vieira da Silva는 탁월한 골잡이가 아니었다. 대신 그들은 공을 다루는 기량이 탁월했다.

모든 선수가 공 차는 법을 배워야 한다. 그러나 축구에서 공을 차는 것은 부차적인 활동이다. 바이어가 보기에 축구 선수가 배워야 하는 가장 중요한 기술은 공을 다루는 법이었다. 요컨대 그는 처음 시작할 때는 공 다루는 법을 배우는 것이 중요하다고 강조했다. 바이어가 브라질 축구 사상 가장 뛰어난 선수 중 한 명인 네이마르Neymar를 인용해서 말하듯이, 브라질 사람들은 축구와 사랑에 빠지는 것이 아니다. 공과 사랑에 빠지는 것이다.

자연스럽게 뒤따르는 질문이 있다. 얼마나 일찍 가르쳐야 하는가? 아이들에게 공 다루는 법을 언제 가르쳐야 할까? 5세? 3세? 2세? 바이어는 축구의 가장 기초적인 기술을 아이들에게 어떻게 가르쳐야 하는지에 관한 통찰을 우연히 얻었다. 어느 날 바이어는 아디다스가 후원한 한 이벤트에서 자그마한 축구공 모형들에 사인을 하고 있었다. 그때 아이들에게 그런 작은 공을 사용하게 해야겠다는 생각이 들었다. 아이들의 발은 작다. 아이들이 큰 공을 다룰 수 있게 될 때까지 기다리기보다는 아이들이 자신의 발 크기에 맞는 공으로 어린 나이에 축구를 시작하는 게 더 낫다고 생각했다.

자신의 가설을 시험하기 위해 그는 자신의 자녀들을 동원했다. 바이어와 그의 아내는 집 안 곳곳에 작은 공들을 놓아 두기 시작했다. 그런 다음 어린 자녀들에게 공을 몰면서 집을 돌아다니도록 격려했다. 흥미로운 부분은 아이들이 실제로 한 일은 대부분 계획된 것이 아니었다는 점이다. 바이어는 아이들에게 혼자 공을 가지고 놀 수 있는 공간을 제공했다.

아이들이 자라는 동안 바이어는 조금씩 더 어려운 것들을 가르치기 시작했다. 바이어의 아들 카이토는 당시 생후 16개월이었다. 바이어는 카이토에게 공을 굴렸다가 다시 끌고 들어오는 법을 가르쳤다. 그의 생각에 이는 거의 본능적인 동작이었다. 아이들은 뭔가를 뺏길지도 모른다는 위협을 느낄 때 그 뭔가를 자신에게로 끌고 들어오는 법을 배운다. 예를 들어 누군가 장난감을 향해 손을 뻗으면 아이는 그 장난감을 지키고자 상대의 손에서 멀리 떨어뜨리기 위해 끌어당길 것이다. 바이어에게는 이것이 축구의 핵심 측면이었다. 도전받았을 때 공을 멀리 차 버리는 법을 배우기 전에 먼저 공을 보호하는 법을 배워야 했다.

바이어는 응용 발달심리학의 접근법을 활용한 자신의 연구를 토대로 축구 기술의 발전 단계 세트를 개발하기 시작했다. 이 세트는 각 단계마다 특정 연령대를 지정하지 않았다. 다만 바이어의 실험은 아이들이 공 다루기의 기초를 빠르게는 생후 16개월부터 배울 수 있다는 사실을 보여 줬다. 바이어는 아이들에게 공을 몰고 다니도록 가르치면 공이 아이들 발의 연장선이 된다고 생각했다. 간단히 말해 축구에서 두각을 나타내기 위해 필요한 공 다루기 기술은 본질적으로 감각운동적인 것이었다.

바이어의 접근법은 내가 서브를 교정하면서 취한 접근법과 유사하다. 공 던지기 동작이 서브의 핵심이었고, 손바닥을 바깥쪽으로 꺾어야 한다는 점을 나는 놓치고 있었다. 그 후 내 아이들에게 테니스를 가르치면서 나는 아이들이 힘을 빼고 서브를 넣도록 하는 데 온 노력을 기울였다. 리처드 윌리엄스Richard Williams는 딸 세레나와 비너스에게 미식축구 공을 던지게 했다. 공이 회전하면서 날아가도록 던지는 동작은 테니스 서브 동작과 매우 유사하다. 공이 회전하면서 날아가도록 던지는 동작을 익히고 나면 머리 위로 공 던지기를 추가할 수 있고, 나아가 더 무거운 공을 활용해 다리에서 힘을 끌어내게 할 수도 있을 것이다.

나는 청소년기에 급하게 경쟁 시합에 뛰어들었다. 여기에 나온 핵심 원칙들 중 일부를 나는 다른 스포츠 분야를 통해 개발했다. 그러나 세부 사항과 관련해서는 한발 뒤로 물러서야 할 때도 있었다. 40대에 다시 테니스 전성기를 맞은 나는 지역 테니스 코치 리즈 버리스Liz Burris에게 레슨을 받았고, 그날 버리스는 내게 뭔가를 가르치려고 애쓰고 있었다. 나는 버리스에게 그냥 공을 떨어뜨려 달라고 부탁했다. 말 그대로 내 앞에 공을 떨어뜨리면 그가 요구하는 것을 해보겠다고 말했다. 그가 "그러니까 당신을 초짜 취급하라는 건가요?"라고 물었고, 나는 "네."라고 답했다.

효과가 있었다. 나는 버리스가 내게 시키고 싶은 것이 무엇인지 정확하게 이해할 수 있었다. 아주 작은 부분에 집중한 덕분이었다. 그 부분만 어느 정도 집중적으로 연습하고 나자 나는 전력 질주 중이거나 다급한 상황에서도 해낼 수 있었다. 나는 이렇게 말했어야 했다. "저를 어린아이 취급해 주세요. 아주 단순화해서 가장 기초 단계부터 시작해 주세요." 안타깝게도 많은 코치가 이런 핵심 기술을 가르치지 않을뿐더러 이런 기술을 개발하기도 전에 그 다음 단계로 서둘러 넘어간다.

___ 톰 바이어와 인폴딩

톰 바이어는 자신의 관찰 결과를 토대로 축구에서 탁월한 경지에 이르기 위한 훈련 계획안을 개발했다. 바이어는 아이들이 공을 다루는 데 필요한 가장 기초적인 기술을 배워야 한다고 생각했다. 여기에는 공을 멈췄다가 다시 굴리는 것, 여러 각도로 공의 방향을 바꾸는 것, 두 발을 모두 사용하는 것, 발바닥으로 공을 자신의 몸 앞쪽과 뒤쪽으로 굴리는 것, 양발의 안쪽과 바깥쪽으로 공을 멈추고 방향을 바꾸는 것 등이 포함되었다. 바이어는 선수의 신체는 일종의 기둥, 기술은 그 기둥에서 뻗어 나온 가지라고 본다. 우리 발의 기능에 대해 잠시 생각해 보자. 우리는 당연히 걷고 뛸 때 발을 사용한다. 또한 계단을 오르거나 자동차의 액셀과 브레이크 페달을 밟을 때, 자전거 페달을 밟을 때, 사다리를 오를 때도 사용한다. 각 활동마다 발을 조금씩 다른 방식으로 조종해야 한다. 그러나 또한 이런 활동은 우리 발의 기존 구조를 활용하고 그 구조를 확장한다. 사다리, 자동차, 자전거는 인간이 처음 발을 사용하기 시작했을 때는 존재하지 않았지만, 그에 상응하는 것들이 자연에 존재했다. 인간은 언덕을 올라갈 수 있고, 바위 위와 물속을 걸을 수 있고, 낮은 곳에서 뛰어내릴 수 있다. 발의 이런 '자연적' 활용법이 확장된 것이 우리 인간세계다.

이 점을 더 깊이 생각하면 우리는 바이어의 훈련 프로그램이 적응이라는 개념을 밑바탕에 깔고 있다는 것을 알 수 있다. 이는 축구를 학습해야 하는 기술이라기보다는 창발적 기능으로 바라보고 있다. 그는 축구가 패스와 슈팅으로 이루어진 게임이라는 점을 강조한다. 그러나 이를 위해서는 먼저 공에 대한 기본적인 통제력을 확보해야 한다. 그런 다음에 시간이 흐르면 자연스럽게 패스와 슈팅을 배울 수 있다.

_____ 스포츠에서 학교로

스포츠에서 흥미로운 점은 우리가 흔히 스포츠를 신체적 기술로 생각한다는 것이다. 물론 스포츠에도 정신적인 부분이 있지만, 대다수 사람들은 신체적 강인함과 다른 전술적 기법에 초점을 맞춘다. 바이어의 저서에 추천사를 쓴 하버드대학교 의과대학 교수 존 J. 레이티John J. Ratey는 여기에서 한발 더 나아간다. 레이티는 신체 활동이 학교에서의 학습 기술에 도움을 준다는 점을 집중적으로 다룬 자신의 저서 『운동화 신은 뇌Spark』(녹색지팡이, 2023)에 나오는 연구를 언급한다. 여담이지만, 학교 교육에서 점점 더 축소되는 것이 신체 활동이라는 점에 주목해야 한다. 학교에서는 많은 아이들이 몇 시간이고 계속 조용히 앉아 있기를 기대한다.

레이티는 이런 신체 방치에 반기를 든다. 그는 뇌가 유기체의 일부이며 영양분과 보살핌을 필요로 한다고 강조한다. 교세포에 대한 논의를 떠올려 보자. 교세포가 뇌를 지원하는 활동에 참여한다는 내용이 기억날 것이다. 레이티는 네이퍼빌고등학교가 뇌 기능의 원칙들을 학교 교육 프로그램에 도입했다는 점을 강조한다. 네이퍼빌고등학교에서는 정기적으로 체육 수업을 실시했다. 이런 시도는 특히 학생들이 어려워하는 수업에서 효과가 좋았다. 네이퍼빌고등학교가 거둔 성과는 놀라웠다. 학생들의 점수가 올라갔고, 일부는 국제 장학금 지원자들과 동등한 학업 성취도를 보였다.

신체 활동을 통해 우리 뇌를 보살피는 것이 새로운 기술 학습에 도움이 된다는 사실은 학습을 바라보는 매우 다른 관점을 제시한다. 신체를 정신과 분리하기보다는 그 두 가지 측면을 매우 단단하게 결합된 것으로 보도록 요구한다. 다음 장에서는 신체와 정신 간 연결고리를 더 분명하게 확장한다. 또한 단순히 어린 시절에 학습한 기술만을 살펴보지 않고 그런 기술이 어떻게 더 고급 기술을 구축하는지 알아본다. 신생아가 얼굴을 인식하는 방식에서 시작해 학교에서 학습한 뭔가를 읽는 것으로 넘어가고, 더 나아가 우리가 새로운 단어를 배우는 방식까지 다룰 것이다. 출생 직후의 학습에서 훨씬 더 나이가 든 후의 학습으로 이어지는 길을 추적하면서 우리는 영아기에서부터 성인기에 이르기까지 기술이 어떻게 스스로 안으로 말려 들어가는지 이해할 수 있다. 또한 신체와 정신을 통합된 것으로 보면 이미 어른이 된 우리가 어떻게 새로운 기술을 익힐 수 있을지에 대한 통찰을 얻게 된다. 요컨대, 새로운 기술을 진짜 새로운 것으로 보기보다는 일종의 재탄생 내지는 재점화라고 생각해 볼 수 있을 것이다.

7장. —— 읽고 인식한다는 것, 그 가능성

—— 창발, 재구성, 인지 생태계

미국 폭스네트워크에서 방영한 의학 드라마 〈레지던트The Resident〉의 한 에피소드에서는 토네이도가 병원을 휩쓸고 가면서 건물 한쪽 면이 뜯겨 나간 뒤 신경수술외과 인턴과 응급의학과 의사가 병원 검사실에 갇힌다. 두 사람은 심각한 뇌 부상을 입은 환자를 발견한다. 제대로 된 수술 도구가 없는 상태에서 젊은 인턴은 어쩔 수 없이 건축용 공구를 이용해 뇌 수술을 실시한다. 일반 전기드릴로 환자의 두개골에 구멍을 내고 인두로 환자의 뇌 조직을 태워서 출혈을 멈춘다. 두개골 구멍에서 떨어져 나온 뼛조각들은 펜치로 제거한다. 일반적으로 전선, 문, 파이프 등에 사용하는 도구들을 인간에게 적합한 방식으로 조정한다.

특정 목적을 염두에 두고 만들어진 도구를 다른 목적을 위해 조정하는 것은 기술 학습 문헌에서 반복해서 등장하는 주제다. 읽기, 체스, 스포츠, 악보에 따라 악기 연주하기 등 우리가 수행하는 많은 고급 인지 기술은 완전히 새로운 것이 아니다. 우리 뇌는 완전히 새로운 기술을 개발하거나 새로운 영역을 확장하기보다는 더 기발한 요령을 발휘한다. 이미 우리가 할 수 있는 것을 가져다가 새로운 목적에 맞게 변형한다.

인간이 개발한 특히 중요한 기술 중 하나가 문해력이다. 문자 체계가 발명되기 전까지 인간은 모든 정보를 구두로 주고받아야 했다. 일상적인 의사소통에는 글자가 굳이 필요하지 않았다. 그러나 더 복합적인 학습 형태는 개인의 주의력을 요구했다. 예를 들어, 목공이나 조각 같은 매우 복합적인 기술을 배우려면 다른 사람과 같은 공간에서 협동해야 했다. 우리의 개인적인 역사, 특정 집단의 이야기, 중요한 정보를 세대에서 세대로 전달하기 위해서는 이야기꾼이 필요했다. 상세한 이야기들이 구전된 덕분에 집단 기억이 세대를 초월해 보존될 수 있었다.

이 모든 것이 우리가 읽고 쓰기 시작한 순간 훨씬 더 쉬워졌다. 읽기를 통해 우리는 기억의 부담을 덜었고, 갈 수 없는 장소로 날아갔고, 우리의 정신은 가능한 것을 규정하는 한계 너머로 뻗어 나갈 수 있었다. 인간의 읽기 기술은 자연적으로 생겨나지 않는다. 읽는 법을 배워야 하고, 문자 자료를 가지고 읽는 법을 실습해야 한다. 읽기는 언어에 토대를 두고 있지만, 언어와는 다르다. 읽기와 언어의 구분은 학교교육 과정에서 이루어진다. 인간은 소통하는 방식을 혼자 만들어 낼 수 있지만, 읽기는 어떤 식으로든 지도가 필요하다. 두 사람이 만난다고 해서 저절로 읽기가 가능해지는 것이 아니다. 읽기가 자연 발생적인 기술이 아니라는 사실과 읽기를 위해서는 지도가 필요하다는 사실에서 우리는 읽기가 몸과는 연결되지 않았다는 결론에 도달한다. 읽기는 궁극의 정신 활동이다.

최근 몇 년간 스타니슬라스 데하네Stanislas Dehaene는 읽기가 뉴런 재활용 과정을 거친다는 가설을 제안했다. 데하네는 뇌가 읽기에 적응하는 방식에 관한 연구의 선도자 중 한 명이다. 뉴런 재활용은 데하네가 사용하는 용어로, 뇌가 이미 뇌의 공구 상자에 있는 재료를 가져다가 그것을 재배열하거나 재구성한다는 관념을 반영한다.

재활용은 숙달에 도달하는 기술 학습의 창발적 측면의 또 다른 표현이다. 수소와 산소가 물이 되는 화학적 전환을 설명하기 위해 존 스튜어트 밀이 제시한 관념과 유사하다. 테야르 드샤르댕은 선생명에서 생명으로, 다시 생명에서 인간 문화로 이어지는 경로를 탐색하면서 인지 전환 과정을 간접적으로 제시한다. 두 사례에서 모두 기본 요소가 복합적인 요소로 전환하면서 우리 지구를 변화시킨다. 우리는 읽기에서도 그와 유사한 전환을 본다. 읽기 학습 과정의 출발점은 많은 동물들이 태어나는 순간부터 존재하는 요소다. 그것은 새끼 오리가 어미를 알아볼 때 작동하는 시스템이기도 하다.

___ 네 엄마는 누구?

만화 〈톰과 제리〉의 짤막한 에피소드 '우리 엄마야'에서는 어쩌다 톰이라는 고양이의 품으로 오리알이 굴러 들어온다. 자신이 오리알을 품고 있다는 사실을 톰이 알아차렸을 때는 이미 알이 부화하고 있었다. 톰은 무슨 일이 일어나고 있는지 모르겠다는 아리송한 표정을 짓는다. 알에서 나온 새끼 오리는 톰을 올려다보면서 말한다. "우리 엄마야." (에피소드의 제목을 설명해 주는 대사이기도 하다.)

처음에 톰은 자꾸 자기를 졸졸 따라다니는 새끼 오리를 성가셔한다. 그러다 자신에게 애정을 품은 그 새가 아주 훌륭한 저녁 식사 거리가 될 수도 있겠다는 데 생각이 미친다. 톰은 오리를 살찌우면서 요리법을 찾기 시작한다. 그리고 톰이 오리를 오븐에 넣는 순간, 늘 톰의 계획을 망치는 영리한 쥐 제리가 오븐 문에 구멍이 나 있는 것을 발견하고 오리를 탈출시킨다. 나머지 에피소드는 제리가 계속해서 새끼 오리를 구출하는 장면으로 채워진다. 그러거나 말거나 오리는 계속 톰을 졸졸 쫓아다닌다. 왜냐하면 톰이 자신의 엄마이기 때문이다.

계속해서 새끼 오리를 구출하는 일을 반복하던 제리는 마침내 톰의 저녁 식사 재료를 확실하게 구해 낼 계획을 세운다. 제리는 오리가 어미와 새끼라는 개념을 배울 수 있도록 새끼 오리에게 책을 보여 준다. 책에서 서로 마주 보는 두 페이지에는 한쪽에는 어미가 다른 한쪽에는 새끼가 나온다. 한 페이지에 오리가, 그 옆 페이지에는 새끼 오리가, 그 뒷페이지에는 고양이가, 다시 그 옆 페이지에는 새끼 고양이가 나오는 식이다. 제리는 각 페이지의 그림을 일일이 짚어 가면서 새끼 오리에게 모든 동물마다 고유한 어미와 새끼 짝이 있다는 것을 알려 준다. 새끼 고양이의 어미는 고양이이고, 새끼 오리의 어미는 오리다. 새끼 오리는 제리의 시선을 성실하게 쫓아가면서 오리를 유심히 보다가 또 고양이를 유심히 본다. 새끼 오리는 각 페이지를 찬찬히 살펴보면서 오리와 새끼 오리가 나오는 페이지에서 잠시 멈춘다. 그러고는 고양이가 나오는 페이지로 곧장 돌아가서 고양이를 가리키면서 선언한다. "우리 엄마야."

새끼 오리를 구하려는 제리의 시도는 수포로 돌아간다. 고양이인 톰은 새끼 오리의 강한 애착을 이용해 마침내 자신의 최종 계획을 실행에 옮길 수 있게 되었다. 톰은 스튜 레시피를 펼쳐 놓고 새끼 오리에게 물이 펄펄 끓고 있는 냄비에 기대 놓은 기다란 스푼을 타고 올라가라고 설득한다. 새끼 오리는 냄비 옆에 놓인 요리책을 본다. 레시피를 천천히 읽다가 레시피에서 끓여져 톰의 저녁 식사가 될 오리가 바로 자신이라는 사실을 깨닫는다. 엄마를 위해 스스로를 희생해야만 한다. 새끼 오리는 스푼을 타고 올라가기 시작한다. 스푼 끝에 도착한 새끼 오리는 냄비 속 끓는 물을 지그시 바라보다가 뛰어든다.

그런데 새끼 오리가 물에 빠지기 직전에 톰이 손을 내밀어 그를 붙잡는다. 눈물이 톰의 뺨을 타고 흐르고 있다. 마지막 장면에서 오리가 보이지 않자 제리는 톰이 계획을 성공적으로 실행했을까 봐 걱정한다. 그러다 부엌 창밖을 내다보니, 개울에서 톰이 꽥꽥 오리 소리를 흉내 내고 새끼 오리가 얕은 물을 따라 톰의 뒤를 쫓아가는 모습이 보인다. 이 이야기에는 수많은 의미와 메시지가 내포되어 있다. 그리고 그런 함의들은 어린 내 머리를 그대로 통과해 버렸다.

이 예시는 만화이기는 하지만, 탄생의 순간에 사물을 식별하는 능력은 동물뿐 아니라 인간에게서도 관찰된다. 탄생하자마자 사물을 알아보는 능력을 **각인**imprinting이라고 부른다.

——— 리더를 따르라

부모각인filial imprinting, 줄여서 각인이라고 부르는 이 현상은 약 500여 년 전에 토머스 모어 경이 처음 발견했다. 1800년대에는 더글러스 스폴딩Douglass Spaulding이, 그 후에는 오스카 하인로트Oskar Heinroth가 이 현상을 연구 주제로서 다시 소개했다. 이렇게 재조명된 현상은 하인로트와 함께 연구 활동을 하던 콘라트 로렌츠Konrad Lorenz의 관심사에 정확히 들어맞았다.

이 현상을 대중에게 널리 알린 것은 1935년에 '조류 세계의 유대Der Kumpan in der Umwelt des Vogels'라는 제목의 논문을 발표한 로렌츠다. 오른쪽 사진에서 우리는 로렌츠를 '어미'로 각인한 새끼 거위들이 그를 쫓아다니는 모습을 볼 수 있다.

로렌츠는 동물이 사물을 인식하는 방식에 깊은 관심을 보였다. 니콜라스 틴베르헌Nikolaas Tinbergen과 함께 로렌츠는 단순한 질문을 던지고 그 답을 탐구했다. 학습할 기회가 거의 없는 동물이 무엇을 어떻게 해야 하는지 어떻게 아는 걸까? 나는 밀로를 보면서도 비슷한 생각을 했다. 밀로는 나의 딸 카밀이 2020년 여름, 코로나19 팬데믹 기간에 우리를 설

득해서 입양하게 된 골든두들(골든리트리버와 푸들을 교배한 견종)이다. 밀로는 생후 첫 8주 동안 어미와 형제들에 둘러싸여 지내다가 우리와 함께 살게 되었다. 그리고 거의 모든 시간을 우리 가족과 함께 보냈다. 이따금 밀로는 주간 보호소에 가기도 하고, 공원에서 만난 다른 개들과 뛰놀기도 한다. 냄새 맡기, 몸 낮추기, 서로 추격하기 같은 개들의 의례는 매우 흥미롭다. 이것을 모두 학습했다고 생각하기는 힘들다. 그러나 만약 학습한 것이라고 해도 과연 누가 밀로에게 그렇게 행동하도록 가르쳤을까? 왜 다른 개들도 그런 행동을 쉽게 따라 하는가? 로렌츠와 틴베르헌의 연구를 보면서 이렇게 너무나 적응적인 개의 의례들이 세대에서 세대로 이어지는 일종의 유전적 기질은 아닌지 궁금해졌다.

틴베르헌은 동물이 하는 많은 행동이 본능에서 비롯된다고 주장했다. 바깥세상으로부터 들어오는 별다른 정보 없이 동물이 타고나는 설정이라는 것이다. 내가 밀로를 통해 경험했듯이 태생적 원칙에 관한 연구들은 대부분 성체는 이런 행동들을 학습할 수 없다고 전제한다.

어떤 행동이 태생적인 것인지 확실하게 밝히려면 그 행동이 생애 초기에, 매우 특정적이고 한정적인 기간 내에 나타난다는 점을 보여 줄 수 있어야 한다. 로렌츠는 각인이 매우 구체적인 기간 내에 일어난다는 점을 확실하게 입증했다. 틴베르헌과 로렌츠는 동물이 태어나는 순간 나타나는 태생적인 것과 학습된 것을 구별하는 명확한 경계가 존재한다는 입장을 고수했다.

스포츠, 체스 같은 게임, 수학과 독해와 같은 교과목 등 우리가 살면서 배우는 기술 대다수는 학습된 것이다. 그리고 이런 기술은 우리가 어른이 되면서 더 정교해진다. 다른 동물과 달리 우리는 새로운 기술 학습에 능하다. 이런 모든 고급 기술에도 불구하고 우리가 이 세상에 올 때는 아주 적은 수의 능력만을 갖고 태어난다. 실제로 시력의 경우, 인간 버전의 각인에서 출발한다.

—— 인간 각인

새와 달리 신생아는 생후 몇 개월이 되어야 부모를 쫓아다닐 수 있다. 명백한 사실은 갓 태어난 인간과 갓 태어난 새는 다른 필요를 지닌

다른 유기체라는 것이다. 그럼에도 불구하고 인간에게도 각인 시스템의 흔적이 남아 있다. 우연한 관찰과 추적 연구가 인간의 각인 시스템을 이해하는 첫 실마리를 제공했다.

1975년에 캐롤린 고렌Carolyn Goren, 메릴 사티Merrill Sarty, 폴 우Paul Wu는 신생아가 자신을 돌보는 사람을 꽤 오랜 시간 빤히 쳐다본다는 사실을 알게 되었다. 이는 신생아에게 특별히 선호하는 얼굴이 있는지 시험해 야겠다는 아이디어를 제공했다. 세 사람은 출산일이 임박한 부모들에게 작은 실험을 하고 싶다면서 동의를 구했다.

두 사람은 평균 생후 9개월인 신생아 40명을 대상으로 실험을 했다. 각 신생아에게 얼굴과 아주 비슷한 형상이 그려진 푯말부터 아무것도 없는 빈 푯말에 이르기까지 얼굴과의 유사 정도가 다른 네 가지 푯말을 보여 줬다. 네 푯말 중 하나를 차례로 들고서 신생아의 눈앞에서 좌우로 흔들었다. 모든 신생아가 얼굴과 가장 비슷하게 보이는 푯말이 눈앞에 있을 때 고개와 시선이 가장 많이 움직였다. 푯말이 얼굴과 달라질수록 신생아가 그 푯말을 눈으로 좇는 거리가 짧아졌다. 신생아에게 아무것도 없는 빈 푯말을 보여 줬을 때 고개와 시선이 가장 적게 움직였다. 이런 결과들은 신생아가 얼굴과 닮지 않은 이미지보다는 얼굴과 닮은 이미지를 더 잘 추적한다는 것을 보여 준다. 이후 마크 존슨Mark Johnson과 동료들이 실시한 연구에서는 신생아에게서 관찰되는 최초의 얼굴 추적 효과가 약 1개월가량 지속되다가 사라진다는 것을 확인했다.

이런 연구 결과는 어떻게 해석할 수 있을까? 존슨과 동료들은 자신들의 연구 결과를 로렌츠와 틴베르헌의 두 단계 각인 이론two stage theory of imprinting에 부합하는 방향으로 해석했다. 발달 초기에 신생아는 태생적 시스템을 활용하고, 이 시스템은 얼굴에 주의를 집중하도록 지시한다. 그러나 이 시스템은 아주 짧은 기간 동안만 작동한다. 따라서 인간에게는 바깥세상의 중요한 사물에 집중하도록 지시하는 시스템이 있지만, 이 태생적 시스템의 영향력은 금방 사라진다. 이런 추론들을 종합해 보면 얼굴 추적 기능은 출생 직후 비교적 짧은 기간 동안만 나타난다는 사실을 확인할 수 있다.

우리가 고려해야 하는 또 하나의 핵심 요지는 초기의 얼굴 추적 기능은 피질하부 영역에 파묻혀 있는 뇌의 시스템이 관리한다는 점이다. 피질하부는 비교적 생애 초반에 발달하고 그 단계에서 이루어지는 감각 정보와 운동 지령 처리 작업을 보조한다. 요컨대 얼굴은 누구나 태생적이라고 동의할 수 있는 뭔가의 발달 과정이 어떻게 진행되는지를 관찰할 수 있게 해 준다. 얼굴 추적은 출생 직후에 나타나는 기술이므로, 우리의 타고난 본성과 후천적인 학습이 어떻게 함께 작동하는지 이해할 확실한 방법을 제시한다.

마지막 핵심 요지는 갓 태어난 신생아의 고개와 시선이 얼굴을 닮은 푯말을 좇는다는 사실이다. 이 반응에서 감각 부분에 해당하는 것은 시각적 인지다. 운동 부분에 해당하는 것은 얼굴 추적이다. 신생아는 일찌감치 주변의 움직이는 것들을 추적하기 시작한다. 따라서 출생 직후의 얼굴 인식은 무엇이 움직이고 그것이 어디에서 움직이는지를 파악하는 더 큰 영역으로 나아가는 통로의 입구다. 눈을 움직여서 사물을 추적하는 능력은 운동 분야와 학문 분야 모두에서 필수적인 학습 기술이다.

—— 움직임의 중요성

앞서 나온 장에서는 피아제의 인지 발달 이론을 소개했다. 피아제의 이론에서는 신생아가 기초적인 본능 두세 가지를 타고나며, 자라면서 그 기초적인 본능을 가져다가 더 복합적인 사고를 만들어 낸다. 인간이 불과 두세 가지 기초적인 본능만을 타고난다는 전제는 연구자들로부터 큰 반발을 샀다. 신생아가 얼굴을 추적할 수 있다는 관찰 결과는 어떤 면에서는 피아제의 이론을 거스른다. 신생아의 얼굴 추적은 단순한 반사운동이 아니다. 다른 시각적 대상보다 얼굴을 더 활발하게 추적하기 때문이다.

출생 이전의 태아에게서도 움직임이 나타난다고 알려져 있다. 하품, 빨기, 입 벌렸다가 다물기, 숨쉬기 같은 협응 동작은 임신 2개월부터 관찰된다. 임신 18주부터 20주 즈음에는 태아가 엄지손가락을 빠는 모습도 볼 수 있다. 이때도 태아의 움직임은 다양하게 나타난다. 태아의 엄지손가락이 눈 가까이 오면 차분하게 움직인다. 엄지손가락이 입안에 들어가면 훨씬 더 빠르게 움직인다. 태아의 그런 자연 발생적인 움직임은 생후 몇 개월간 지속될 협응 동작의 출발점이다.

피아제는 발달 시점을 잘못 짚은 것으로 보인다. 반사운동은 출생 이전에도 관찰된다. 나는 신피아제주의자이므로 피아제 이론의 정신을 보려고 노력한다. 본질은 우리가 뭔가 단순한 것에서 시작해서 점점 쌓아 나가는 방식으로 복합적인 것들을 만들어 낸다는 것이다. 얼굴을 추적하는 능력 외에도 신생아는 다른 유형의 시각 정보에도 민감하다. 얼굴에 나타난 감정 표현, 그리고 움직임도 민감하게 포착한다.

2008년에 실시된 매우 흥미로운 실험에서 이탈리아 파도바대학교의 프란체스카 시미온Francesca Simion, 루치아 레골린Lucia Regolin, 허먼 벌프Hermann Bulf는 신생아에게 걸어 다니는 암탉의 영상을 보여 줬다. 이들은 **점광 표시**point-light display라는 기법을 활용해 정해진 관절들의 움직임만 화면에 점으로 표시되어 나타나도록 했다. 기존의 연구는 병아리가 이런 유형의 움직임에 민감하게 반응한다는 것을 발견했다. 이들이 같은 영상을 신생아에게 보여 줬을 때 신생아는 임의적인 움직임을 보여 주는 영상보다는 이 영상과 같은 생물학적으로 자연스러운 움직임을 보여 주는 영상을 더 선호한다는 사실을 발견했다. 즉 신생아는 아무런 패턴 없이 움직이는 점보다는 움직이는 암탉에 부착된 점을 더 오래 바라보았다. 또한 신생아는 움직이는 암탉의 모습을 위아래를 뒤집어서 보여 줄 때보다 원래대로 보여 줄 때 더 오래 바라보았다.

단순히 바라보는 것을 넘어서도 움직임이 중요하게 작용한다. 생후 6주 무렵이 되면 신생아는 움직이는 사물을 추적하기 시작한다. 처음에는 눈동자가 갑작스럽게 튀는 모양새로 움직인다. 전문가들은 이를 **신**

속운동saccades이라고 부른다. 생후 14주가 되면 대다수 신생아는 끊김 없이 연속되는 안구 운동으로 움직이는 사물을 따라가기 시작한다. 연구자들은 이것을 **원활추종운동**smooth pursuit이라고 부른다. 이렇듯 매끄럽게 연결되는 안구 운동은 신생아가 사물이 어디로 움직일지를 예측할 수 있게 되었다는 것을 의미한다. 이런 방식으로 신생아는 사물이 어떤 지점으로 이동하기 전에 그곳으로 시선을 미리 돌릴 수 있게 된다.

─── 투구 인식

안구 운동은 스포츠에서도 중요하다. 야구를 하려면 도로를 달리는 자동차보다 더 빠른 속도로 날아오는 작고 단단한 공을 추적하는 능력이 필수적이다. 타석에서 18.4미터 떨어진 높이 약 25센티미터의 마운드에서 투수는 시속 160킬로미터의 속도로 공을 던질 수 있다. 투수의 손을 막 떠난 공의 속도는 시속 122~147킬로미터이다. 그 공을 때리기까지 타자에게 주어지는 시간은 75밀리초에 불과하다. 주어지는 시간이 워낙 짧다 보니 타자는 공이 타석에 도달하기 전에 공의 위치를 파악해야 한다. 그리고 공이 마운드에서 타석까지 절반 정도 왔을 때 스윙을 시작해야 한다. 갓 태어난 신생아와 동일한 상황이다. 공이 날아오기 전에 경로를 예측할 수 있어야 한다.

프로 야구 선수는 온갖 흥미로운 배팅 연습법을 고안하는 것으로 유명하다. 야구 사상 최고의 거포이자 미국 메이저리그 홈런왕 타이틀을 보유했던 배리 본즈Barry Bonds는 아버지와 훈련할 때 숫자가 새겨진 공을 사용했다고 알려져 있다. 배리는 단순히 공을 치기만 한 것이 아니다. 공을 치면서 자신이 친 공의 숫자를 큰 소리로 말했다. 이 훈련의 주된 목적은 배리가 공을 치기 전까지 공의 숫자에 주의를 집중하게 만드는 것이었다.

내게는 야구 타격이 비교적 쉽게 익힐 수 있었던 기술 중 하나였다. 어린 시절 나는 야구를 사랑했다. 라디오로 샌프란시스코자이언츠의 야구 경기 중계방송을 듣던 것이 기억난다. 모든 경기를 집 거실, 혹은 원하는 어떤 방으로든 전송하는 TV 채널의 수가 폭발적으로 늘어나기 전까지는 라디오 중계방송을 들었다. 어느 해 나는 7월 한 달 동안 진행된 거의 모든 경기의 중계방송을 들었다. 또한 몇몇 경기는 직접 관람했는데, 나를 집어삼키는 야구 경기장의 어마어마한 규모에 압도당했다. 이전에는 한 번도 느껴 보지 못한 감정이었다.

당시에 현역으로 활동하던 위대한 야구 선수들에게 영감을 받은 나와 친구들은 취미 야구를 하면서 이웃집들에 피해를 덜 주고자 테니스 공을 썼다. 7학년이 된 나는 점점 더 설레고 긴장되는 마음으로 야구팀 입단 테스트를 고려하기 시작했다. 입단 테스트에 지원할 생각으로 나는 '조니 벤치 배터업Johnny Bench Batter Up'이라는 연습 도구로 스윙 연습을 하면서 시간을 보냈다. 당시 신시내티레즈의 포수 조니 벤치Johnny Bench는 뛰어난 타자로 메이저리그 스타 선수 중 한 명이었다. 조니 벤치 배터업은 시멘트를 채운 커다란 타이어가 고정판 역할을 하고, 그 정 중앙에는 기다란 봉이 꽂혀 있었다. 봉의 상단 끝에 탁구공만 한 타격점이 달린 회전하는 장치가 있었다. 나는 입단 테스트 날까지 두세 달 동안 매일 배터업 앞에서 타격 연습을 했다.

결전의 날이 왔고, 우리 동네 야구팀 감독은 지원자들에게 공을 던지고 받는 훈련을 반복해서 시켰다. 둘째 날에는 타석에 세우고 공을 몇 번 치게 했다. 마치 기적처럼 나는 공을 꽤 잘 쳐 내고 있었다. 내게는 눈에 띄지 않는 강점이 몇 가지 있었다. 나는 움직임이 느린 편이었고, 체력이 딱히 좋은 편도 아니었지만, 시력이 매우 좋았다. 나는 이 사실을 그로부터 오랜 세월이 지나 40대 후반이 된 후에야 알게 되었다. 시력이 떨어졌기 때문이다. 나는 검안사를 찾아가 눈이 예전만큼 잘 보이지 않는다고 말했다. 검안사가 시력 테스트를 하니 내 시력은 1.5로 나왔다. 그러니까 실제로는 그다지 나쁘지 않았던 것이다. 더 젊었을 때만큼 좋지 않을 뿐이다. 아마도 그때는 2.0 내지는 그보다 더 좋았을 것으로 짐작된다. 시력이 그렇게 좋았기 때문에 나는 공을 일찍 볼 수 있었고, 그래서 나보다 시력이 나쁜 다른 선수들에 비해 날아오는 공을 더 빨리 공략할 수 있었다.

내 실력에 좋은 시력이 강점으로 작용했다면, 실력이 아주 뛰어난 타자가 그런 좋은 시력을 지녔다면 어떨지는 상상에 맡길 뿐이다. 프로 야구 선수는 일반적으로 시력이 1.6 정도 된다고 알려져 있고, 그래서 그에 맞춰 시력을 보정하기 위해 콘택트렌즈를 끼는 선수도 있다. 프로 야구 선수가 어떤 무기들을 자유롭게 쓸 수 있을지 상상해 보라.

배리 본즈는 평생 수십억 번 이상 공을 때린 뒤로는 정말로 일찍 공을 볼 수 있게 되었을 것이다. 어떤 의미에서 위대한 거포는 공과 투수를 읽는다. 위대한 체스 기사와 같은 방식으로 반응하는 것이다. 그런 뛰어난 전문가들은 비전문가보다 훨씬 더 빨리 정보를 처리할 수 있다.

____ 큰코다친 남자 타자들

극단적인 조건에서 훈련을 하는 야구 선수는 날아오는 어떤 물체든 때릴 수 있으리라고 생각할 수 있다. 다시 생각하자. 데이비드 엡스타인은 자신의 저서 『스포츠 유전자The Sports Gene』(열린책들, 2015)에서 야구 선수가 한 가지 종류의 움직임 추적을 잘한다고 해서 모든 종류의 움직임 추적을 잘하는 것은 아니라고 강조한다.

2004년 한 야구팀의 선수들이 자신들이 움직이는 물체를 추적하는 능력에서 우위를 점한다고 자신하는 바람에 구렁텅이에 빠지고 말았다. 당시에 미국 소프트볼 올림픽 국가 대표 팀 투수였던 제니 핀치Jenny Finch는 과연 소프트볼을 칠 수 있겠느냐면서 야구 선수들을 도발했다. 소프트볼은 투구의 측면에서 야구와 세 가지 주된 차이점이 있다. 첫째, 소프트볼의 마운드는 야구의 마운드보다 타석과의 거리가 가깝다. 마운드는 흙을 돋운 곳으로, 투수는 마운드에 서서 타석을 향해 공을 던진다. 둘째, 소프트볼에서 사용하는 공도 야구공보다 훨씬 더 크기가 크다. 마지막으로 야구에서는 공을 오버핸드로 던지지만 소프트볼에서는 언더핸드로 던진다.

스포츠계의 위계질서에서 지위가 높은 남자 프로 야구 선수는 이 세상의 어느 투수와 맞대결을 펼쳐도 이길 수 있다고 생각한다. 그런 마음가짐으로 한 무리의 야구 선수들이 여자가 던지는 소프트볼을 치겠다고 우쭐거리며 나섰다. 야구공보다 큰 소프트볼을 던지는 **어린 여자** 투수의 코를 납작하게 만들어 주겠다고 말이다.

하지만 이는 엄청난 착각이었다! 여자 소프트볼 투수는 모든 타자를 무자비하게 돌려세웠다. 배트는 기껏해야 공을 스쳐 지나갈 뿐이었다. 공의 숫자 보기 연습을 하고 홈런을 아주, 아주 많이 때린 배리 본즈조차도 공을 겨우 맞혀서 파울을 만들었다.

소프트볼 리그에서 이 남자 선수들은 주전 선수가 되지 못했을 것이다. 소프트볼 경기를 치르는 대신 볼보이 역할을 했을 가능성이 훨씬 더 높았다. 이 스포츠에서는 여자가 최상위 계급을 독차지하고 있었다.

야구공이나 소프트볼이 공간을 이동하는 것을 본 다음 그 공에 배트를 대는 일은 기초 능력의 지원을 받아야 하는 과업이다. 얼굴 인식과 마찬가지로 작은 기술들을 재조합해서 전문화된 더 큰 기술로 변환하는 과정을 거쳐야 한다. 그리고 기술이 전문화되면서 굳어진다. 그래서 더 큰 남자들이 훨씬 더 가까운 거리에서, 훨씬 더 큰 공을 여자가 던지는 소프트볼 대결에서 헛스윙의 구렁텅이로 빨려 들어갔다.

얼굴 추적과 움직이는 공 추적과 마찬가지로 읽기에도 적극적인 동작이 관여한다. 읽기의 경우에 우리 눈은 글자, 단어, 문장을 포착하기 위해 긴 줄글들을 넘나들면서 이동해야 한다. 흥미로운 것은 앞서 언급했듯이 읽기는 우리가 학교에서 배우는 기술이라는 점이다. 따라서 단어를 읽는 것과 투구를 읽는 것은 표면상 드러난 것과 달리 훨씬 더 밀접한 연관성이 있을 수 있다.

어떤 의미에서 읽기는 우리를 향해 날아오는 걸 받아쳐야 하는 공처럼 움직이는 물체를 추적하는 것과 같다. 페이지를 가로지르는 우리 눈은 한 단어에서 다음 단어로 옮겨 간다. 그런 이동 뒤에 단어가 읽히는 순간들이 따라온다. 그렇게 단어가 읽히는 순간들을 연구자들은 **주시**
_{fixation}라고 부른다.

읽기를 배우기 시작한 아동의 주시에 관한 연구는 움직이는 물체를 추적하는 일에 관한 연구와 궤를 같이한다. 기본적으로 읽기를 배우는 초창기에는 아이들의 눈이 훨씬 더 띄엄띄엄 움직이며, 한 단어에서 다음 단어로 매우 천천히 건너간다. 또한 아이들은 어른에 비해 한 단어에 시선이 머무는 시간이 길다. 아이들의 읽기 양이 늘어나면 어른의 읽기와 매우 비슷한 양상을 보이기 시작한다. 눈이 더 빨리 다음 단어로 이동하고 다음에 어떤 단어가 올지 예측도 한다. 맥락을 활용해서 읽기 속도를 한층 더 높일 수도 있다.

지금까지 우리는 읽기라는 행위에 능숙해지면 사물을 추적할 때와 같은 양상이 드러난다는 점을 살펴봤다. 단어를 읽는 데 필요한 동작들을 조율하면서 눈을 움직이는 법을 배우는 것이다. 이제 우리가 탐구해야 할 질문은 두 가지다. 한 사람이 특정 사물 범주를 식별하는 데 전문가가 될 때 어떤 일이 일어나는가? 전문성은 우리 뇌에서 어떤 식으로 배선되는가?

——— 캔위셔의 FFA

나는 약어를 싫어한다. 위의 소제목을 읽고 미국농업교육진흥회 Future Farmers of America나 어업회의기구Forum Fisheries Agency를 떠올렸을 수도 있다. 여기서 다루려는 FFA는 앞서 언급한 두 가지보다는 인지도가 떨어진다. F 중 하나는 '얼굴', 마지막에 나오는 A는 '영역'을 의미한다. FFA는 방추상얼굴영역fusiform face area의 약어다. 방추상회fusiform gyrus는 뇌의 최하단 안쪽에 자리 잡고 있다. 넓게 보면 뇌 뒤쪽의 후두엽 피질부터 측두엽의 최하단까지 아우르는 영역이다. FFA의 이야기는 1990년대 중반으로 거슬러 올라간다. MIT 교수 낸시 캔위셔Nancy Kanwisher는 새로운 MRI 기법으로 뇌를 스캔할 기회를 얻는다. fMRI는 성능이 강화된 MRI 기기를 이용해 간접적으로 뇌 기능의 지도를 그릴 수 있다. 뇌의 한 영역에서 뉴런이 점화되면 그 영역에 혈액이 공급되기 시작한다. 뉴런이 점화된 영역에 공급되는 혈액은 산소가 풍부하다. fMRI는 이런 변화를 탐지해서 사람에게 주의를 끌 만한 사진, 단어, 소리와 같은 자극물을 제공했을 때 뇌의 어느 영역이 더 활성화되는지 정확하게 파악하는 데 도움을 준다.

캔위셔의 이론을 확인할 수 있는 다른 기법들도 있다. 로버트 데시몬Robert Desimone과 동료들은 방추상회 영역을 집중적으로 연구했다. 이들은 방추상회 영역의 개별 세포들이 각기 다른 시각적 이미지에 특히 더 강하게 반응한다는 사실을 발견했다. 예를 들어 어떤 세포는 얼굴보다는 손 이미지에 더 민감하게 반응했다. 다른 세포는 손보다는 얼굴 이미지에 더 민감하게 반응했다. 양전자 단층촬영positron emission tomography, PET은 인체 치료에도 사용되는 매우 약한 방사성 추적기를 사용한다. 서전트J. Sergent와 핵스비J. V. Haxby가 각각 지휘한 연구들은 다른 자극물에 비해 얼굴 이미지를 봤을 때 실험 참가자들의 방추상회가 속한 측두엽 하단에서 뇌 활동이 활발하게 일어난다는 것을 발견했다.

캔위셔는 기존 연구에서 얻은 정보를 참고해서 이런 장비를 활용하는 자신의 첫 연구를 설계했다. 캔위셔는 스스로 스캔 장비에 들어가 실험을 여러 차례 실시했을 때 동일한 영역에서 뇌 활동이 관찰되는지 시험했고, 그렇다는 것을 확인했다. 특정 뉴런 집합이 반복해서 등장하는 얼굴 이미지에 민감하게 반응했다. 따라서 캔위셔는 여러 실험 대상자들에 대해 오직 이 영역만 관찰하기로 결정했다. 캔위셔의 연구는 방추상얼굴영역이 얼굴 이미지 정보 처리를 전담하는 영역이라는 사실을 확실하게 입증했다.

이제 자연스럽게 제기되는 질문 하나는 FFA가 학습을 통해 만들어지는 시스템의 일부인가, 아니면 타고나는 시스템인가 하는 것이다. 최신 연구에 따르면 생후 2주부터 생후 9개월까지의 신생아의 방추상회가 얼굴 이미지에 반응한다는 증거가 있기는 하다. 달리 말하면 FFA는 생애 초기에 작동하기는 하나, 출생 시에 작동하는 것으로 보이지는 않는다. 여기서 FFA가 생애 초기에 얼굴을 추적하도록 설정된 우리의 태생적 시스템의 결과물일 수 있다는 추론이 가능하다.

이제 우리는 자연스럽게 이런 질문을 던지게 된다. FFA는 얼굴에만 반응하는 걸까? 아니면 '재활용'되어서 다른 기능을 담당하는 것도 가능할까? 이것이 얼굴에 관심을 가진 또 다른 연구자 이저벨 고티에Isabel Gauthier를 사로잡은 질문이다.

___ 고티에의 그리블과 시각적 재활용

FFA 이야기와 캔위셔의 연구는 고티에가 예일대학교에서 박사 학위 논문을 마무리한 때와 시기가 겹친다. 고티에의 요지는 얼굴 정보 처리가 시각적 전문성의 일종이라는 점에서 특별하다는 것이다. 전문성에 관한 연구 결과에서 시각적 대상의 아주 특정한 범주에 대해 전문가가 된 사람들(도그 쇼 심사위원이나 전문 탐조가 등)은 얼굴 인식 연구들이 보고하는 것과 유사한 행태를 보인다는 사실을 알 수 있다. 고티에는 학부생들에게 외계 생명체처럼 보이는 '그리블Greeble'(심리학 연구에서 자극물로 사용하는 작은 보라색 캐릭터로 실험 참가자들에게 여러 가지 모양으로 변형해서 보여 줄 수 있다 – 옮긴이)을 식별하는 훈련을 시키면 그 학생들이 그리블을 대할 때 마치 개 전문가가 개를 대하고, 인간이 인간의 얼굴을 대하듯이 행동한다는 것을 발견했다.

고티에는 시각적 전문가가 되는 과정은 시간이 지나면서 FFA가 배선되는 방식과 관련이 있다고 생각했다. 기본적으로 인간은 한 범주를 오랫동안 충분히 자주 보면 결국에는 그 범주에 대한 전문가가 된다. 우리가 전문가가 되면 FFA는 이에 맞춰 새롭게 형성된 범주를 인식하기 위해 활성화된다. 고티에와 동료들이 진행한 연구는 이 관점에 완벽하게 부합한다. 다른 연구자들도 개 전문가가 개를 대할 때 FFA가 활성화된다는 사실을 확인했다. 자동차 전문가에게 자동차를 보여 줘도 마찬가지로 FFA가 활성화된다. 그러나 사람들에게 전문 분야가 아닌 사물의 이미지를 보여 주면 FFA가 활성화되지 않는다.

고티에의 연구는 FFA가 일정 기간 동안 전문성이 점점 개발되는 과정의 산물이라는 점을 시사한다. 우리가 외계인이라면, 예컨대 우리 부모의 얼굴이 그리블처럼 생겼다면, 우리 뇌에는 '방추상그리블영역 fusiform greeble area', 즉 FGA가 생겼을 것이다. 마찬가지로 우리가 오직 자동차, 새, 개만 보면서 자랐다면 우리 뇌에는 각각 방추상자동차영역 FCA, 방추상새영역 FBA, 방추상개영역 FDA가 생겼을 것이다. 나는 약어는 질색이지만, 이런 약어만큼 고티에의 주장의 핵심을 확실하게 전달하는 것도 없다. 어떤 사물 범주를 보고 또 보는 행위가 우리를 전문가로 만든다.

앞서 언급했듯이 이런 데이터가 창발주의와 뉴런 재활용이라는 관념에 잘 부합하도록 해석하는 또 다른 접근법이 있다. 우리 뇌에서 형성되는 모든 시각적 범주들은 우리가 출생 직후 몇 분 안에 접하는 얼굴의 매우 단순하고 원초적인 스케치에서 기원한다. 생후 1~2개월에 우리는 상당히 단순한 방식으로 얼굴을 추적하면서 앞으로 대면하게 될 것들에 대비해 피질을 훈련시킨다. 시간이 지나면서 우리는 점점 더 다양한 유형의 사물들을 보게 된다. 출생 후 몇 년 동안 우리는 얼굴과 여러 사물의 시각 정보를 처리할 수 있는 꽤 잘 발달된 시각적 범주 인식 시스템을 구축한다. 이것은 점점 더 복잡한 유형의 시각 정보 처리에 필요한 기반을 제공한다.

——— 신생아기부터 성인기까지 패턴 인식의 발달

데하네가 제시한 뉴런 재활용 관념은 인간의 많은 고등 복합 기술이 기본적인 정신적 도구를 활용하고, 다시 그 도구들을 다른 기능에 맞춰 적응시킨다고 주장한다. 읽기에 동원되는 뇌의 기본 도구들은 감각운동의 기본 구성단위들이다. 보는 것을 듣는 것과 연결시키는 과정을 거친다. 이것이 얼굴과 사물 인식이 흥미로운 이유다. 얼굴을 감지하는 초기 시스템은 신생아가 보는 것을 움직임을 관장하는 영역과 연결시킨다. 요컨대 우리가 듣는 것과 우리가 보는 것을 서로 연결하는 것이 인간에게는 매우 중요한 일이다.

읽기를 다른 유형의 시청각 탐지기를 사용하는 활동으로 생각해 볼 수 있다. 읽기를 수행할 때 우리는 글자의 모양을 그 소리와 연결시킨다. 당연히 이 연결 작업에는 방추상회 영역이 관여하며, 데하네는 이 영역을 **시각단어형태영역** visual word form area, 줄여서 VWFA라고 불렀다. VWFA는 얼굴 인식에 특화된 방추상얼굴영역과 매우 가까운 곳에 있는 것으로 보인다.

얼굴 인식 전문화는 방추상회의 피질하부에서 피질로 진행된다. 시간이 지나면 사물 인식은 점점 더 전문화된다. 따라서 사물 인식을 전담하고 시각과 소리를 연결하는 다리를 놓는 영역은 재활용되며, 그 결과물이 VWFA다.

전문적인 시각 능력을 구축하는 것 외에도 사물 식별 전문성은 특화된 추적 시스템에 의해 좌우된다. 투구 추적의 경우 안구운동은 공이 매우 빠른 속도로 날아올 때도 그 공이 어디까지 왔는지 예측하는 법을 배운다. 또한 우리 눈은 움직임을 이용해 단어를 추적하는 법을 배운다.

읽기 기술은 유아기에 수집된 모든 소리 조합들을 활용하고 그 위에 문자를 덧입히면서 기존의 언어 시스템 위에 쌓인다. 언어가 소리 조각들을 가져다가 함께 엮고, 지극히 기초적인 부분들로 더 큰 전체를 만들어 내듯이 읽기도 언어 시스템에 뭔가를 더 추가한다. 언어는 오래된 부품들로 만들어 낸 새 기계다. 읽기는 그 제작 과정에 터보 엔진을 달아 준다.

　이렇게 기계에 비유하는 데는 작은 문제가 하나 있다. 쌓는다는 것은 건설을 전제로 한다. 자연에서 구할 수 없는 것을 인위적으로 조립해서 만들어 낸다는 뜻이다. 읽기는 인간의 다른 모든 고등 정신 능력과 마찬가지로 한자리에서 뚝딱 만들어지는 것이 아니다. 읽기와 같은 능력은 성장한다. 따라서 오히려 생물학적인 기술이라고 말할 수도 있다. 읽기는 우리의 인지 생태계에 이미 존재하는 과정들을 조합하고 재조합한 결과물이다. 그래서 읽기는 우리가 다른 용도를 지닌 기존의 능력들을 리모델링해서 새로운 것을 배울 수 있다는 사실을 증명하는 결정적인 증거다.

8장. ——————— 구달과 뉴섬의 감각운동적 해결책

: 사례연구 ④

____ 제인 구달의 비밀

발레리 제인 모리스구달Valerie Jane Morris-Goodall은 1934년 런던 햄스테드에서 태어났다. 제인 구달은 자서전 『희망의 이유Reason for Hope』(김영사, 2023)에서 영장류 동물학자로서 자신이 걸어온 길을 되돌아본다. 구달은 자신의 어린 시절이 목가적이었다고 묘사하지만, 이것은 경제적으로 풍족했다는 의미는 아니다. 구달의 가족은 여행이나 대단한 사치로 채워진 삶을 살지 않았다. 구달은 자신의 가족이 자동차나 자전거를 사거나 먼 이국땅으로 호화로운 여행을 다닐 수 없었다고 말한다. 이런 경제적 어려움에도 불구하고 구달의 가족은 부족함을 느끼지 않았다. 끼니를 걱정하지 않아도 되었고, 머리 위에 지붕도 있었다. 늘 그렇듯이 모든 것을 긍정적으로 해석하는 구달은 자신의 어린 시절이 다정함과 웃음으로 가득했다고 회상한다. 그리고 그 덕분에 생명의 소중함을 알고 세계의 상호 연결성을 인식하면서 그에 감사할 수 있었다고 말한다. 구달은 자신보다 딱 네 살 어린 여동생 주디와 함께 자랐다. 구달의 부모님은 신앙을 중요하게 여겼지만, 그런 종교적인 신념으로 제인과 주디를 억압하지는 않았다. 제인과 주디는 매주 일요일에 예배에 참석하거나 식사 전에 매번 기도를 올리지 않아도 되었다. 그러나 매일 밤 잠들기 전에 기도를 올려야 했고 용기, 정직, 연민, 관용과 같은 기본 가치의 중요성에 대해서도 가르침을 받았다. 또한 구달은 밖에서 많이 놀았으며, 자연에 대해 배우는 것이 즐거웠다. 구달은 라몬이카할과 유사한 방식으로 영적인 자각을 얻었다. 라몬이카할 역시 밖에서 노는 것을 좋아했고, 결국 많은 시간을 뉴런 그림을 그리면서 보내게 되었다.

구달의 아버지도 라몬이카할의 아버지 라몬이카수스와 닮은 데가 있었다. 구달의 아버지는 별다른 호사 없이 살아가는 법을 배웠다. 구달은 이렇게 단언한다. "페니 동전 하나하나가 소중했으므로, 아이스크림, 기차 여행, 영화관 등 생필품이 아닌 모든 것이 특별한 선물이었고, 설렘을 낳았고, 기억에 남았다. 모든 사람이 그런 어린 시절을 보내는 은총을 누릴 수 있다면 얼마나 좋을까. 그러면 세상이 매우 달라질 것이라고 믿는다."

이어 구달은 자신의 삶을 신비주의적으로 묘사하며 자신을 평범하지 않은 길로 인도한 사람들과 더 높은 존재들에 대해 이야기한다. 구달에게 가장 중요한 사람은 어머니였다. 구달의 어머니는 구달에게 자신감과 자연을 사랑하는 마음을 심어 줬다. 구달은 런던에서 나고 자랐고, 어느 정도 큰 뒤에도 도심 바로 바깥에서 살았지만, 어릴 때부터 동물을 사랑했다. 런던에서 엔지니어로 일한 구달의 아머지 모티머 구달Mortimer

Goodall은 구달의 첫 생일 직후 침팬지 인형을 사 줬다. 가족의 지인들은 어린아이가 그런 '못생긴' 생물을 겁낼 것이라고 생각했다. 구달은 그 침팬지 인형에게 주빌리라는 이름을 붙여 줬고, 너무 사랑한 나머지 좀처럼 떨어지려고 하질 않아서 인형의 털이 전부 닳아 없어질 지경이었다. 동물을 향한 이러한 애정은 지렁이들을 침대로 데려가고 싶어 했던 어린 시절부터 늘 구달과 함께했다. 동물에 대한 구달의 관심은 나이가 들수록 더욱 커졌다. 특히 그의 기억에 깊이 박인 장면은 암탉이 어떻게 알을 낳는지에 관한 일화다. 어린 구달은 어떻게 달걀을 낳을 정도로 큰 구멍이 암탉에게 있는지 궁금했다. 그 수수께끼를 풀기 위해 구달은 암탉이 닭장에 들어갈 때까지 기다렸다. 닭장 안으로 들어간 구달은 암탉이 어떻게 달걀을 낳는지 관찰하기 위해 그 암탉을 쫓아다녔다. 당연히 암탉은 구달을 피해 달아났다. 그래서 구달은 닭장 구석에 조용히 숨어 있기로 했다. 마침내 암탉이 가까이 다가와 달걀을 낳았고, 발톱으로 달걀을 두드렸다.

동물에 대한 구달의 사랑은 청소년기를 지나 어른이 된 후에도 지속되었다. 루이스 리키Louis Leakey 박사는 어른이 된 구달을 곰베국립공원으로 초대했다. 구달은 그곳에서 침팬지를 연구하기 시작했다. 구달의 재능이 너무나 뛰어났으므로 리키는 구달을 케임브리지대학교로 보냈고, 구달은 박사과정에 입학했다. 구달은 자신의 연구를 계속 이어 나갔고, 이후 동물 보호와 밀접한 관련이 있는 몇 가지 정치 쟁점을 제기하는 일에 더 적극적으로 나서게 되었다. 1986년에 구달은 동물 보호 운동에 집중하기 시작했다. 한번은 7주 기간의 투어에 나서면서 자신이 한 일을 모두 기록하기 시작했다. 강연 71회, 비행 이동 32회, 언론 인터뷰 170회. 그런 엄청난 규모의 캠페인을 벌이는 사람은 틀림없이 사람들과 어울리기를 좋아할 거라고 생각하기 쉽다.

하지만 그토록 화려한 경력을 쌓고 큰 성공을 거둔 구달에게도 비밀이 있었다. 구달은 사람들과 어울리는 것을 좋아했지만, 그렇게 사람들과 어울릴 때 유독 두려운 측면이 하나 있었다. 시간이 지나면서 구달은 자신이 사람들의 얼굴을 기억하는 데 어려움을 겪는다는 사실을 알아차렸다. 그는 늘 이것이 정신적 나태함의 일종이라고 여겼다. 얼굴을 알아보기가 비교적 쉬운 사람들도 있었다. 그런 이들은 대개 점이나 흉터처럼 눈에 띄는 특징이 있었다. 아주 아름답거나 코 모양이 독특할 수도 있다. 그러나 차별화된 특징을 찾는 구달의 전략이 통하지 않는 사람이 대부분이었다. 바로 전날에 만난 사람조차도 알아보지 못할 때가 많았다. 구달은 끊임없이 모든 사람에게 사과하는 처지에 놓였다.

구달은 이 비밀을 유명한 신경심리학자 올리버 색스Oliver Sacks에게 털어놓았다. 색스는 자신도 같은 장애를 겪고 있으며, 자신의 장애는 구달보다 더 심각하다고 말했다. 적어도 구달은 자신이 사랑하는 사람들은 알아봤고, 자신이 자주 만나는 사람들을 알아볼 방법도 찾았다. 색스에게는 모든 사람이 낯선 사람이었다. 색스는 사람의 얼굴을 인식하지 못했다. 구달은 자신이 **안면실인증**prosopagnosia을 앓고 있다는 사실을 알게 됐다. 안면실인증의 어원은 그리스어 단어 프로소폰prosopon(얼굴)과

아그노시아agnosia(무지)이다. 이 증후군의 더 대중적인 이름은 **얼굴맹**face blindness이다. 안면실인증의 역사, 안면실인증의 발견, 안면실인증이 어떻게 인간 지식의 본질에 대한 현대 논쟁으로 이어지는가, 이런 것들은 매우 흥미로운 주제이며, 우리 모두에게 있지만 시간이 지나면서 조립되고 재조립되는 매우 작은 부분들로 이루어진 얼굴 인식 능력을 이해하는 데 도움이 된다.

—— 개빈 뉴섬의 비밀

겉으로는 제인 구달과 개빈 뉴섬Gavin Newsom 사이에 별다른 공통점이 없어 보인다. 제인 구달은 과학자이고, 개빈 뉴섬은 정치인이다. 제인 구달은 영국인이고, 개빈 뉴섬은 미국 캘리포니아주에서 태어났다. 개빈 뉴섬은 정치적으로, 지리적으로 하나의 국가라고 보기에 충분한 캘리포니아주를 어떻게 운영할지 고민하면서 매일을 보낸다. 구달은 더 나은 세상을 위해 목소리를 높인다. 재선될 방법을 고민하거나 자신의 이상으로 인해 국민투표로 축출될까 봐 걱정하지 않아도 된다. 뉴섬은 자신의 주에서는 아무런 목소리를 내지 못하고 아무런 힘을 쓰지 못하는, 머나먼 대륙의 유권자들은 신경 쓰지 않아도 된다. 그러나 두 사람 모두 다른 사람들은 쉽게 알아보는 것을 인식하지 못한다.

개빈 뉴섬은 1967년 10월 10일 미국 캘리포니아주 샌프란시스코에서 태어났다. 샌프란시스코에 정착한 지 4대째가 되는 유서 깊은 집안 출신이다. 뉴섬의 아버지는 캘리포니아주 항소법원 판사와 게티오일사 Getty Oil Company 사내 변호사를 지냈다. 외가 쪽으로는 스코틀랜드 출신 외증조부 토머스 애디스Thomas Addis가 신장내과 분야의 선구자로, 스탠퍼 드대학교 의과대학 교수를 지냈다. 육촌 조애나 뉴섬Joanna Newsom은 음악 가다.

어린 시절 뉴섬은 학교생활에 어려움을 겪었다. 처음에는 프랑스 어-영어 이중언어 사용 학교에 배정되었는데, 읽기 능력이 부족해 전학 하게 되었다. 그러나 영어만 사용하는 학교에서도 그는 여전히 학습에 어려움을 겪었다. 그런 어려움을 극복하기 위해 뉴섬은 수업 자료를 학 습하는 다른 방법들을 시도했고, 그중 하나가 녹음이었다.

구달과 마찬가지로 뉴섬의 인식 장애는 시각 정보 처리 과정 전반 으로 확산되지는 않았다. 구달은 줄글을 읽는 데는 아무 문제가 없었다. 뉴섬은 야구공을 추적하는 데는 아무런 어려움을 겪지 않았다. 뉴섬의 야구 기술은 충분히 뛰어나서 산타클라라대학교에서 야구 장학금을 받 기도 했다. 안타깝게도 대학에 들어간 지 2년이 지났을 때 그의 투구 능 력이 급격히 떨어졌고 결국 야구를 아예 그만둬야 했다.

뉴섬은 사업가로 성공했다. 와이너리, 호텔, 식당을 포함하는 23개 사업체를 지닌 회사를 설립했다. 정치인으로서 뉴섬은 자신의 난독증 을 극복하기 위해 열심히 노력했다. 그러나 그의 난독증은 매우 심한 편 이어서 어른이 된 지금도 뉴섬은 단어를 소리 내 읽는 데 어려움을 겪는다. 단어에 동그라미를 치고 밑줄을 그어서 확실하게 한 줄에 시선이 머물도록 노력한다. 난독증이 워낙 심해서 그는 자신의 이야기가 다른 사람에게 도움이 될 수 있기를 바라면서 아이들을 위한 책을 쓰기에 이르렀다.

—— 감각운동적 해결책

이 책에서 우리는 여러 차례 창발의 중요성을 고찰하고, 시간이 지나면서 기술이 어떻게 조합되고 재조합되는지를 이해했다. 제인 구달과 개빈 뉴섬의 이야기에서는 그와 같은 변환이 일어나지 않는 경우도 있다는 것을 알 수 있다. 이것을 일종의 결함으로 취급할 수도 있을 것이다. 구달과 뉴섬 모두 변환의 부재에서 비롯된 결과를 뼈저리게 느꼈다. 구달은 사람의 얼굴을 익히는 능력이 부족했고, 뉴섬은 단어를 식별하는 능력이 부족했다.

그러나 우리는 여기서 다른 관점을 취할 수도 있다. 두 사람이 무언가를 **인식하지 못했다**는 것에 대해 생각하기보다는 무언가를 **인식할 수 있었다**는 것에 대해 생각해 보자. 두 사람은 자신의 한계를 극복하기 위해 각자 추가적인 백업 기술을 작동시켰다. 구달은 사람을 식별하는 데 도움이 될 만한 구체적인 특징에 초점을 맞추어 자신의 눈을 다른 방식으로 안내했다. 뉴섬은 무언가를 읽어야만 할 때 신체적으로 단어를 익히려고 노력했다. 단어에 밑줄을 긋고 동그라미를 치면서 몸을 다른 방식으로 움직였다. 실제로 여기에서 새로운 기술을 배우는 사람들을 위한 교훈을 찾을 수 있다. 새로운 기술의 학습은 인식에도 어느 정도 기대고, 행동에도 어느 정도 기댄다.

마지막으로 흥미로운 점 한 가지가 있다. 제인에 대해서도, 개빈에 대해서도 그들이 언어 구사에 장애를 겪었다는 공식적인 기록은 없다. 실제로 개빈은 읽기와 쓰기보다는 듣기와 말하기를 선호한다. 앞으로 보겠지만, 출생 직후부터 중요한 언어 듣기는 대부분의 사람들이 평생 동안 사용하는 기술이다.

9장. ———————— 성인기 이후 언어 습득의 고행길

___ 단절 포용하기?

우리는 아이들의 뛰어난 언어 습득 능력에 감탄하곤 한다. 아이들이
언어를 습득하는 과정을 시간의 흐름에 따라 간략하게 정리하면 다음
과 같다. 아이가 태어난다. 출생 직후 아이는 어머니의 목소리를 식별할
수 있다. 신생아는 모국어의 소리를 선호하는 것으로 보인다. 2~3개월
이 지나면 옹알이를 시작하고, 외국어 소리도 인식할 수 있다. 그러나
1년 안에 그런 능력은 사라진다. 생후 1년 정도 된 영아는 **상징적 표상**
<small>symbolic representation</small>이라 불리는 것을 확실하게 내재화한다. 생후 11개월이
된 많은 영아가 말은 못 해도 작은 신호는 보낼 수 있다. 예를 들어 나
의 아이들 중 가장 먼저 말을 한 딸 키아라는 돌 직전에 손을 들고 흔들
면서 "안녀, 안녀어"라고 말했다. 한 살과 두 살 사이에 아이의 언어 기
술은 계속 확장한다. 한 단어씩 말하다가, 두 단어를 조합하기 시작하더
니, 어느 순간 **빵** 하고 터진다.

아이들의 언어능력은 그야말로 폭발적으로 성장한다. 두 살 생일을

169

9장 • 성인기 이후 언어 습득의 고행길

맞이할 무렵 아이는 간단한 문장을 말하기 시작한다. 세 살 무렵에는 문법 천재 소리를 듣는다. 다섯 살에는 학교를 다니면서 읽기와 쓰기를 배운다. 내가 오래 전에 만나 친구가 된 브라질인 플리니우 훈케이라 지슈미트Plinio Junqueira de Schmidt는 자신이 한 가장 무시무시한 경험은 독일에서 스키를 탔을 때였다고 농담처럼 말하곤 했다. 독일 아이들이 자신보다 스키를 더 잘 탔을 뿐 아니라 독일어도 더 잘했기 때문이었다. 그는 철학을 공부하기 위해 독일어를 배웠고 브라질에는 스키를 탈 만한 산이 별로 없었다. 어느 날 독일의 한 스키장 슬로프 출발점에 선 그는 자신이 처음부터 패자인 경주에 참가했다는 것을 깨달았다.

언어를 배우려고 노력하는 사람들 대부분이 그렇게 느끼겠지만, 당신에게도 지슈미트의 이야기가 남의 일 같지 않을 수 있다. 어른이 되어 언어를 배우는 것은 벅찬 과제처럼 보인다. 때로는 애초에 시도조차 하지 말았어야 한다는 생각이 들기도 한다. 일단 당신이 주눅 드는 것이 당연하다는 말부터 하겠다. 독일에 머물렀을 때 나는 땀이 팔을 타고 뚝뚝 떨어지는 느낌이 들었던 것이 기억난다. 텍사스의 이글거리는 열기 속에서 공을 쫓아 달리느라 그런 것이 아니었다. 그 일은 아주 추운 날, 밖에서 한 무리의 독일인들이 나누는 대화를 내가 이해하고 그 대화에 참여하려고 노력할 때마다 일어났다. 몸의 온기를 빼앗기지 않으려고 애쓰는 한편, 바삐 대화도 쫓아가야 했다. 사람들이 대화의 언어를 독일어에서 영어로 바꾸지 않도록 최선을 다하고 있었다. 계속 독일어를 연습하고 싶었기 때문이다. 그렇게 스트레스에 짓눌려 있었기 때문에 추위를 덜 느꼈을 수도 있다.

앞서 7장에서는 얼굴 정보 처리 과정을 살펴보면서 이를 통해 우리 뇌가 가장 기초적인 수준에서 특수한 범주를 다루는 방식을 이해해 보고자 했다. 우리는 생애 초기 전문화 시스템이 신생아가 얼굴을 추적할 수 있도록 어떻게 돕는지 봤다. 나중에 발달하는 시스템은 얼굴에서 점점 더 많은 정보를 추출하기 시작한다. 행동과 뇌에서 공통적으로 관찰되는 그런 특수 범주의 존재는 두 번째 질문을 낳는다. 이 질문의 핵심은 그런 특수 범주가 우리가 출생할 때부터 존재하는가 하는 것이다. 얼굴 정보 처리 작업의 경우 신생아가 출생한 직후 몇 분 안에 시작된다는 확실한 증거가 있다.

그러나 얼굴 정보 처리 작업은 출생 시에 얼굴을 추적하는 것에 머물지 않는다. 조기에 발달해 피질하부 깊은 곳에 자리 잡고 있는 이 시스템은 우리에게 올바른 방향을 지시해 줄 뿐이다. 이후 뇌의 바깥층, 즉 피질이 그 기능을 넘겨받는다. 우리 뇌는 시선을 얼굴에서 사물로 옮긴다. 그러다 사물을 인식하게 되고, 이후 인식된 사물과 그에 대응되는 소리를 연결한다. 따라서 사물 인식은 곧 단어 인식이 된다. 여기서 가장 중요한 핵심은 얼굴에 초점을 맞춘다는 지극히 작은 차이가 나중에 발달하는 훨씬 더 복합적인 인지 메커니즘을 만들어 낸다는 것이다.

얼굴 인식과 그 뒤를 따르는 단어 인식과 마찬가지로 언어 또한 소리를 전담하는 단순한 시스템에서 출발한다. 이후 우리가 나이가 들면서 이 단순한 시스템은 점점 더 복잡한 형태를 띠게 된다. 그 목표는 우리 인지 생태계의 영역을 표시하는 경계선 안에서 언어를 적절한 위치에 배치하는 것이다. 언어는 이 지구상에 존재하는 가장 진화한 감각운동 기술이 틀림없으니 말이다.

—— 언어 안의 음악

테니스를 배우는 것과 마찬가지로 여러 언어를 배우는 것은 인간의 성취를 관장하는 자연법칙을 거스른다고 해도 과언이 아닌 대단한 과업이다. 마이클 에라드Michael Erard는 자신의 저서 『언어의 천재들Babel No More』(민음사, 2013)에서 열한 개 이상의 언어를 습득한 초다중언어 구사자hyperpolyglots(초인적인 언어 학습자)를 다룬다. 에라드는 이러한 이들에게서 세 가지 특징을 찾았다. 첫째, 그들은 놀라운 언어 감각을 지녔다. 굳이 생각하지 않아도 각 언어에서 무엇이 맞고 틀린지를 감각적으로 안다. 둘째, 어떤 언어에서 한발 물러나 마치 모든 문법 규칙의 원리, 단어와 문장을 형성하는 방식, 예외적 표현의 목록 등이 담긴 로드맵을 보고 있는 사람처럼 그 언어의 규칙을 이해한다. 셋째, 언어에 대한 집착에 가까운 관심을 가지고 있다. 대다수는 하루 종일 여러 언어를 연습하면서 시간을 보낸다. 그런 관심이 단순한 언어 학습을 넘어서 언어에 대한 과학적 연구로 확장되어 응용언어학자가 되기도 할 정도로 말이다.

에라드가 논한 한 가지 흥미로운 측면은 언어에 대한 접근성이다.

에라드에 따르면 언어 학습 천재라고 해서 모든 언어를 언제든 즉각적으로 유창하게 구사할 수 있는 것은 아니다. 오히려 즉흥적으로 사용할 수 있는 기본 언어는 네다섯 가지 정도이고, 나머지 언어는 어느 정도 선행 연습이 필요한 '반짝 언어surge language'다.

이런 질문이 나올 수 있다. 언어 감각이라는 것이 무엇을 의미하는가? 캐서린 디무스Katherine Demuth와 동료들은 문법이 축구의 드리블이나 테니스의 서브와 마찬가지로 신체적 기본 구성단위로 만들어지는 것이라고 주장한다. 언어에 음과 멜로디가 들어 있다고 생각해 보자. 음은 speech(스피치)의 s와 같이 실제 발화되는 소리다. 멜로디는 발화된 문장에서 단어들을 순서대로 말할 때 생기는 소리의 흐름이다. 디무스는 아이들이 음과 멜로디를 시작점으로 삼아서 거기서부터 언어를 쌓아 나가는 과정을 짚어 낸다. 그러나 다중언어 구사자는 자신이 사용하는 언어 대부분을 어른이 된 후에 배운다. 그런데도 마치 원어민처럼 그 언어를 사용할 수 있다. 다중언어 구사자가 어떻게 그런 일을 해내는지는 아직 명확하게 밝혀지지 않았다. 대다수 사람들에게는 모국어 수준으로 언어를 습득할 수 있는 시기가 아동기 후반 내지 청소년기 초반에 끝난다. 다중언어 구사자는 어떻게 그 시기를 그토록 오랫동안 연장할 수 있는 걸까? 그 시기를 연장할 수 있다면 언어 재능을 타고나지 않은 사람들도 외국어를 모국어 수준으로 습득할 수 있을까?

언어 천재들이 그런 엄청난 일을 해낼 수 있는 이유를 알려 주는 한 가지 단서는 투르커S. Turker와 라이테러S. M. Reiterer의 연구에서 찾을 수 있다. 라이테러는 학자로서 연구를 시작한 초창기에 왜 현재 나이가 같고, 아동기 후반 내지 청소년기 초반 비슷한 시기에 제2 언어를 배운 사람들이 억양과 유창성에서 큰 차이를 보이는지 궁금했다. 라이테러는 학계에서 안정된 자리를 확보하지 못한 상태에서 연구를 시작했다. 그래서 여러 실험실을 옮겨다녀야 했다. "어려운 시기였다"고 라이테러는 말한다.

이 시기에 라이테러는 제2 언어 학습자를 특히 유심히 관찰했다. 그리고 이때 그의 주의를 붙든 것이 또 있었다. 제2 언어를 사용할 때 어색한 타 언어 억양이 배어 있지 않은 사람들은 자신이 전혀 모르는 언어의 소리도 따라서 낼 수 있었고, 그 경우에도 억양이 매우 자연스러웠다. 라이테러는 연구 경력의 상당 기간을 이런 초창기 연구에서 발견한 사실들을 중심으로 연구 주제를 점차 확장하면서 보냈다. 그는 발화된 소리를 듣는 능력과 자연스러운 억양으로 발화를 하는 능력이 언어 재능의 핵심이라고 제시한다. 테니스나 축구와 마찬가지로 언어는 감각 운동의 기본 구성단위에서 시작해 모든 것을 완벽하게 갖춘 시스템으로 나아간다.

앞서 언급했듯이 신생아는 다양한 언어 사용자들이 만들어 내는 아주 많은 발화음들을 인식할 수 있는 능력을 지니고 있다. 이 능력의 유효기간은 짧아서, 생후 10개월이 되면 오로지 자신의 모국어에서 만들어 내는 소리만을 인식할 수 있다. 그래서 일본인은 한 살 이전에는 구별해서 인식할 수 있었던 r과 l의 차이를 어른이 된 이후에는 식별하기가 매우 어려워진다. 그러나 일본에서 오직 일본어에만 노출된 신생아도 r과 l을 구별해서 인식할 수 있다. 일반적으로 나이가 들면 모국어 소리를 식별하는 능력이 예리해지는 반면, 모국어에 존재하지 않는 소리를 듣는 능력을 잃게 된다고 알려져 있다.

내 동료 핑 리는 강의에서 이 연구를 다룰 때마다 수업 시간이 끝나면 찾아와서 10개월이라는 유효기간에 의문을 제기하는 학생이 꼭 한 명은 있다고 말한다. 그 학생은 자신은 그 유효기간이 한참 지난 뒤에 영어를 배웠지만 어색한 외국어 억양이 없다고 주장한다. 관련 연구들은 다른 언어의 말소리를 듣는 능력의 유효기간이 지난 후에도 돌을 막 지난 아이에게서 그 능력이 다시 발동되는 사례도 발견했다. 원칙적으로는 그 능력은 두세 살이 훨씬 지난 후에는 발동되어서는 안 된다. 그러나 핑을 찾아와 이의를 제기한 많은 학생이 그보다 훨씬 더 늦은 나이에 제2 언어를 배웠다. 어떻게 그런 일이 가능할까?

어떻게 아동기에 습득한 언어를 어색한 억양 없이 원어민처럼 말할 수 있는지에 대한 설명은 다시 투르커와 라이테러의 연구에서 찾을 수 있다. 라이테러는 5개국어 이상을 구사하는 다중언어 구사자polyglot(의식적으로 언어를 학습한 이들)도 연구했다. 그리고 그런 다중언어 구사자를 이중언어, 삼중언어 구사자multilingual(성장 과정 등에서 자연스럽게 언어를 익힌 이들)와 비교했다. 에라드가 소개한 초다중언어 구사자보다는 기준이 더 완화된 다중언어 구사자는 언어를 학습하고자 하는 내재적 동기가 충만했다는 것이 라이테러의 설명이다. 다중언어 구사자는 언어 학습에 하루를 다 보내지는 않을지 모르나, 언어에 깊은 관심이 있어서 자신이 주변에서 접하지 않는 언어도 자발적으로 학습한다. 다중언어 구사자에게 언어 학습은 단순히 노출에 의해 시작되는 것이 아니라 언어에 대한 실질적인 관심에서 시작된다.

라이테러는 다중언어 구사자를 삼중언어 구사자나 이중언어 구사자와 비교했을 때 다중언어 구사자가 언어 적성에서 더 높은 점수를 받는다는 점을 발견했다. 삼중언어 구사자와 이중언어 구사자의 언어 적성 점수는 한 개 언어만 사용하는 사람보다 더 높지 않았다. 우리 연구실에서 역시, 언어 학습 시기의 중요성을 입증한 연구이기는 했지만, 유사한 결과를 확인할 수 있었다. 필라르 아킬라수에르테Pilar Archila-Suerte는 이와 관련된 연구를 했다. 필라르는 사람들이 언어의 발화 소리를 처리하는 방식에 깊은 관심이 있었다. 필라르의 초창기 연구는 영어 하나만 구사하는 집단과 영어를 제2 언어로 어릴 때 배운 집단과 어른이 되어 배운 집단, 이렇게 세 집단의 차이를 살펴봤다. 이 연구는 어른이 되어 영어를 배운 집단은 영어 하나만 구사하는 집단, 그리고 어릴 때 영어를 제2 언어로 배운 집단과 구분된다는 사실을 발견했다. 더 구체적으로 설명하자면 영어를 어릴 때 배운 집단과 영어 하나만 구사하는 집단은 영어의 발화 소리를 듣고 각 소리를 고유한 소리로 인식했다. 반면에 어른이 되어 영어를 배운 집단은 각 소리를 단독으로 인식하기보다는 다른 소리와의 차이를 통해 인식할 때가 많았다. 스페인어 구사자에게는 cup(컵)과 cop(캅)의 모음 발음을 구별하는 것이 특히 어렵다. 필라르는 영어가 모국어가 아닌 영어 사용자는 그런 소리가 다른 소리와 나란히 들릴 때 각 소리를 더 잘 식별한다는 사실을 발견했다. 그래서 영어가 모국어가 아닌 영어 사용자는 cup에 뒤이어서 cop을 들었을 때 cop의 모음 소리를 더 정확하게 인식했다. 그러나 영어가 모국어이거나 어릴 때 영어를 배운 이들은 cup과 cop을 각각 단독으로 들어도 두 가지 모음의 소리를 모두 정확하게 들을 수 있었다.

이런 연구 결과는 음악 연구에서 관찰되는 현상과 유사하다. 대다수 사람은 일정 수준의 훈련을 받으면 어떤 음을 들었을 때 그 음이 어떤 음인지 식별할 수 있게 된다. 그런데 연구자들은 이때 사람들이 음을 식별하기 위해 활용하는 처리 과정이 두 가지 존재한다는 사실을 발견했다. 훈련받은 사람들 중 두세 명 정도는 음을 단독으로 식별할 수 있다. 절대음감, 즉 완벽한 청음 능력을 지닌 사람은 하나의 음을 단독으로 들어도 그 음을 정확하게 맞힌다. 하지만 보통은 하나의 음을 단독으로 들어서는 그 음을 정확하게 맞힐 수가 없다. 대다수의 사람들은 상대적 청음을 활용한다. 즉 어떤 음을 다른 음과 비교하면서 판별한다. 마찬가지로 어릴 때 영어를 제2 언어로 배워서 사용하는 사람과 영어 하나만 사용하는 사람은 발화된 소리를 다른 소리와 비교하지 않아도 각 소리를 그 자체로 정확하게 들을 수 있다.

음악과 언어 간 연결성은 단순히 한 개의 소리를 듣는 방식에서 한 발 더 나아간다. 라이테러의 연구에서 그 연결성이 확실하게 전면에 드러난다. 앞서 언급했듯이 라이테러는 다중언어 구사자가 대체로 언어

177

적성이 더 뛰어난 것으로 보인다고 보고했다. 음악과 언어에 관한 연구가 발견한 두 번째 연결성은 외국어 학습자가 음악 교육을 받으면 그 외국어의 소리를 더 잘 낼 수 있게 되는 듯하다는 점이다. 라이테러는 음악가가 비음악가보다 모국어가 아닌 언어의 자연스러운 억양을 더 잘 재현한다는 사실을 발견했다. 음악가들 중에서도 특히 보컬리스트들이 가장 잘했다. 노래를 잘 부르는 사람이 그렇지 않은 사람보다 외국어를 더 원어민에 가깝게 구사했다. 요컨대 구술 언어는 음악 구성에 관여하는 소리의 작은 조각들로 이루어져 있는 것처럼 보인다. 즉 음악과 언어 모두 핵심 요소는 소리에서 나오지만, 시간이 지나면서 서로 다른 길로 갈라진다. 길이 갈라지면서 음악과 언어는 별개의 조합과 재조합 과정을 거쳐 서로 매우 다른 것이 된다. 언어와 관련해서는 소리 집합들이 고유한 의미를 지닌 단 하나의 항목, 즉 우리가 단어라고 부르는 것과 대응 관계를 이룬다는 사실을 배우기 시작한다. 단어들도 그 자체로 문법 규칙에 따라 다른 단어와 특정 조합을 이룬다. 테니스 서브와 뒤따르는 스트로크처럼 우리에게는 단순한 부분들이 주어지고, 그 단순한 부분들이 조합되고 재조합되면 훨씬 더 큰 전체가 된다. 가장 높은 수준에 이르면 테니스 게임, 피아노 협주곡, 시는 그것이 처음 만들어지던 단계에서는 누구도 예상할 수 없었을 만큼 훨씬 더 대단한 의미를 지니게 된다. 이것은 숙달로 가는 길에서 일어나는 기술의 창발이 어떤 것인지를 보여 준다.

자연스럽게 우리는 이런 질문을 던지게 된다. 원어민 같은 억양을 구사하지 못하는 나머지 사람들은 어떻게 되는가? 그런 사람은 언어를 잘 습득할 수 없다는 의미일까? 억양과 언어를 동일시할 수 있을까? 라이테러는 아마도 그렇다고 답하겠지만, 그것이 전부일 수는 없다. 앞으로 다루겠지만, 영어를 말할 때 매우 뚜렷한 외국인 억양을 버리지 못한 사람도 읽기와 쓰기는 문제없이 잘해 낼 수 있다.

_____ 어떤 글을 쓰고 싶은가?

미국 TV 드라마 〈로스트〉의 한 에피소드에서는 과거로 돌아간 휴고 "헐리" 레예스Hugo "Hurley" Reyes가 자신의 〈스타워즈〉 관련 지식을 십분 활용해 극도의 이득을 얻는다. 〈로스트〉는 현대판 『로빈슨 크루소』라고 할 수 있다. 소설 『로빈슨 크루소』에서는 주인공이 무인도에 표류한 뒤에 온갖 역경을 이겨 내는 생존기를 들려준다. 〈로스트〉에서는 1719년 소설에서처럼 헐리를 비롯해 여러 캐릭터가 섬에 갇히고 그곳에서 온갖 이상한 현상을 경험한다. 〈로스트〉 시즌 5는 갑자기 이야기의 방향을 완전히 틀어 표류자들 중 몇몇을 과거로 보내 버린다.

헐리는 자신이 1970년대로 이동했다는 것을 깨닫자 자신의 노트에 미친 듯이 글을 써 대기 시작한다. 끊임없이 무언가를 끄적이는 그의 행동은 친구들의 호기심을 자극한다. 점점 더 많은 사람이 헐리가 왜 그렇게 이상하게 구는지 궁금해하기 시작하다가, 마침내 한 캐릭터가 더 이

179

9장 • 성인기 이후 언어 습득의 고행길

상 참지 못하고 헐리에게 왜 그렇게 미친 듯이 글을 쓰는지 묻는다. 헐리는 자신들이 이동한 시대에서는 아직 〈스타워즈〉가 제작되지 않았다고 답한다. 헐리는 스스로 〈스타워즈〉의 오리지널 3부작 중 하나인 〈제국의 역습〉의 후속작 시나리오를 쓰고 있었던 것이다. 원래의 후속작에서 자신의 마음에 들지 않았던 부분들도 삭제하면서 말이다. 조지 루카스와 로런스 캐스던 대신 엔딩 크레디트에 헐리의 이름이 오르게 되는 것이다.

만약 당신이 과거로 돌아가서 위대한 영어 소설 중 하나를 직접 쓸 수 있다면 어느 소설을 쓰겠는가? 훌륭한 작가는 많다. 찰스 디킨스, 마야 안젤루, 샤오루 궈, 할레드 호세이니의 작품을 고를 수도 있을 것이다. 내게는 조지프 콘래드의 『암흑의 핵심』이 단연 제1 순위 작품이다. 아래 문장만 읽어도 내 선택에 수긍할 것이다.

정적과 황홀한 광휘의 평온함 속에서 하루가 저물고 있었다. 물은 평화롭게 반짝거렸다. 구름 한 점 없는 하늘은 얼룩지지 않은 빛의 무해한 방대함이었다. 에섹스 늪지의 박무는 그 자체로 환하게 빛나는 하늘하늘한 천 같았다. 나무가 무성한 내륙의 언덕에 걸린 채 투명한 주름을 만들어 내면서 낮은 물가에 드리워져 있었다. 오직 상류 위에서 골똘히 생각에 잠긴 서쪽의 우울함만이 매 분 점점 더 침울해지고 있었다. 마치 태양이 가까이 다가오는 것에 성이 났다는 듯이.

사실 조지프 콘래드Joseph conrad는 유제프 테오도르 콘라트 코르제니오프스키Józef Teodor Konrad Korzeniowski의 영어식 표기다. 영어는 조지프 콘래드의 모국어가 아니다. 실제로 콘래드는 20대가 되어서야 영어를 배웠다. 콘래드의 동시대인들의 말에 따르면 그가 소리 내 말하는 영어의 억양은 끔찍했다고 한다. 그러나 그의 영어가 듣기에는 끔찍했는지 몰라도 그가 영어로 쓴 글은 너무나 아름다웠다.

이 사례는 우리에게 좋은 소식과 나쁜 소식을 전한다. 앞서 지적했듯이, 좋은 소식은 원어민처럼 말해야만 그 언어를 '잘'하는 것은 아니라는 것이다. 나쁜 소식은? 어떤 언어를 어른이 되어서 배웠다면 아마도 그 언어로 말할 때 원어민처럼 들리지 않을 수도 있다. 우리 어머니는 거의 60년 동안 영어로 말했다. 그러나 아무도 어머니의 어색한 억양을 영어에 대한 지식 부족으로 해석하지는 않았다. 〈로스트〉의 헐리처럼 내가 『암흑의 핵심』이 쓰이기 전 과거로 돌아간다면, 그리고 영어로 콘래드와 같은 글을 쓸 수만 있다면 나는 기꺼이 내 자연스러운 영어 원어민 억양을 포기할 것이다.

그렇다면 콘래드는 어떻게 그런 일을 해냈을까? 어떻게 20대가 되어서야 배운 언어로 그토록 아름다운 글을 쓸 수 있었을까? 이 질문에 대한 답은 당신을 놀라게 할지도 모른다.

영어는 만국 공통어lingua franca가 되었다. 오늘날 상업, 교육, 음악, 영화 등에서 대표 언어로 사용된다. 영어가 공용어인 분야의 목록은 끝이 없다. 이렇게 된 데는 여러 가지 이유가 있다. 식민주의 시대의 잔재라고 주장하는 사람도 있다. 영국은 전 세계에 식민지를 둔 초강대국이었다. 실제로 최근에 한 기고문은 윈스턴 처칠 경 덕분에 영어가 지금과 같은 독보적 지위를 누리게 되었다고 말한다. 처칠은 대영제국이 영어를 통해 세계를 정복하게 될 것이라고 단언했다.

그렇게 말처럼 간단하다면 얼마나 좋을까. 단순히 숫자의 문제였다면 적어도 영어 외에 두 개 이상의 언어가 후보에 오를 수 있다. 전 세계에는 중국어 구사자의 수가 영어 구사자의 수보다 많다. 스페인어가 모국어인 사람의 수는 영어가 모국어인 사람의 수보다 많다. 그런데도 프랑스어 구사자와 스페인어 구사자가 만나면 그들은 스페인어만큼이나 영어로 대화를 나눌 가능성이 높다. 만약 두 사람이 중국어 구사자를 만나면 자연스럽게 영어를 대화 언어로 선택할 것이다.

당연히 스페인어권 국가와 중국어권 국가의 지도자들도 자국 언어로 세계를 정복하고 싶을 것이다. 실제로 언어적 우위를 확보하기를 원했던 식민주의 열강이 차고 넘쳤다. 상대적으로 더 근대화되었던 유럽권 제국만 고려해도 프랑스, 네덜란드, 포르투갈, 독일, 그리고 바이킹족 등이 있다. 그런데도 영어가 언어들 중에서 꼭대기 자리를 차지했다. 처칠은 확신에 찬 어조로 말했지만, 언어적 지배는 꿈꾼다고 해서 이룰 수 있는 것이 아니다.

어쩌면 세계 최강국의 지위가 영국에서 미국으로 넘어간 것이 원인일 수도 있다. 미국은 전 세계에서 경제적·정치적·문화적 지배력을 행사하고 있다. 아마도 미국의 전 대통령이었던 프랭클린 루즈벨트와 로널드 레이건이 영어의 지위를 한층 더 격상시켰는지도 모른다. 이 책은 정치나 글로벌 헤게모니에 관한 책이 아니다. 그런 것들이 영어가 지배적 지위를 누리게 된 이유일 수는 있겠지만, 이 문제를 정치와 경제에서 벗어나 다른 방향에서 생각해 볼 수 있다.

영어를 원인으로 보기보다는 창발주의적 사고방식을 취해 보자. 영어는 원인이자 결과다. 영어는 전 세계로 퍼졌고, 변했고, 변화된 영어가 다시 전 세계로 퍼졌다. 그리고 그런 식으로 수 세기가 지났다. 결국 전 세계적으로 더 널리 쓰이는 언어일수록 더 단순해진다. 영어의 경우에 고정된 형식으로 사용되는 단어가 비교적 적다. 동사 **have**(가지다)의 경우를 살펴보자. 3인칭 단수인 사람이나 사물이 주어로 올 때만 **has** 형태로 사용되고, 나머지 인칭 대명사인 I/you/they/we(나/너/그들/우리)에는 모두 **have** 형태로 사용한다. 이를 독일어와 비교해 보자. 영어의 have에 해당하는 **haben**은 Ich(나)에는 **habe**, du(너)에는 **hast**, 그리고 Ihr(너희) **hat**, wir(우리) **haben**, sie/er/es(그/그/그것) **hat**의 형태로 사용된다. 아, 그리고 너/너희의 격식형 Sie에 사용되는 **haben**도 있다. 독일어 동사의 현재형은 여섯 가지인 반면 영어는 두 가지다.

독일어와 영어를 비교하는 작업은 흥미롭다. 영어도 게르만어족에 속하기 때문이다. 독일어와 영어는 haben과 have처럼 공유하는 단어가 많다. 그러나 영어 단어들은 훨씬 더 단순화되었다. 늘 그랬던 것은 아니다. 영어의 역사를 들여다보면 시간이 지나면서 점점 더 단순해진 것이라는 사실을 알 수 있다. 동사 slide(미끄러지다)를 살펴보자. 독일어에는 불규칙 변화 동사가 많기 때문에 독일어를 배우면서 나는 영어에는 존재하지 않는 온갖 동사 형태를 수집하기 시작했다. 독일어의 현재완료형 문장 'wir haben geschlitten'에 해당하는 영어 문장은 'we have slid'이다. 영어에서도 wrote/written(write의 과거형/과거분사형)과 rode/ridden(ride의 과거형/과거분사형)과 같은 형태를 흔히 쓰는데 왜 slid/slidden이라고 쓰지 않을까? 내가 보기에는 'we have slidden'이 문법적으로 더 타당하다. 게다가 이상해 보이지도 않는다. 실제로 고대 영어에서는 slidden을 사용했지만, 시간이 지나면서 slid로 대체되었다. 헐리처럼 아주 먼 과거로 이동하게 된다면 나는 반드시 slidden이라고 쓸 것이다. 그러나 지금 여기에서는 'we have slid'라고 쓸 수밖에 없다.

영국식 영어를 들어 보면 미국식 영어보다 동사의 불규칙 활용형이 더 많이 사용된다. lighted 대신 lit(light의 과거형 및 과거분사형), dreamed 대신 dreamt(dream의 과거형 및 과거분사형), shined 대신 shone(shine의 과거형 및 과거분사형)을 쓴다. 미국식 영어의 활용형이 점점 -ed만 붙이는 규칙활용형으로 통일되어 가고 있는 것이다. 그 밖에도 어떤 불규칙활용형 동사가 이처럼 사라지게 될지에 대한 연구가 실시되고 있다.

처칠이 단언한 바 외에 조지프 콘래드가 영어로 그토록 아름다운 글을 쓸 수 있었던 다른 이유가 있었다. 콘래드는 영어로 글을 쓸 때 어미 변화에 신경을 덜 써도 되었던 것이다. 또 다른 만국 공통어 후보였던 프랑스어는 익혀야 하는 어미형이 너무나 많다. 스페인어도 마찬가지다. 독일어는 말할 것도 없다. 반드시 기억해야 하는 어미형들이 넘쳐난다. 영어의 정관사 the가 독일어에서는 der, die, das로 분화되고 각각이 붙는 명사가 주격인지 목적격인지, 혹은 문장에 간접적으로 관여하는지에 따라 또다시 형태가 바뀐다. 이에 비해 영어는 상대적으로 배워야 하는 문법 분량이 적었으므로 콘래드는 실수를 할지도 모른다는 걱정 없이 영어 문장을 쓸 수 있었다.

____ 영어는 어렵다

그렇다. 사실 지금쯤 당신은 내가 영어를 배우려고 고군분투하는 모든 사람들의 고통을 평가절하하고 있다고 생각하고 있을 것이다. 영어가 그렇게 쉬운 언어일 리 없다. 모국어가 영어인 10대들은 고등학교에서 많은 시간을 들여 어휘를 익힌다. 영어가 모국어가 아닌 사람이 어떻게 경쟁력을 지닐 수 있겠는가?

나는 고등학생 시절 학업적성시험Scholastic Aptitude Test, SAT(미국의 대학교 입학시험, 우리나라의 대학수학능력시험에 해당 – 옮긴이) 준비를 위해 많은 단어를 공부했던 기억이 있다. 한때는 단어들을 부지런히 외우기도 했다. 아버지는 내가 라틴어와 그리스어 어원을 학습하면 단어를 익히기가 훨씬 더 쉬울 것이라고 말했다. 그러면 모르는 단어의 뜻도 유추할 수 있다고 말이다. 여느 10대들처럼 나는 아버지의 조언을 비웃었다. 어휘집에 나오는 모든 단어의 뜻을 아버지가 유추할 수 있을 리가 없다고 말이다. 그러자 아버지는 내게 아무 단어나 제시해 보라고 했다.

그래서 'antediluvian'이라는 단어를 제시했다. 아버지는 이렇게 답했다. 'ante'는 스페인어의 'antes'처럼 라틴어로 '전(前)'을 의미하고, 'deluvio'는 '홍수'이니, '대홍수 이전'이라는 뜻이다. 책을 내려다보니 그 말이 맞았다. 그래, 어쩌다 운 좋게 맞힌 거야. 다음 단어는 'bacchanalian'. 아버지는 'Bacchus'는 와인을 관장하는 그리스 신이라고 말했다. 아마도 흥청망청 노는 축제 분위기를 의미하겠지. 다시 책을 내려다보았다. 나의 현재 성적, 투 스트라이크. 곤경에 빠진 나는 삼진 아웃을 당하기 전에 물러서기로 했다. 그리고 아버지의 조언을 받아들여 1년짜리 라틴어 수업을 들었다. 머릿속에 남은 건 'salve magister(안녕하세요, 선생님).' 뿐이지만 말이다. antediluvian과 bacchanalian은 끝내 내 언어 지도에 좌표를 남기지 못했다.

아버지는 10대 후반에 영어를 배웠고, 외국어 억양이 매우 강하게 남아 있었다. 그러나 콘래드처럼 아버지도 고급 어휘를 사용했다. 아버지는 영어가 모국어인 사람보다 영어에 대해 더 잘 알았다. 말을 더 잘하지는 못했지만, 확실히 더 잘 알았다.

오랜 시간이 지난 뒤에 나는 마침내 굴복했고, 라틴어를 더 진지하게 대하기 시작했다. 실은 영어 어휘와는 무관한 완전히 다른 이유로 간접적으로 일어난 일이었다. 그때까지 나는 거의 평생을 영어, 스페인어, 포르투갈어를 어느 정도 조화롭게 사용할 수 있는 상태로 지냈다. 물론, 세 언어 간 간섭 효과가 일어나기도 했고, 어떤 단어는 세 언어에서 조금씩 용법이 달랐지만, 나는 대체로 세 언어를 모두 수월하게 다룰 수 있었다.

그러다 독일어를 배웠고, 그러면서 모든 것이 엉망진창이 되었다. 그렇다. 독일어 문법은 어렵다. 하지만 나를 가장 힘들게 한 것은 문법이 아니었다. 단어를 파악할 수가 없었다. 문자 그대로 아무것도 이해하지 못했다. 딸 키아라에게 "'wiederholen'이 무슨 뜻이니?"라고 묻자 딸은 이렇게 답했다. "'반복하다'라는 뜻이에요." 뜻을 어떻게 아느냐고 묻자 딸은 "아주 흔한 일상 단어에요."라고 했다. 나는 나중에야 'wieder'가 대략 '다시'를 의미한다는 것을 배우게 된다. 'holen'은 대략 '끌다'라는 뜻이다. 그러니 'wiederholen'은 '다시 끌다', 즉 '반복하다'인 것이다. 독일어에는 이와 비슷한 형태의 단어가 많다. 'wiederstarten', 'wiedersprechen', 'wiederspielen'. 각각 '다시 시작하다', '다시 말하다', '다시 놀다'라는 뜻이다.

독일어 단어 파악하기라는 난제에 부딪히면서 나는 이런 문제가 매우 간단한 한 가지 원인에서 비롯되었다는 사실을 깨달았다. 바로 기존의 로맨스어 배경지식에서 비롯된 요령들에 기댈 수가 없었던 것이다.

예컨대 영어의 'repeat(반복하다)'는 스페인어의 'repetir', 포르투갈어의 'repetir'와 닮았다. 영어, 스페인어, 포르투갈어로는 각각 'I repeat', 'yo repito', 'eu repito'로 쓰이는 문장이 독일어로는 'Ich habe es wiedergeholt'이다. 나는 길을 잃은 셈이었다. 재밌는 점은 내가 만난 영어 구사자들 중에는 스페인어보다 독일어가 배우기 쉽다는 사람도 있다는 것이다. 그런 말을 들으면 나는 어리벙벙해졌다. 물론 그런 사람들은 이렇게 말한다. 영어와 독일어는 어쨌거나 같은 게르만어족에 속하지 않느냐고, 두 언어는 서로 닮았다고 말이다. 하지만 내게는 그렇지 않았다.

영어는 노르만족이 영국에 침입한 1000년대 즈음에 또 한번 대전환기를 맞이했다. 이 사건으로 노르만 프랑스어Norman French가 왕족의 언어가 되었다. 당시에 영어는 평민의 언어였다. 이런 구분은 오늘날에도 여전히 남아 있다. 이것이 바로 왜 내가 독일어 단어를 찾는 데 어려움을 겪는지를 설명해 주는 원인이다. 또한 콘래드가 영어로 그토록 아름다운 글을 쓸 수 있었던 이유이기도 하다.

＿ 라틴제국의 공고한 지배력

〈아카데미아 소식지Academia Letters〉(학생과 학자들이 자신이 연구하는 내용을 게시하고 공유할 수 있는 무료 공개 플랫폼 academia.edu에서 발행한 학술지로 현재는 발간 중지 상태 – 옮긴이)에서 영어의 지배력이 정치적 작용의 결과라는 논문을 읽었을 때 나는 곧바로 다른 의견을 떠올렸다. 영어의 세계 정복을 선언한 것은 정말로 처칠이었을까? 실제로 전 세계적으로 학술 언어를 지배하는 것은 영어가 아니다. 어떤 면에서 영어는 그저 그보다 훨씬 더 전에 시작된 영향력의 운반 도구에 불과하다. 그 영향력은 노르 만족이 영국을 침공했을 때 시작되었고, 로마제국이 유럽 전역으로 뻗어 나가는 동안 지속되었다. 내가 보기에 세계를 지배하는 것은 여전히 라틴제국이다.

이 아이디어를 검증하기 위해 나는 각기 다른 연령대에서 영어 구사자들이 학습한 단어들을 살펴보아야 했다. 나는 원어민의 유년기에, 그리고 성인의 일상 영어와 성인의 학술 영어에서 가장 빈번하게 사용되는 명사 상위 50개를 먼저 검토했다. 여러 데이터베이스를 참고한 결과 유년기에 가장 많이 사용하는 단어 50개 중 대다수가 게르만어에서 기원한 단어였다. 쥐, 소, 양과 같은 동물 이름은 게르만어/고대영어에서 유래했다. 신체 부위를 가리키는 단어들(손, 팔, 발, 입)도 마찬가지다. 성인의 일상 어휘를 살펴보기 위해 나는 미국의 TV 통속극에서 자주 사용되는 단어들을 들여다봤다. 이 단어들은 반반이었다. 성인 학술 영어에서는 이 비율이 완전히 뒤집혔다. 대학에서 가장 많이 사용되는 50개 단어 중 48개가 라틴어에서 유래한 단어다.

각 범주마다 사용 빈도수 상위 50개 단어들을 검토하는 작업은 좋은 출발점이 되었다. 그러나 세 범주의 단어들을 모두 합쳐도 150단어에 불과해 여전히 의구심이 들었다. 이 아이디어를 확실하게 검증하기 위해, 내 강의를 듣는 학생들과 함께 연령대별로 학습하게 되는 단어 2만개를 수집했다. 결과는 동일했다. 영어 원어민의 유년기에는 게르만 어에서 유래한 단어들이 주류를 차지했고, 라틴어 기반 언어는 청소년 기에 비중이 커졌다. 영어 원어민은 게르만어에서 유래한 영어 단어를 더 빨리, 더 정확하게 읽었다. 그런데 영어가 모국어가 아닌 영어 사용 자들의 경우는 더욱 흥미로웠다. 당연하게도 이들은 영어 원어민에 비 해 전반적인 단어 인식 능력이 떨어졌다. 하지만 단어의 기원에 대해서 는 영어 원어민과 완전히 반대되는 패턴을 보였다. 영어가 모국어가 아 닌 영어 사용자들은 게르만어 기반 단어보다는 라틴어 기반 단어를 더 잘 인식했다.

사람들에게 이런 데이터에 대해 이야기하면 어휘가 언어의 전부가 아니라는 말을 듣곤 한다. 옳은 말이다. 영어에 라틴어 기반 어휘가 많 다고 말하면서 영어가 게르만어인 동시에 라틴어이기도 하다고 주장할 수는 없다. 그냥 라틴어 기반 어휘가 많은 것일 뿐이고, 게르만어족에 속하는 언어라는 점에는 변함이 없다.

실은 그것도 완전히 참인 진술은 아니다. 라틴어에서 영어로 흘러 들어간 일부 단어는 라틴어의 문법도 함께 끌고 들어왔다. 예컨대 영 어로 'Domino's gave me a pizza.'라는 표현은 가능하지만, 'Domino's delivered me a pizza.'라는 표현은 불가하다. 'deliver(배달하다)'라는 단어 를 쓰려면 반드시 'Domino's delivered a pizza to me.'라고 말해야 한다. 'give(주다)'와 같이 게르만어에서 유래한 동사는 첫 번째 표현에서처럼 간접목적어를 문장 중간에 둘 수도 있고, 'Domino's gave the pizza to me.'에서처럼 문장 끝에 둘 수도 있다. 그러나 라틴어에서 유래한 영어의 많은 동사는 간접목적어를 문장 끝에 두는 한 가지 형태로만 사용될 수 있다. 동사의 유래가 그 문법적 용례에 영향을 미치는 것이다.

여기서 잠시 멈추고 한참 앞에서 소개한 인폴딩이라는 관념을 어떻게 적용할 수 있을지 생각해 보자. 영어 원어민이 조기에 학습하는 영어의 가장 기본적인 부분들은 게르만어에서 유래했다. 영어 원어민은 그런 내용들을 꽤 자동적으로 활용할 수 있을 정도로 체화할 것이다. 다음 두 문장을 살펴보자. 'I gave it to him.', 'He gave it to me.' 각 문장에서 'him'과 'He', 'I'와 'me'를 사용한 것이 그냥 자연스럽게 느껴진다. 기초적인 내용이 언어의 토대를 마련한다. 이것은 바이어의 축구 학습 방식에서 걸음마와 함께 드리블을 배우는 것과 매우 유사한 효과를 낸다. 핵심 기술의 장착이 우선이다. 그 뒤에 패스, 태클, 전략과 같은 더 고급 기술을 학습하는 과정이 온다. 영어의 고급 기술의 토대는 라틴어 기반 단어들이다.

이제 조지프 콘래드가 어떻게 그토록 위대한 영문학 작가가 될 수 있었는가 하는 질문으로 돌아가 보자. 콘래드는 여러 면에서 운이 좋았다. 그는 성인 언어 학습자에게 적합하도록 매우 단순화된 언어로 글을 쓰는 법을 배웠다. 두 번째 행운은 그가 영어를 배우기 전에 프랑스어를 배웠다는 점이다. 프랑스어는 콘래드가 자신의 위대한 작품을 쓰기 수세기 전 노르만족의 영국 침공으로 인해 영어와 가까워진 언어였다. 셋째, 콘래드는 라틴어와 그리스어를 배웠다. 이런 점들을 염두에 두고서 콘래드가 쓴 단락을 다시 함께 살펴보자. 내가 말하려는 요지가 더 명확하게 전달되도록 단어들의 기원을 표시했다. 라틴어 기반 단어들은 볼드체로 나타내고, 독일어 기반 단어들에는 밑줄을 그었다.

The day was ending in a **serenity** of still and **exquisite brilliance.** The water shone **pacifically;** the sky, without a speck, was a **benign immensity** of unstained light; the very mist on the Essex ma rsh was like a **gauzy** and **radiant fabric,** hung from the wooded rises inland, and draping the low shores in **diaphanous** folds. Only the gloom to the west, brooding over the upper reaches, became more **sombre** every **minute,** as if angered by the **approach** of the sun.

정적과 **황홀한 광휘의 평온함** 속에서 하루가 저물고 있었다. 물은 **평화롭게** 반짝거렸다. 구름 한 점 없는 하늘은 얼룩지지 않은 빛의 **무해한 방대함**이었다. 에섹스 늪지의 박무는 그 자체로 **환하게 빛나는 하늘하늘한 천** 같았다. 나무가 무성한 내륙의 언덕에 걸린 채 **투명한** 주름을 만들어 내면서 낮은 물가에 드리워져 있었다. 오직 상류 위에서 골똘히 생각에 잠긴 서쪽의 우울함만이 매 **분** 점점 더 **침울**해지고 있었다. 마치 태양이 **가까이 다가오는** 것에 성이 났다는 듯이.

지극히 기본적인 게르만식 표현들 사이사이에 프랑스어와 라틴어의 우아함을 점점이 뿌려 놓은 콘래드는 거의 착취 수준으로 영어의 특성을 최대한 활용하고 있다. 콘래드의 글은 단순한 동시에 우아하다. 이제 콘래드가 이 단락을 거의 라틴어 기반 단어들로만 채웠다고 상상해 보라. 여기 내가 그런 시도를 했다.

The diurnal completion was embedded in a silent serenity and exquisite brilliance. The aqueous fluorescence floated pacifically; the atmosphere, vacant of fragments, was a benign immensity of pristine luminosity, the vapor floating on top of the Essex bayou was similar to the inferior front in diaphanous corrugates. The singular misery to the occident, menacing over the superior extents, transformed to an increased solemnity as the minutes passed, infuriated by the ascension of the solar mass.

주행성의 완료가 침묵의 정적과 황홀한 광휘 속에 편입되어 있었다. 수성의 발광은 평화적으로 부유했다. 파편이 부재한 대기는 온전한 광휘의 무해한 광대함이었다. 에섹스 내포 위를 부유하는 수증기는 반투명 의복의 하측 전면과 유사했다. 서방의 특출한 비참함은 상부를 침범하며 매 분이 지나는 동안 변화하면서 침통함이 증가했다. 태양 존재의 부상에 분개하며.

이런, 거의 외계어처럼 느껴진다. 생물학이나 과학 전문 서적에나 나올 법한 글이다. 처칠은 영어가 앵글로색슨족의 영향력을 전 세계로 퍼뜨리는 수단이라고 선언했는지 몰라도 현실은 영어가 게르만어 알맹이와 라틴어 껍질로 구성된 현대판 크리올어Creole(유럽의 언어와 특히 서인도제도 노예들이 사용하던 아프리카어의 혼성어로서 모국어로 사용되는 언어 – 옮긴이)라는 것이다. 그 자체의 역사로 인해 대다수 서구권 사람들이 받아들이기 쉽게 변형된 전형적인 창발적 구성물이다.

콘래드는 학식 있는 폴란드 사람이었으므로 영어를 쓸 때 유리한 점이 많았다. 영어가 모국어가 아닌 영어 사용자가 유리한 점을 지니고 있다는 생각 자체가 역설적이기는 하다. 다만 한 가지 간과해서는 안 될 점이 있다. 콘래드가 영어 원어민이 아니면서도 유리한 점을 지녔던 것은 여러 조건들이 절묘하게 맞아떨어진 덕이었다.

── 당신이 콘래드가 아니라면

이 장에서 우리는 아이들이 어떻게 소리를 통해 언어를 습득하는지 살펴봤다. 초다중언어 구사자는 대체로 비슷비슷한 전략을 사용하는 듯하다. 소리 조각들을 가져다가 조합하고 거기에 언어에서 한발 물러나 조망하는 능력을 더한다. 이것은 우리 나머지 사람들은 도달할 수 없는 영역이다. 운이 좋다면 영어라는 외국어를 배우려고 시도해 볼 수 있을 것이다. 이때 서유럽 출신 사람들은 특히 유리한 입장에 있다. 라틴어를 길잡이 삼아 들어온 다음 특수한 형태를 지닌 학술 용어를 배울 수 있다. 아니면 더 단순한 게르만어식 영어를 길잡이로 삼을 수도 있다. 후자라면 단순화된 문법 덕분에 영어가 모국어가 아닌 사람이 가장 기본적인 필요를 소통하는 수단으로 영어를 활용할 수 있을 것이다. 청소년 학습자로서 영어를 대하는 방식과 성인으로서 영어를 대하는 방식은 학습 목적과 용도가 다르다.

다른 언어들의 경우에는 어떠한가? 중국어, 러시아어, 아랍어, 일본어를 배우고자 하면 어떤 일이 벌어질까? 생각만으로 한숨을 내쉬게 된다. 영어 원어민 입장에서 습득하기가 훨씬 더 어려운 언어들이기 때문이다. 이것은 서구권 출신이 아닌 사람들도 마찬가지다. 중국어 사용자가 영어를 배울 때는 기계적인 암기를 해야만 한다. 적어도 내 수업을 들은 중국 출신 대학원생은 그렇게 말했다. 길잡이로 삼을 만한 것이 거의 없기 때문이다. 이렇듯 학습자의 모국어와 학습 언어의 가능한 조합들은 너무나 많다. 일본어가 모국어인 사람이 러시아어나 중국어를 배우려고 할 수도 있고, 페루 원주민의 언어인 케추아어가 모국어인 사람이 스페인어를 배우려고 하거나 아프가니스탄의 공식 언어인 파슈토어가 모국어인 사람이 힌디어를 배우려고 할 수도 있다. 성인기 이후 언어 학습은 각양각색의 모습을 띤다.

내가 해 줄 수 있는 조언은 언어 안에서 음악을 찾아보라는 것이다. 언어의 규칙을 배우기는 어렵다. 어른이 된 우리는 어쩔 수 없이 특정 문법 양식을 언제 사용해야 하는지를 절대적으로 확실하게 익히려고 노력하는 수밖에 없다. 교재도 도움이 되고, 언어 규칙은 우리를 올바른 길로 인도한다. 그러나 할 수 있다면 언어의 핵심, 즉 소리와 소리 패턴을 어떻게든 연구하고 연습하려고 노력하라. 그 언어를 사용하는 사람이 내는 소리를 흉내 내는 법을 배워 보자. 무의미한 조합들을 그냥 웅얼거리는 것이 사소해 보일 수도 있다. 라이테러의 연구는 새로운 언어의 습득은 그 언어의 소리를 익히는 것과 밀접한 관련이 있다는 점을 시사한다.

어떤 사람이 새로운 언어를 배울 때 도움이 될 만한 마지막 조언이 남아 있다. 모든 사람은 각자 자신만의 길을 간다. 그리고 그 길은 곧게 뻗어 있지 않을 때가 많다. 다음 장에서 보듯이, 애슐리 바티Ashleigh Barty 는 1년의 휴식기를 가짐으로써 여자 프로 테니스 투어에서 최고봉으로 올라가는 자신만의 길을 찾았다. 바티의 휴식기는 1년보다는 1년 반에 가까웠다. 그럼에도 불구하고 그렇게 자신의 테니스에 정지 버튼을 누른 덕분에 바티는 프로 테니스로 돌아왔을 때 놀라우리만큼 크게 실력이 향상되었다.

10장. ───── 바티와 테니스, 그리고 크리켓

_____ 애슐리 바티의 첫 등정

2019년 나는 이중언어 뇌를 주제로 몇 차례 강연을 했다. 나는 개인적으로 언어 학습의 신체적 측면을 매우 실질적인 방식으로 경험했다. 어느 날 내가 포르투갈어로 노래를 부르는데 나도 모르게 브라질 북동부 억양이 튀어나왔던 것이 첫 번째 경험이고, 열네 살 때 멕시코에 갔을 때도 비슷한 경험을 했다. 그런 경험을 할 때면 나는 내 언어 시스템이 급격하게 변화하고 있다는 것을 알 수 있었다. 애슐리 바티의 이야기는 내 관심을 사로잡았다. 바티는 프로 테니스 투어를 거의 2년 동안이나 떠나 있다가 돌아왔다. 어떤 면에서 바티가 경험한 많은 내용이 내 자신이 언어로 경험한 것과 잘 맞아떨어진다.

캐나다 몬트리올에서 강연을 할 때였다. 그 강연을 준비하고 있을 때 바티의 세계 랭킹은 11위였다. 강연 당일, 바티는 마이애미오픈 준결승전에서 이긴 상태로, 세계 랭킹 9위로 올라설 예정이었다.

그로부터 두 달 뒤, 나는 피츠버그에서 동료 브라이언 맥위니Brian

애슐리 바티의 포핸드(위), 크리켓 경기에서 타자가 타격하는 모습(아래).

MacWhinney의 학문적 업적을 기리는 행사에서 강연을 하게 되었다. 그 강연에서 나는 애슐리 바티가 크리켓을 통해 자신의 테니스를 재형성한 방식이 언어 학습에서 언어 기술의 창발성과 많이 유사하다고 주장했다. 이를 뒷받침하기 위해 기술이 한 스포츠에서 다른 스포츠로 전이되는 것을 보여 주는 사진도 띄웠다.

그동안 바티의 랭킹이 너무나 빨리 상승하고 있었기 때문에 나는 발표용 슬라이드에 적힌 숫자를 계속 지우고 다시 써야 했다.

그날은 마침 바티가 롤랑가로스(프랑스오픈)에서 결승전을 치르고 있었다. 내가 바티에 대해 이야기하면서 재빨리 점수를 확인하자 청중 가운데 있던 한 오스트레일리아인이 매우 자랑스러워하면서 만면에 웃음을 띠었다. 바티는 1세트를 따낸 뒤에 2세트 경기를 치르고 있었다. 바티는 그날 결국 우승하고 세계 랭킹 1위에 오르게 된다. 바티에 대한 내 관심은 단순히 스포츠에 대한 찬미에 머물지 않았다. 내게는 그의 등정이 발달의 기본 원칙을 아주 잘 보여 주는 사례였다.

크리켓 경기에서 타자로 나선 애슐리 바티.

피아제의 인지 발달 이론은 기술이나 능력의 발달 과정에서 아동기가 어떤 역할을 하는지에 대해 근본적인 질문들을 던진다. 피아제주의자들은 아동을 공구 상자에 넣을 공구를 수집하는 건축업자에 비유하지 않고, 대신 매우 다른 질문을 던진다. 그리고 나와 같은 신피아제주의자는 시간이 지나면서 사람이 어떻게 성장하며, 특정 방향으로 성장하기 위해서는 어떤 기술을 갖춰야 하는지를 묻는다. 창발주의자로서의 나는 어떻게 조각들이 한데 모아져서 조합되는지, 그런 조합이 어떤 이유와 과정으로 해체될 수 있을지에 대해 생각한다. 나는 각 사람이 자신의 최종 성취를 향해 나아가는 과정에서 그 사람이 이동하는 경로, 즉 궤적에 대해 생각한다. 이 궤적의 흥미로운 점은 우리가 보통 최고봉을 향해 빠른 속도로 돌진하는 듯한 사례에 시선을 뺏긴다는 사실이다.

내가 스포츠에서의 궤적이라는 관념을 처음 접한 것은 내 아이들에게 테니스를 가르칠 방법을 알아보려 산 책에서였다. 그 책의 저자가 가장 먼저 강조한 것은 코치 역할을 하는 부모는 자신의 아이가 저절로 마르티나 힝기스Martina Hingis가 될 것이라고 기대해서는 안 된다는 것이었다. 현역 선수 시절 힝기스는 테니스 신동을 대표하는 인물이었다. 마르티나라는 이름은 그의 어머니 멜라니 몰토로바Melanie Moltorova가 여자 테니스 세계 랭킹 1위에 올랐던 체코슬로바키아 출신 선수 마르티나 나브라틸로바Martina Navratilova의 이름에서 따온 것이었다. 힝기스에게 아주 잘 어울리는 이름이었다. 그는 경이로운 천재였다. 두 살에 테니스를 배웠고 네 살에 첫 테니스 시합에 참가했다. 12세가 된 힝기스는 주니어 토너먼트에서 우승을 휩쓸고 있었고, 프랑스오픈 주니어 챔피언이 되었다. 그로부터 1년 뒤에 힝기스는 다시 한번 프랑스오픈 주니어 챔피언이 되었고, 연달아 윔블던 주니어 챔피언까지 석권했다. 힝기스는 16세 생일을 몇 개월 남기고서 오스트레일리아오픈에서 우승함으로써 당시에 테니스 메이저 대회 사상 최연소 챔피언이 되었다.

애슐리 바티는 마르티나 힝기스가 걸어간 길에서 이탈한 매우 흥미로운 사례였다. 많은 프로 테니스 선수처럼 바티는 어린 나이인 네 살에 테니스를 시작했다. 바티의 주니어 코치 짐 조이스Jim Joyce는 그렇게까지 어린 선수들을 지도하는 것을 꺼려 했지만, 바티는 달랐다. 바티는 눈과 손 사이 협응이 매우 뛰어났고, 아주 어린 나이에도 공을 받아칠 수 있었다. 바티는 집 벽을 마주하고 몇 시간이고 테니스 연습을 하곤 했다. 그로부터 몇 년이 채 지나기 전에 바티는 자신보다 나이가 많은 아이들을 이기기 시작했다. 그리고 12세에는 성인 남성 선수와도 시합을 했다.

그 후로 바티의 커리어는 성공 가도를 달렸다. 그는 천재 주니어 선수였다. 15세에 윔블던 주니어 챔피언십에서 우승했고 US오픈에서는 주니어 준결승전까지 갔다. 그로부터 2년 뒤에 바티는 메이저 대회의 복식 결승전에 올랐고, 최고 세계 랭킹 12위까지 올랐다. 그러나 단식에서의 성공은 쉽게 손에 잡히지 않았다. 단식에서 바티의 세계 랭킹은 꾸준히 100위 밖에 머물렀다. 바티는 장벽에 부딪혔고, 그의 테니스 랭킹

등반이 가로막힌 것처럼 보였다.

어느새 중압감에 짓눌린 바티는 잠시 프로 테니스 투어를 떠나기로 했다. 몇 주가 몇 달이 되었다. 그러나 테니스를 완전히 포기한 적은 단 한 번도 없었다. 바티는 테니스 대회에는 참가하지 않았지만 계속 테니스를 쳤다.

⎯⎯ 우연히 만난 우회로

어느 날 지역 크리켓 클럽 팀 브리즈번 히트Brisbane Heat의 감독이 바티를 초청해 크리켓 선수들과 만나 투어를 도는 프로 선수 생활에 대해 이야기해 달라고 부탁했다. 바티는 프로 선수 생활을 하면서 자주 원정을 했지만, 크리켓 클럽 팀 선수들에게는 이것이 생소한 이야기였다. 브리즈번 히트의 감독은 바티가 프로 스포츠 선수들이 감수해야 하는 잦은 원정 생활과 관련해서 크리켓 선수들에게 도움을 줄 수 있을 거라고 생각했다.

바티와 감독은 만나자마자 말이 잘 통했고, 감독은 바티에게 타석에서 몇 차례 공을 쳐보면서 크리켓은 어떤 느낌인지 시험해 보게 했다. 누구나 바티의 뛰어난 눈-손 협응과 빠른 학습 능력을 알아볼 수 있었다. 바티는 놀이 삼아 크리켓을 하는 사람치고는 공을 매우 잘 쳤고 수비 실력도 뛰어났다. 바티는 크리켓 팀과 보낸 시간이 즐거웠다고 말했다. 팀에서는 모든 선수가 경기력을 향상시키기 위해 함께 노력했다. 동료애를 느낄 수 있고, 뭔가 다른 걸 해 볼 수 있는 기회가 주어지는 크리켓이 바티에게는 신선하게 다가왔다.

크리켓을 하면서 바뀐 루틴에는 다른 효과도 있었다. 그로서M. Grosser와 숀보른R. Schonborn이 주니어 테니스 선수의 발달 과정에 관한 보고서에서 예측한 효과이기도 했다. 그로서와 숀보른은 주니어 테니스 선수가 걷는 두 가지 다른 궤적을 제시했다. 하나는 어린 나이에 전문화 과정을 거쳐 최대한 많은 시합에서 이기는 '요령'을 터득하는 것이다. 나는 아들이 열두 살 때 테니스 경기를 지켜본 기억이 난다. 그 연령대의 아이들은 테니스공이 아닌 주니어 테니스용 공으로 경기를 치렀다. 대다수 경기는 매우 느린 속도로 높이 띄운 공을 주고받는 식으로 전개되었다. 이기는 방법은 그저 계속해서 공을 높이 올려 치는 것이었다. 문제는 그런 플레이로는 미래에 치르게 될 경기에 대한 대비가 전혀 되지 못한다는 것이었다. 불과 몇 년 후에 16~18세가 되어 치를 테니스 경기는 완전히 다른 모습이었다. 공이 빠른 속도로 지나갔고 공의 경로가 훨씬 더 곧은 선을 그렸다. 테니스에서 중요한 것은 나중에 필요할 기술을 개발하는 것이었다. 허리 높이에서 매우 빠른 속도로 날아오는 공을 치는 법을 배우는 것과 같이 말이다.

이것은 톰 바이어가 축구공을 다루는 법을 배워야 한다고 지적하면서 펼친 주장과 유사하다. 톰 바이어는 아이들이 더 완전한 게임을 구축할 수 있는 기초 기술을 개발하기 전에 시합에 뛰어든다고 생각했다. 너

205

무 일찍 시합에 나가면 이기는 요령은 배울 수 있을지 모른다. 무자비하게 힘이나 속도로 밀어붙이거나 필드의 한쪽에서만 통하는 불완전한 수비력에 의지하는 것 등이다. 경기 수준이 올라가면 그런 요령은 더 이상 통하지 않게 된다. 바이어가 보기에는 처음부터 양발로 공을 움직이는 연습을 하는 것이 중요했다. 이런 기초 기술을 개발함으로써 선수는 이후에 마주하게 될 더 치열한 경기를 치를 준비를 갖추게 된다.

그로서와 숀보른은 일찍 성공을 경험하면, 특히 그 성공이 우리가 이후에 필요로 하게 될 기술 유형과 관련이 없을 때에는 오히려 방해가 될 수 있다고 지적한다. 어린 나이에 챔피언이 된 많은 선수들이 사춘기를 보내면서 기량이 떨어지기 시작하고 결국에는 20대에 들어서면서 랭킹도 하락한다. 이와 달리 바이어가 축구에서 제안한 것과 같은 기본 테니스 기술을 연습한 아이들은 어릴 때 최상위에 올라섰던 또래 선수들을 뛰어넘고 20대에 들어선 뒤에도 꾸준히 기량이 향상되다가 30대 초반에 이르러서야 기량이 떨어지기 시작한다.

브리즈번 히트 팀에서 뛰면서 크리켓 리그 한 시즌을 마친 바티는 테니스로 돌아왔다. 집중력을 되찾았고, 새로운 관점으로 무장한 채 자신이 테니스를 중단했던 지점에서 다시 시작했다. 복식 세계 랭킹을 다시 올렸고, 단식에서는 최고 기록인 세계 랭킹 11위에 올랐다. 애슐리 바티와 마르티나 힝기스의 이야기는 천재 선수라는 관점에서도 흥미롭고, 청소년기에 일어나는 변화와 그런 변화가 그로서와 숀보른이 제시한 두 가지 궤적과 어떻게 연결되는가라는 관점에서도 우리에게 시사하는 바가 크다.

힝기스는 15세부터 18세까지 이른 나이에 정상에 올랐다. 그리고 22세까지도 꽤 좋은 성적을 거뒀다. 22세에 잦은 부상에 시달리면서 기량이 급격하게 떨어지기 시작했고, 결국에는 프로 테니스 자체를 포기했다. 발목 인대 수술을 몇 차례 받은 뒤에야 프로 테니스에 복귀했다. 결국 수술을 받아야 할 정도로 극단적인 경쟁 환경에 몰렸던 다른 어린 선수들의 사례처럼 힝기스의 몸은 프로 테니스 선수 생활에 수반되는 혹사를 버텨 내지 못했다. 점점 더 어린 나이에 수술실에 들어가는 선수가 많다는 점을 감안하면, 힝기스를 괴롭힌 부상의 전조 또한 그토록 빠른 속도로 랭킹을 올린 아동기와 청소년기에 시작되었던 것은 아닌지 의심된다. 매우 이른 나이에 성공을 거두고 이후 성인기 초입에 점진적인 쇠퇴의 길에 들어선 힝기스의 프로 선수 경력 그래프는 그로서와 숀본른이 제시한, 이른 나이에 정상에 도달한 집단의 선수 경력 그래프와 유사한 양상을 보인다.

은퇴를 번복하고 프로 테니스에 복귀한 힝기스는 단식 대회에서 몇 차례 옛 영광을 재현했지만, 10대 때 도달했던 최상위 랭킹을 되찾지는 못했다. '마지막'으로 복귀한 힝기스는 복식경기를 병행했고 복식 세계 랭킹 1위에 올랐다. 파트너는 달라졌지만, 메이저 대회 복식경기에서 몇 차례 우승도 했다. 힝기스와 달리 바티는 정상을 향해 올라가는 바로 그 지점에서 자신의 테니스 커리어에 제동을 걸었다. 바티는 테니스와 유사한 점도 있지만 다른 기술들을 사용하는, 완전히 다른 스포츠에 뛰어들었다. 잦은 이동과 혼자 싸우는 스포츠의 고단함에서 잠시 벗어날 수 있었던 이 시기를 바티는 선물과 같은 시기라고 말한다. 그리고 이 시기에 바티는 다른 것도 얻었다. 바로 자신의 테니스를 단절시킬 기회였다.

——— 단절의 힘

최신 뇌과학 연구 결과는 청소년기가 오로지 매우 특정한 기술의 전문화에 매진하는 시기이기보다는 급격한 변화의 시기이기도 하다는 것을 보여 준다. 바사 F. Väša와 동료들은 청소년기의 뇌 변화를 이해하기 위해 14세 집단과 26세 집단을 대상으로 6개월 간격으로 뇌를 관찰하면서 뇌의 영역들이 어떻게 서로 소통하는지를 살펴봤다. 바사의 연구 팀은 스캔 자료를 분석하는 중에 두 가지 다른 유형의 뇌 교차 대화가 일어난다는 사실을 발견했다. **1차 영역**이라고도 불리는 운동과 감각 처리를 전담하는 영역들은 처음부터 활성화된 모습이었고, 그 정도가 시간이 지나면서 점점 더 뚜렷해졌다. 이 영역은 신체 부위의 움직임과 같은 행동과, 감각기관에서 받아들인 정보 처리에 관여했다. 또한 어린아이들이 하는 행동을 전담하는 영역이도 하다. 이 감각운동 영역이 청소년기에도 적극적으로 활동한다는 사실은 아동기에 구축된 기본 회로가 청소년기에도 여전히 중요하며 더더욱 강화된다는 것을 시사한다.

감각운동 피질의 활동이 점점 더 활발해지는 동안 뇌의 다른 영역들은 단절 패턴을 보이고 있었다. 바사 연구 팀은 이런 단절이 두 개의 다른, 서로 대립하는 힘에 의해 나타난다고 설명했다. 상호 연결이 강했던 일부 뇌 영역 간 소통 활동이 점점 약해졌다. 동시에 이전에는 상호 연결이 약했던 영역 간 소통은 점점 더 활발해졌다. 마치 뇌가 아동기적 처리 방식에서 성인기적 처리 방식으로 이행하기 위해 스스로 재조정 과정을 거치는 것 같았다.

상호 연결이 가장 크게 강화되는 모습이 관찰된 것은 피질하부 영역과 피질 영역 사이, 그리고 연합 영역들 사이에서였다. 연합 영역은 각기 다른 감각 영역들끼리 또는 감각 영역과 운동 영역 사이에 정보가 전달될 수 있도록 연결해 주는 영역이다. 연합 영역은 연구자들이 **고등인지**, 또는 피아제가 **형식적조작**이라고 부른 뇌 작용에 관여한다. 여기에는 기억을 비롯해 이른바 **마음 이론**과 같은 다른 사람의 생각 이해하기, 언어 처리와 같은 인지 기능이 포함된다.

또한 피질과 피질하부 간 소통에 관여하는 상호 연결도 강화되었다. 피질은 우리 뇌에서 가장 늦게 생겨난 부위이며, 우리의 모든 복합 사고·운동·감각에 관여한다. 피질하부 부위는 기본 감각과 운동을 관장한다. 이 두 영역이 소통해야 여러 종류의 정보를 머릿속에 보존하는 능력의 미세 조정이 가능해진다. 피질-피질하부 연결은 우리가 새로운 작업에 적응해야 하거나 이미 진행 중인 두 가지 작업을 번갈아 가며 수행해야 할 때 필요하다. 연합 영역이 문제 해결 능력, 유연한 대처 능력,

보상 지연 능력에 필수적이라는 사실은 청소년기가 바깥세상에 더 잘 적응하는 법을 배우는 시기라는 점을 시사한다.

테니스 랭킹에서 점점 더 위로 올라가는 길에 애슐리 바티는 격렬한 격동의 시기를 온전히 받아들이기로 결심했다. 실제로 바티는 단절의 목소리에 굴복한 덕분에 자신의 테니스를(더불어 자기자신도!) 향상시켰다. 이미 자리 잡은 기술의 극단적인 전문화에 집중하기보다 그 기술을 쪼개고 이리저리 흔들어 대는 시도를 했다.

강연을 진행하는 동안 많은 사람이 내가 전달하고자 하는 핵심 요지, 즉 다중언어 학습자의 뇌가 보여 주는 단절, 유연성, 적응성의 중요성이 다른 운동 기술에도 유사하게 나타난다는 주장의 타당성을 의심하기 시작했다. 심지어 한 사람은 내 비유에 문제가 있는 것 같다고도 말했다. 성인 언어 학습자가 늘 그 언어 습득에 성공하는 것은 아니지 않은가. 어색한 외국인 억양을 지우지 못하기도 하고, 어휘가 부족하고 문법 실수도 한다.

그에 대한 내 답은 어른이 되어서 제2 언어를 학습하는 사람들은 각자 그 언어를 다르게 말하고, 읽고, 쓴다는 것이다. 마찬가지로 바티는 여타 선수와 다른 스타일로 경기를 운영했다. 어떤 면에서 바티의 테니스는 크리켓 경기 경험의 조각들을 흡수했다. 차이에 초점을 맞추기보다 유사성에, 그리고 한 언어에서 배운 기술이 다른 언어로 전이되는 방식에 초점을 맞춰 보자.

스포츠에서 많은 운동선수의 훈련 메뉴의 일부가 된 크로스 트레이

닝에서 유사한 예들을 찾아볼 수 있다. 2015년 나는 왼쪽 다리에 매우 심한 통증을 느끼기 시작했다. 그래서 테니스를 치는 것이 고통스러웠고, 당시에 유산소 체력 강화를 위해 달리기를 하고 있었는데, 이 또한 불가능해졌다. 나는 휴스턴대학교 수영장의 수심이 얕은 구역에서 달리기를 하기로 결정했다. 처음에는 단순히 왼쪽 다리에 무리를 주지 않으면서 근육을 기르겠다는 마음이었다. 테니스를 치거나 달리기를 할 수 없게 된 나는 수영장 달리기를 주 3회 진행하기도 했다.

결국 통증이 사라졌고 나는 다시 달리기와 테니스를 할 수 있게 되었다. 그러자 흥미롭게도 변화가 느껴졌다. 테니스를 칠 때도 더 빨리 앞으로 달려 나갈 수 있었고, 자세도 더 나아졌다. 물의 저항력을 받으면서 운동한 덕분에 내 움직임이 한결 나아진 것이다. 나는 딸 카밀에게도 비슷한 시도를 했다. 예를 들어 우리집 반려견 밀로는 우리에게서 도망치듯 멀리 달려 나가는 걸 좋아한다. 카밀의 훈련 메뉴 중에는 밀로를 잡으려 쫓아다니기가 포함되어 있다. 영화 〈록키 2〉를 봤다면 주인공이 이와 유사한 훈련을 실시했다는 것을 기억할 것이다. 왼손잡이 복서인 "이탈리아 종마" 록키 발보아는 트레이너로부터 닭을 쫓아다니라는 지시를 받는다. 발보아의 발을 움직이게 만들기 위한 훈련법이었다. 나는 이 아이디어를 차용해서 카밀에게 밀로를 쫓아다니게 했다.

때로는 남동생과 그냥 축구공을 차면서 돌아다니게 한다. 또한 카밀의 테니스에도 도움이 되는, 카밀이 최상의 체력 상태를 유지하도록 설계된 다른 훈련도 한다. 여기에 달리기나 메디신볼 medicine ball 던지기도 포함된다. 나는 심지어 포수 미트를 주고 내가 때리는 소프트볼을 받게 할까 하는 생각도 하고 있다. 적어도 카밀이 공을 잡는 데 익숙해질 수 있을 것이고, 카밀을 테니스 코트 밖으로 끌어낼 수 있을 것이다.

바티의 테니스와 크리켓 경험이 다른 두 언어를 배우는 경험과 같은 것이라고 볼 수 있는지 의문을 제기한 연구자처럼 발전이라는 것을 오직 한 가지 차원에서만 바라보기 쉽다. 특정한 한 가지 기술의 수행 능력에만 집중하면서 말이다. 그런데 창발주의자는 다른 질문을 던진다. 숙달을 향해 나아가는 과정에서 어떤 조각들을 함께 조립해야 할까? 그 조각들은 어떻게 스스로를 흔들어 대면서 재구성되는가? 진행을 단절시킴으로써 오히려 실력을 향상시킬 수 있을까? 수행 능력을 향상시키기 위해 유기적 존재로서 우리가 지닌 엄청난 유연성을 실제로는 얼마나 잘 활용할 수 있을까? 어떤 의미에서 바티는 내게 앞으로 나아가는 길이 반드시 곧게 뻗어 있지는 않다는 점을 보여 줬다. 때로는 방향을 틀어야 하고, 심지어 여러 번 에둘러 가야 할 수도 있다. 그럴 때 우리는 결과적으로 이전에는 감히 상상할 수 없었던 곳까지 더 멀리 앞으로 나아간다.

강연을 마치고 나서 나는 (언어) 학습의 유연하고 적응적인 본질을 설명하는 흥미로운 비유가 된 애슐리 바티가 프랑스오픈 결승전에서 이겼는지 너무나 궁금했다. 나는 자리로 돌아가 노트북을 열었고 애슐리 바티가 프랑스오픈 여자 단식 챔피언으로 호명되는 순간을 담은 사진을 봤다.

11장. ─────── 유전자는 혼자서 일하지 않는다

____ 원한다고 다 가질 수 있는 건 아냐

롤링스톤스에 의해 유명해진 소제목의 문장은 내 어린 시절 꿈 중 하나를 꽤 정확하게 설명한다. 캘리포니아주 오클랜드에서 자란 나는 스포츠에 빠져들었다. 내가 가장 많이 본 것은 야구 경기였다. 친구들은 모두 미식축구로 하나가 되었다. 그러나 내 마음속 깊은 곳에서는 공을 자유자재로 다루는 선수, 그러니까 농구 선수보다 더 대단한 사람은 없었다.

내 농구 **커리어**는 학교 쉬는 시간에 시작되었다. 운동 능력이 그다지 뛰어나지 않은 한 무리의 아이들이 모여 코트 하나에서 농구를 했다. 점심시간이나 쉬는 시간의 시작을 알리는 종이 울리면 나는 얼른 코트로 나가 농구를 하고 싶어서 몸이 근질거렸다. 농구를 더 잘하고 싶은 마음에 열한 살 생일 선물로 농구 골대를 사 달라고 했다. 아버지와 함께 어머니 집 뒷마당에 농구대를 설치했다. 흙투성이 뒷마당에는 시멘트로 덮인 공간이 없어서 드리블을 할 수 없었으므로 나는 거의 언제나 슈팅 연습을 했다.

이제 쉬는 시간, 점심시간, 그리고 방과 후에도 농구를 할 수 있게 되었다. 학교 운동장에서 제대로 풀리지 않은 플레이는 집에 가져갈 숙제가 되었다. 매일 30분에서 45분 동안 슈팅 연습을 하는 것도 내가 스스로에게 낸 숙제였다. 농구 코트에서 나는 가장 키가 큰 선수가 아니었으므로 내 키에 맞춰 플레이하는 법을 배웠다. 내가 마련한 방법 중 하나는 훅슛hook shot(공을 한 손으로 머리 위로 올려 손목의 스냅을 이용해서 던지는 방법 – 옮긴이)이었다. 기본적으로 비스듬히 서서 몸으로는 수비수를 막고, 수비수로부터 먼 쪽에 있는 손으로 슛을 넣는다. 훅슛은 카림 압둘자바Kareem Abdul-Jabbar 덕에 유명해진 동작이다. 키가 2미터 15센티미터인 압둘자바는 실제로는 스카이훅슛을 던졌다. 웬만해서는 그 어떤 선수도 압둘자바의 스카이훅슛을 막을 수 없었다. 나는 몇 시간이고 훅슛을 연습했다. 키가 2미터 15센티미터는 아니었지만, 그래도 나는 훅슛 덕을 많이 봤다.

열네 살이 되었을 때 내 키는 180센티미터에서 한참 모자랐다. 중학교 운동장 코트 밖의 어떤 농구 팀에서든 선수 생활을 해 보겠다는 꿈에 가까워진 적이 단 한 번도 없었다. 스물여섯 살에 동네에서 즉석 농구 경기를 하던 중에 내 농구계 은퇴가 결정되었다. 그날 나보다 훨씬 더 빠르고 훨씬 더 건장한 선수를 수비하려고 뛰어가다가 누군가의 발을 밟으면서 발목이 접질려, 발목이 농구공만큼 부풀어 오른 상태로 응급실에 실려 가 그 뒤로 2주 동안 목발을 짚고 다녔다. 테니스를 다시

칠 수 있기까지는 6주가 걸렸다.

비공식적이기는 해도 농구계에서 '은퇴'한 상태였는데, 어느 날 테니스 코트에 농구가 불쑥 나타났다. 그날 나는 남들이 하는 대로 평범한 오버헤드(머리 위에서 서브와 유사한 동작으로 공을 쳐서 상대편 코트 안에 넣는 테니스 기술-옮긴이주)를 처리하고 있었다. 오버헤드는 테니스 선수들이 가장 기대하는 스트로크이자 가장 두려워하는 스트로크다. 궁지에 몰린 상대 선수는 이미 압박을 느끼고 있다. 코트 밖 먼 곳에 나가 있어서 코트로 다시 돌아올 시간을 벌어야 하거나 로브를 높이 띄워서 당신이 공을 놓치기만을 바라고 있다. 어느 화창한 날에 나는 친한 친구 레자를 상대로 연달아 열세 번이나 오버헤드 처리에 실패한 적도 있다. 레자는 공간 감각이 매우 뛰어났고, 어디에 있든 로브를 띄워서 네트 반대편 코트 어디에든 떨어뜨릴 수 있는 것처럼 보였다. 테니스를 쳐 본 사람이라면 누구나 오버헤드 스매시가 빗맞는 경우를 봤을 것이다. 최고의 오버헤드 처리 능력을 지닌 프로 테니스 선수조차도 이따금 공을 놓친다. 테니스 게임이 원래 그런 거다.

실전에서 오버헤드 처리 실패라는 재앙을 맞이하는 일이 없도록 나는 여느 테니스 선수들처럼 오버헤드를 연습했다. 그러나 때로는 상대가 높이 띄우려는 의도 없이 그냥 서둘러 당신 머리 위로 올려 보낸 것에 불과한 그런 로브도 있다. 그럴 때는 공이 빠른 속도로 떨어지기 때문에 일반적인 방식으로 오버헤드를 처리하면 실패하기 쉽다. 테니스 라켓 헤드가 위를 향한 채로 공을 때려서 멀리 날아가거나 헤드가 아래를 향한 채로 공을 때려서 네트에 걸린다. 그런데 어느 날 뜬금없이 네트 너머에서 짧은 로브가 날아왔고, 그 순간 내 스카이훅숏이 불쑥 나타났다.

테니스 선수들은 이것을 **볼로샷**bolo shot이라고 부른다. 눈앞에 공을 둔 채로 공을 때리지 않고 공이 머리 위로 넘어갈 때 점프를 해서 공이 완전히 넘어가기 전에 붙잡는다. 한 손에 라켓을 들고 던지는 훅숏이라고 생각하면 된다. 공이 내 머리 위로 넘어간 상태이므로 상대적으로 높이가 낮은 공을 잡아서 네트 너머 코트에 넣으면 된다. 볼로샷은 내가 가장 좋아하는 스트로크 중 하나다. 내가 볼로샷을 치면 사람들은 마치 생전 처음 보는 광경을 봤다는 듯한 눈으로 나를 쳐다본다. 한번은 한 프로 선수가 내게 앞으로는 그냥 모든 오버헤드를 그런 식으로 처리하라고 조언했다. 지미 코너스Jimmy Connors의 옛날 경기 재방송을 보면 내가 무슨 말을 하는지 알게 될 것이다. 코너스는 볼로샷을 자주 활용했다.

내 꿈은 끝내 실현되지 않았다. 나는 중학교 운동장 밖 무대에서 슬램덩크와 훅숏을 선보이지 못했다. 다만 볼로샷이 어린 시절의 유물로 희미하게 남아 내 주변을 맴돌았다. 기본적으로 나는 내 부족한 키를 보완하기 위해 테니스공이 몸 앞쪽 머리 위에 있을 때 내리꽂기보다는 머리 뒤로 넘어간 뒤에 올려치고 있다.

대자연이 내 키에 가한 제약에도 불구하고 나는 적응성을 발휘해 그 부족함을 채우고도 남았다. 내 아버지는 키가 178센티미터였고, 어머니는 키가 152센티미터였다. 키가 165센티미터인 나는 나보다 훨씬 더 키가 큰 사람들로부터 내 볼로샷이 그들이 본 최고의 오버헤드라는 말을 들었다. 그중에는 전직 대학교 테니스 선수도 있다. 그렇게 농구 선수가 되겠다는 꿈은 내가 지금 치는 테니스 게임 안에 이식되었다. 나는 유전적 한계가 내 앞길을 막도록 내버려두지 않았다. 우회로를 찾아내 다른 스포츠에서 숙제를 계속해 나갔다.

── 선천적 혹은 후천적

키는 유전이 결정한다. 거의 대부분 부모 키에 영향을 받는다. 때로는 유전자가 알려진 대로만 작동하지는 않아서 부모보다 키가 훨씬 크거나 작은 사람도 있다. 그러나 일반적으로 키는 가족력만으로도 꽤 정확하게 예측할 수 있다. 여기서 생기는 의문 하나는 과연 유전적 요소가 우리의 수행 능력에 얼마나 영향을 미치는가 하는 것이다. 키 외에 다른 영역, 예컨대 운동 기술, 언어, 스포츠 학습에 이를 적용하면 어떤 결과를 얻게 될까?

유전 소질이 우리가 시도하는 어떤 것에서든 그 최종 결과물에 영향을 미치는가, 어떤 영향을 미치는가 하는 질문은 상당한 논란을 불러일으키는 주제다. 로버트 플로민Robert Plomin은 개인의 능력에 어떤 유전자, 어떤 환경이 얼마나 기여하는지를 알아내기 위해 학자로서의 경력 전체를 바쳤다. 로버트 플로민은 자신의 저서 『청사진Blueprint』에서 환경은 지나치게 변동성이 크다고 선언한다. 환경은 너무나 많이 변하므로 우리를 각기 다른 개인으로 만드는 주된 동인이 될 수 없다. 플로민은 우리 삶에서 고정된 것은 오로지 우리가 가지고 태어나는 유전자뿐이라고 말한다. 유전자는 우리를 진정한 자아로 인도하는 일종의 나침반 내지는 충계다. 연습이 실력을 향상시키는 최선의 길이라고 강력하게 주장하는 사람들조차도 유전의 영향력을 완전히 부정하지는 않는다. 가장 눈에 띄는 유전형질은 키다. 아마도 부모님은 애초에 내가 프로 농구선수만큼 키가 크리라고는 기대하지 않았을 것이다. 부모님이나 내가 아무리 애를 썼어도 내게 주어진 유전적 숙명은 나를 농구 코트에서 여지없이 끌어내렸을 것이다. 비슷한 맥락에서 몸무게도 유전이 크게 작용한다. 그냥 남들보다 더 살찌기 쉬운 사람들이 있다. 다른 모든 조건이 동일할 때, 무엇을 얼마나 먹든 간에 절대로 살이 찌지 않는 것처럼 보이는 사람들이 있다. 늘 조심해야 하는 사람들도 있다. 나는 그 중간 어딘가에 속한다.

내가 늘 되묻게 되는 질문은 유전과 환경의 영향에 대해 상반되는 관점을 지닌 두 사람을 한자리에 모아 두면 어떤 일이 벌어질까 하는 것이다. 만약 플로민과 에릭손이 대화를 나눈다면 어떤 일이 벌어질까? 플로민은 유전이 주도권을 쥐고 있다는 입장을 대변한다. 환경은 변동성이 너무 커서 중요한 역할을 하지 못한다는 것이다. 에릭손은 유전이 오직 신체적 특성에 있어서만 중요하다고 주장하며 의식적 연습이 주된 동인이라고 확신한다. 누구나 자신이 연습하는 방식을 바꿀 수 있다.

우리는 누구나 탁월해질 수 있다. 그것은 연습의 문제이고, 연습의 효과
는 환경에 의해 강화될 수 있다. 플로민 대 에릭손의 논쟁을 보면서 우
리는 권위를 인정받는 두 연구자들이 어떻게 그렇게 다른 결론에 도달
하게 되었는지 궁금하지 않을 수 없다.

선천설 대 후천설 논쟁은 철학에서 심리학의 영역으로 넘어갔다. 심
리학은 논쟁을 해소하는 세 가지 길을 제시한다. 에릭손이나 플로민처
럼 양극단 중 한쪽으로 나올 수도 있고, 그 사이 어딘가로 나올 수도 있
다. 그런데 중간자적 입장이 오히려 더 이해하기 어렵다. 최근 캐스린
페이지 하든Kathryn Paige Harden은 저서 『유전자 로또The Genetic Lottery』(에코리브
르, 2023)에서 교육 결과에 대해 생각할 때 유전자를 반드시 고려해야 한
다고 주장한다. 어떤 사람의 교육 수준을 살펴보면 그 사람의 사회경제
적 지위만큼이나 유전적 특성이 강하게 작용한다. 만약 유전자가 그토
록 중요하다면 대학교 졸업률을 높이는 연구와 정책에서 유전자를 고
려 대상에 포함시켜야 하지 않을까? 하든은 중간자적 접근법을 취하면
서 환경, 즉 여기서는 사회경제적 지위와 우리가 부모로부터 물려받은
유전자 둘 다 교육 결과를 좌우한다고 말한다.

그러니 우리도 둘 다 중요하다는 입장에서 출발해 보자. 하지만 이
런 입장은 여전히 한 가지 의문을 해소하지 못한다. 어째서 유전자와 환
경 둘 다 중요한 것인가? 언어에 초점을 맞춰 유전학을 검토하면서 이
질문에 대한 답을 찾아보자.

───── 언어 습득과 문법 유전자

20세기 말, 우리 인지능력의 본질을 두고 전투가 벌어졌다. 한 진영은 인간의 언어 학습 능력을 결정하는 것은 타고난 언어 역량이라고 단언했다. 언어가 유전 소질에 의해 좌우된다는 이런 주장은 상당한 지지를 얻어서 미국 NBC 방송국 메인 뉴스 프로그램인 〈나이틀리뉴스〉에서도 이를 다뤘다. 톰 브로카우Tom Brokaw 앵커는 연구자들이 "문법 유전자"를 발견했다고 보도했다.

언어가 타고난 언어 습득 장치의 한 부분이라는 발상은 노엄 촘스키Noam Chomsky에 의해 주목을 받았다. 간단히 말해 촘스키는 언어 시스템이 애초부터 매우 복잡한 구조물로서 존재한다고 봤다. 아기는 언어가 거의 없다시피 한 상태로 태어나는데, 몇 살 되지도 않아 아주 복합적인 시스템이 불쑥 나타난다. 문법 유전자라는 개념은 캐나다의 유명한 발달심리학자 미르나 고프닉Myrna Gopnik이 이끄는 연구 팀의 기막힌 우연에 의한 발견으로 탄생했다. 운명의 장난이었는지, 나는 고프닉의 제자 여러 명을, 거기 모인 누구도 평소에는 참석하지 않았을 학술회의에서 우연히 만나게 된다.

어느 날 엘리자베스 베이츠가 실험실에 있는 내 연구실을 찾아왔다. 나는 데이터 분석을 하느라 바빴다. 베이츠는 자리에 앉더니 몬트리올 근교에서 뇌졸중으로 인한 언어장애, 즉 실어증aphasia에 관한 학회가 열린다고 말했다. 2주 동안 열리므로 베이츠는 갈 수가 없었지만, 그 학회를 놓치는 게 싫었다. 그래서 그 학회에 나를 보내 주겠다고 했다. 대신 필기를 제대로 해 오겠다고 약속해 달라고 했다. 흠… 처음으로 캐나다를 방문해서 학회에 참가해 중요한 연구자들을 만난다. 필기를 해서 넘기기만 하면 된다. 나는 협상 조건이 마음에 들었으므로 그 자리에서 가겠다고 했다. 물론 가장 큰 보상은 내 지도교수가 자신을 대신해서 학회에 참석할 사람으로 다른 사람 말고 나를 선택했다는 사실이었다.

베이츠는 그때까지 내 이동 반경에서 북동쪽으로는 가장 먼 곳으로 나를 보냈다. 그 전까지 내 이동 반경 지도는 특이한 모습이었다. 북쪽 한계선은 미국 네바다주 리노였다. 남서쪽 모퉁이 끝에는 칠레 산티아고 남부 지역이 있었다. 남동쪽 모퉁이 끝은 아르헨티나였다. 미국에서 내가 동쪽으로 가장 멀리 간 것은 텍사스주 오스틴이었다. 몬트리올은 내 지도에 없었다. 심지어 이번 학회는 실제로는 몬트리올에서 진행되는 것도 아니었다. 비행기에서 내린 나는 몬트리올에서 한 시간 떨어진 근교로 나를 데려다줄 버스를 탔고, 숲속에 있는 한 주택에 도착했다. 그곳에 연구자들이 모여서 자신의 연구에 대해 이야기하고 어떤 책의 개정판 작업을 할 것이었다.

학회가 열린 주택이 한적한 곳에 있었다는 표현으로는 부족하다. 1994년도의 일이다. 세상은 대륙 간 무선 연결 프로젝트를 막 시작했다. 집 전체에 유선 전화기가 딱 한 대 있었다. TV도 없었고, 인터넷도 없었다. 나는 이메일을 확인할 수 없었고, 세상이 어떻게 돌아가는지도 알 수 없었다.

모임 장소가 그토록 고립된 곳이었고, TV와 인터넷이 없었으므로 비는 시간은 사람들과 이야기를 하면서 보냈다. 한번은 한 무리의 캐나다 학생들을 만났다. 이야기를 나누는 중에 그 학생들은 내가 자신들과 그토록 대화가 잘 통하는 것이 놀랍다고 말했다. 한 학생이 경고도 없이 물었다. "우리 지도교수들이 서로 사이가 안 좋다는 거 알아요?" 나는 그런 갈등이 있다는 것을 전혀 몰랐다. 그 두 사람의 의견이 그토록 심하게 충돌한 이유는 학회 기간 후반부에 드러나게 된다.

내 박사과정 지도교수는 스티븐 핑커Steven Pinker가 그 무렵 발표한 『언어본능The Language Instinct』(동녘사이언스, 2008)을 통렬하게 비판했다. '적군' 진영이지만 우호적인 관계에 있었던 학생 한 명이 그 책을 읽는 것을 목격한 나는 책에 대해 어떻게 생각하는지 물었다. 학생은 아주 훌륭한 책이며, 그 책에 자신의 지도교수가 영국의 한 특수한 가족을 대상으로 진행한 연구가 나온다고 말했다. 학생의 말에 따르면, 그 가족은 아주 정상적인 가족이었다. 가족 구성원들이 하나같이 의사, 변호사, 기타 전문직에 종사자하고 있었다. 그 가족의 유일한 문제는 규칙활용 동사의 과거형을 제대로 만들어 내지 못한다는 것이었다. 'I walked to the store yesterday' 대신 'I walk to the store yesterday'라고 말하는 식이었다. 현재형을 과거형으로 바꿀 때 동사 끝에 -ed를 붙이지 못했다.

이런 발견은 연구자들로 하여금 그 가족이 문법 규칙을 익히는 데 어려움을 겪는다는 결론을 내리게 했다. 연구에서 KE가*라고 부른 이 가족은 실제로 존재한다. 이들은 언어의 활용법에서 외부로 드러나는

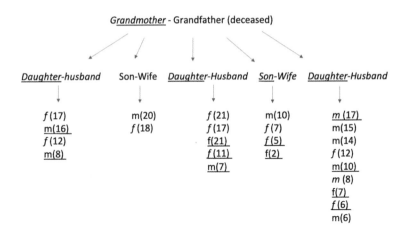

KE가에서 관찰된 상염색체 우성 장애. 장애가 있는 가족 구성원을 밑줄로 표시.

결함을 일으키는 장애가 있다. 이런 장애를 **상염색체 우성**autosomal dominant 이라고 부른다. 이해를 돕기 위해 상단에 KE가의 가계도를 실었다.

　이 가족에 대해, 그리고 이 가족의 문법 장애의 이면에 깔린 유전 연구로 흘러 들어가는 자금에 대해 들었을 때 나는 문법 유전자라는 것이 실제로 존재하는지 궁금해지기 시작했다. 유전적으로 결정된 통로가 존재하고, 모든 인간이 그 통로를 따라서 문법을 배우는 것일지도 모른다. 학회에서 만난 그 대학원생들은 다들 좋은 사람들 같았고, 우리는 아무런 갈등 없이 교류했다. 그 대학원생들은 내가 내 지도교수를 존경하는 만큼 자신들의 지도교수를 존경했다.

　언어 발달이 유전적으로 결정되어 있는 길에 따라 이루어진다는 지극히 고전적인 관점은 내 경험과 정면으로 대립한다. 나는 어린 시절 여러 언어에 노출되었다. 태어나자마자 스페인어와 영어, 그리고 1년 정도 보모의 언어인 페르시아어에도 노출되었다. 언어 학습이 이미 내 유전자에 묻혀 있는 문법 규칙을 발굴하는 것에 불과하다면 어떻게 나는 1년이라는 짧은 시간 안에 페르시아어를 배우고 또 잊을 수 있었을까? 내가 어릴 때 브라질 포르투갈어로 노래를 불렀고, 그 경험으로 결국 포르투갈어를 원어민처럼 구사하게 된 것은 어떻게 설명해야 할까? 과연 그런 불완전한 언어 경험 집합을 다룰 수 있는 완벽하고 세밀한 계획을 내가 유전적으로 물려받는 것이 가능할까? 내 지도교수는 언어가 "오래된 부분들로 만들어 낸 새로운 기계"라고까지 말했다. 기본적으로 우리가 다른 사람과 소통하도록 돕기 위해 함께 작동하는 아주 많은 시스템에서 언어가 생겨난다는 것이 내 지도교수의 생각이었다.

그동안 내 사고에 각인되었던 모든 관점이 몬트리올 교외에서 논박당한 상태에서 내가 지금 세뇌당하고 있는 것인지 아니면 드디어 빛을 본 것인지를 판가름할 아주 기초적인 질문이 딱 하나 남아 있었다. "그 가족 구성원을 한 명이라도 만나 봤어요?" 나는 그 학생에게 물었다. "아니요, 하지만 그 가족에 대한 것은 전부 읽었어요." 학생이 답했다.

백문이 불여일견이다. 그 가족을 직접 만나 보지 않은 상태에서는 정보를 더 얻을 때까지 판단을 유보해야 한다는 의심이 여전히 남아 있었다. 내 지도교수가 틀렸을 수도 있지만, 전해 들은 얘기를 하는 대학원생 한 명의 말만으로는 나를 완전히 설득할 수 없었다. 나는 그 가족을 직접 만나 보지 못했고, 그래서 그 가족의 이야기가 전부 진실인지 아닌지 의심이 들었다. 내가 **아는 것**은 내가 어린 시절 한 경험들이었고, 그 경험들은 태어나기 전에 미리 프로그램되어 있어서 타고나는 고정된 문법 규칙이라는 관점에는 들어맞지 않았다. 내게 언어는 본능보다는 훨씬 더 유연한 것이었다.

_____ '문법' 유전자는 도대체 무슨 일을 하는가?

미르나 고프닉과 동료들이 말하는 문법 유전자란 포크헤드박스 P2 FOXP2 단백질을 암호화하는 유전자다. FOXP2는 전사 인자transcription factor, 즉 다른 유전자를 조절하는 것을 돕는 단백질이다. 이 단백질이 하는 역할에서 언어와의 관련성이 명확하게 드러난다. 미국 국립의학도서관 웹사이트는 FOXP2에 대해 이렇게 설명한다.

연구 결과에 따르면 FOXP2는 뇌 발달 과정에서 중요한 역할을 한다. FOXP2의 역할에는 뇌세포(뉴런)의 성장 조절과 뇌세포 간 신호 전송이 포함된다. 또한 시냅스 가소성에도 관여한다. 시냅스 가소성은 뉴런 간 연결(시냅스)을 시간이 지나면서 겪게 되는 경험들에 맞춰 변화시키고 적응시키는 능력이다. 이는 학습과 기억에 필수적이다.

FOXP2 단백질은 발화와 언어의 정상적인 발달을 위해 반드시 필요한 요소로 보인다. 연구자들은 그런 기술의 학습에 필수적이면서 FOXP2에 의해 조절되는 유전자를 판별하는 작업을 진행하고 있다.

언어 연구들은 이 유전자가 **발달성 실어증**developmental dysphasia이라고 불리는 장애와 연관성이 있다는 사실을 발견했다. 실어증은 그리스어의 dusphatos에서 유래한다. dusphatos는 '어려움'을 뜻하는 'dus'와 '구술'을 의미하는 'phatos'로 나눌 수 있다. 그러나 유념할 점은 FOXP2 유전자는 전사 인자로서 서너 개의 다른 유전자와 함께 일한다는 것이다. FOXP2는 이른바 한 가지 장애에 대응하는 단독 유전자one gene for one disorder, OGOD 접근법에 부합하는 예시다. 이 접근법은 기본적으로 단 하나의 유전자를 매우 구체적인 질환과 연결 지을 수 있다고 본다. 겸상적혈구빈혈과 같이 단 하나의 유전자가 외부로 명확하게 드러나는 질환을 일으키는 경우가 있기는 하다. 이 경우에 유전자 하나가 헤모글로빈의 형태를 조절한다. 열성 동형접합 유전자 한 쌍은 헤모글로빈이 비적응적 형태를 띠게 만든다. 이형접합 유전자 한 쌍이 있으면 말라리아 원충에 대한 저항력을 얻는다.

로버트 플로민과 동료들의 연구는 FOXP2와 KE가에 대해 단독 유전자 접근법과는 다른 접근법을 택한다. (전통적인 멘델 유전법칙의 연장선상에서) 각 유전자마다 하나의 형질을 암호화한다는 주장 대신 플로민과 동료들은 양적형질좌위quantitative trait loci, QTL를 주장했다. QTL은 함께 작용해서 한 가지 형질을 암호화하도록 돕는 유전자 집합이다. 이것을 일종의 분산 표상distributed representation으로 생각할 수 있으며, 이는 창발적 기능이라는 관념에 부합한다. 이 점을 명확하게 보여 주는 더 구체적인 예를 들어 보겠다.

분산 표상이 무엇인지 설명할 때는 테니스 스트로크에 필요한 관절의 움직임을 떠올리면 도움이 된다. 테니스에서 손목이 중요하다는 점에는 모두가 동의할 것이다. TV 해설가들은 로저 페더러가 "손목을 가볍게 휙 꺾으면서 백핸드를 친다"는 것에 대해 자주 이야기한다. 그러나 손목을 꺾는 동작은 마무리에 불과하다. 실제로는 페더러의 백핸드는 각기 다른 것들이 아주 많이 모여서 만들어 낸 결과물이다. 페더러의 백핸드는 두 발에서 시작되어 마치 파도처럼 두 다리, 몸통, 어깨, 팔을 타고 마침내 손목에 다다른다. 이 백핸드를 평소에는 페더러의 온몸에 분산되어 있다가 시간의 흐름에 따라 여러 신체 부위가 협응해서 내놓아야 하는 기술로 생각해 볼 수 있다. 이런 식으로 생각하면 테니스와 관련된 모든 지식이 오직 손목에서만 나오지 **않는다**는 점에 동의하게 될 것이다. 손목은 단지 생체역학 전문가들이 **사슬 운동**kinetic chain이라 부르는, 즉 힘이 한 신체 부위에서 다른 신체 부위로 나아가는 연쇄적 운동에서 우리의 시야에 들어온 마지막 사슬일 뿐이다.

여러 신체 부위가 협응해서 테니스공을 치는 모습은 유전자의 작동 원리와 유사하다. 연구자들은 인간의 대다수 형질이 다인자유전polygenic이어서 서너 개의 유전자에서 비롯될 수 있다는 사실을 발견했다. 요컨대 대다수 형질(눈동자 색, 키, 손과 손가락 크기 등)은 여러 유전자가 작용한 결과물이다. 심리학자들이 측정하는 것과 같은 더 복잡한 형질에 관여하는 유전자의 숫자가 상당히 많다 보니 그 형질이 어떻게 유전으로 결정되는지 파악하기가 훨씬 더 힘들어진다. 유전자 하나하나의 영향력

11장 · 유전자는 혼자서 일하지 않는다

은 매우 약하기 때문이다.

이를 더 복잡하게 만드는 것은 환경이 실제로 유전자가 발현되느냐 마느냐를 결정하는 방아쇠 역할을 할 수 있다는 점이다. 최근 연구는 우리가 부모로부터 물려받은 유전자와 그 유전자의 발현을 촉발하는 환경 사이에서 복잡하지만 흥미로운 상호작용이 일어난다는 점을 보여준다. 유전자가 발현되도록 스위치를 켜는 방아쇠 역할을 하는 환경의 효과를 유전학자들은 **후생유전**epigenetics이라고 부른다. 후생유전이라는 관념은 새로운 것이 아니다. 여러 해 전에 콘래드 와딩턴Conrad Waddington은 발달이라는 것은 많은 수로가 나 있는 지형을 따라 이루어져서 우리를 매우 다른 곳으로 데려갈 수 있다는 가설을 제시했다.

─── 와딩턴과 후생유전 지형

콘래드 와딩턴은 환경이 유전자와 상호작용한다는 관념을 대중화시킨 것으로 유명하다. 그러나 경험에 의해 유전형질이 달라진다는 주장을 최초로 한 것은 와딩턴이 아니다. 1797년 라마르크Jean-Baptiste Lamarck는 한 세대에서 다음 세대로 넘어가는 과정에서 일어난 일시적 변화가 진화에 관여한다는 가설을 제시했다. 특정 환경을 살아간 한 세대의 경험이 다음 세대로 전달되고, 시간이 지나면서 이런 경험의 유전이 반복적으로 일어난다. 라마르크의 발상은 1859년에 다윈이 발표한 진화론에도 반영되어 있다. 그러나 이후 많은 과학자가 라마르크의 가설이 지나치게 단순하다는 것을 깨달았다. 예를 들어 1889년 아우구스트 바이스만August Weismann은 선대 개체에 변형을 가함으로써 유기체의 생리학을 변화시키는 것이 가능한지 실험했다. 바이스만은 5대에 걸쳐 연속으로 쥐의 꼬리를 잘랐다. 그러나 쥐의 꼬리는 결코 사라지지 않았다. 모든 새끼들이 꼬리를 달고 태어났다.

환경적 조작에 대한 이런 저항성을 입증한 바이스만은 어떤 사람이 물려받은 형질과 그 사람에게 평생 동안 일어나는 일 사이를 장벽이 가로막고 있다고 주장했다. 달리 말해 오늘 우리에게 일어나는 일은 우리 아이들의 발달에 아무런 영향을 미치지 않을 것이다. 바이스만은 환경이 유전형질을 지울 수 없다고 주장하고 있었다. 이것은 또한 부모가 경험으로 근육을 키워도 그 근육을 다음 세대에 물려줄 수 없다는 것을 의미했다. 쥐를 대상으로 한 이 실험을 토대로 바이스만은 한 동물의 생애에 어떤 일이 일어나든 그것이 이후 세대에게 영향을 미칠 수 없다고 결론 내렸다.

와딩턴이 바이스만의 실험을 더 깊이 들여다보기 시작하면서 고정된 유전 대물림이라는 관념이 바뀌었다. 와딩턴은 태아 발달 초기에는 세포가 전문화가 거의 이루어지지 않은 상태에서 출발한다는 점에 주목했다. 세포는 특정 세포 환경으로 이동하면서 전문화된다. 와딩턴은 이런 관찰 결과를 인간의 형질로 확장했다. 발달이란 것을 특정 형질이 소거되는 과정으로 생각하기보다는 환경에 의해 형질이 각기 다른 방향으로 나아가게 되는 것이라고 생각하기 시작했다. 와딩턴의 주된 주장은 동일한 유전자 구성을 지닌 사람들조차도 그 표현형phenotypes은 각기 다르게 나타날 수 있다는 것이다. 유전은 운명이 아니었다.

식이 습관 변화가 인구 집단 전체에 영향을 미칠 때 후성적 변이의 예를 관찰할 수 있다. 할아버지가 유네스코 소속으로 일본에 배치되면서 나의 아버지는 10대를 일본에서 보냈고, 당시에 이 후성적 변이 현상을 직접 목격했다. 아버지의 머릿속에 각인된 이미지 중 하나는 부모보다 키가 훌쩍 커서 부모를 굽어보는 일본 10대들의 모습이었다. 영양 섭취의 개선은 일본 아이들에게 중대한 영향을 미쳤다. 유전의 영향으로 보기에는 이 변화가 너무나 짧은 시간 안에 일어났다. 이런 부모 세대와 자녀 세대 간 키 차이는 와딩턴이 말하는 변주의 범위에 들어간다. 영양 섭취의 변화는 개개인을 각기 다른 키로 향하는 수로로 보내는 환경에 해당한다.

따라서 환경은 개인의 키를 더 크거나 작게 변화시킬 수 있다. 일본의 경우 평균 신장 상승은 1950년과 2010년 사이에 일어났다. 이런 변화에는 우유 등 유단백질 제품의 섭취 증가를 비롯해 여러 가지 환경 변수가 관여했다. 또한 GDP 증가가 여가 시간의 증가로 이어져서 스포츠 활동도 늘어났다. 스포츠 활동은 뼈, 특히 다리뼈의 성장을 촉진했다. 그 결과 평균 신장이 8~10센티미터 늘어났다.

한 세대 전체의 신장 증가 현상은 와딩턴이 제안한 후생유전 지형이라는 관점에서 특히 흥미롭다. 실제로 이것은 세대를 가로질러 유전과 가장 강력한 상관관계를 보이는 키에서조차 환경이 중요한 역할을 한다는 점을 시사한다. 흥미롭게도 이런 신장 증가 추세는 역행하지 않았다. 즉 일본 아이들의 키가 선조들의 키로 돌아가지 않았다는 것이다. 환경이 유전에 영향을 미친 이 사례는 플로민이 제시한 유전법칙의 특이한 예외처럼 보일 수도 있다. 그러나 그렇게 생각하는 대신 환경이 무엇을 의미하는지 다시 생각해 보는 계기로 삼아야 하는지도 모른다. 이를 위해 또 다른 창발주의자인 마크 존슨의 연구를 참고해 보자. 마크 존슨은 과연 선천성과 후천성이 무엇인지를 다시 생각해 봐야 한다고 제안한다.

—— 환경, 청사진, 그리고 바우플란

발달생물학의 초창기 연구자들은 종종 **바우플란**bauplan, 즉 청사진을 언급했다. 바우플란은 독일어로 '건축'을 의미하는 'bau'와 '계획'을 의미하는 'plan'의 합성어다. '건축 계획'은 흔히 스케치와 동의어로 사용되는 청사진보다는 조금 더 정교한 그림을 떠올리게 한다는 점에서 의미가 조금 다르다. 무엇이 언제 일어나는지를 설정한 알고리즘 또는 프로그램이라는 인상을 준다.

신경생물학을 더 깊이 파고들면 환경의 영향에 대한 탐구가 더 복잡해지기 시작한다. 앞서 살펴본 세대 간 키 차이의 사례를 조금 더 살

퍼보자. 20세기 후반 일본인의 평균 신장은 8~10센티미터가 늘어났다. 이것은 환경이 변화하면서 일본인의 다리 길이가 길어졌기 때문이다. 일부 연구자들에 의하면 이를 모든 발달에 적용할 수 있다. 아기는 태어나기 전에 어떤 환경에 노출되고, 태어나면 또 다른 환경에 노출되고, 아이가 성장하는 동안 이런 식으로 계속 다른 환경에 노출된다. 발달의 출발점에서는 세포가 매우 유연하다. 이 줄기세포들은 세포 환경에 따라 어떤 종류의 세포로든 변할 수 있다.

이는 테야르 드샤르댕의 인폴딩 원칙이 확장된 것이라고 생각할 수 있다. 기본적으로 발달의 각 단계마다 환경이 달라진다. 세포에는 일찍이 자신만의 환경이 주어진다. 발달 과정에서 점점 더 전문화되면서 세포들이 무리를 지어 장기, 손, 발, 뇌가 된다. 이 세포 무리는 우리가 나이가 들어 감에 따라 스스로 안으로 말려 들어간다. 모든 새로운 세포 형상은 단계마다 고유한 환경에 놓인다.

이런 관점을 취하면 플로민의 주장을 역으로 뒤집을 수 있다. 그렇다. 환경은 매우 다양하다. 그러나 그렇다고 해서 환경이 덜 중요해지는 것은 아니다. 오히려 환경이 다양해야만 한다는 점을 고려하는 순간 환경은 그 어느 때보다 더 중요해진다. 환경은 **아주** 다양해야만 한다. 연령대에 따라 우리의 필요는 달라지며, 그런 필요는 바깥세상에 의해 각기 다른 방식으로 충족된다. 이런 상당히 놀라운 생화학적 댄스가 와딩턴이 상상한 후생유전 지형으로 우리를 이끈다.

지금쯤 세포, 유전자, 청사진에서 언제 벗어나게 될지 당신이 궁금해하고 있을 거라는 생각이 든다. 나는 이를 영양 섭취와 키로 설명하려고 최선을 다했다. 이제 후생유전이 어떻게 작용하는지 보여 줄 수 있을 거라고 기대되는 비유를 딱 하나만 더 살펴보겠다. 아킬레스건을 유전적으로 이미 결정된 신체적 형질이라고 보고, 이 아킬레스건을 세계적인 수준의 높이뛰기 선수에게 유용한 도구로 단련시키는 훈련량이라는 환경을 고려해 보자.

____ 연습과 완벽 사이

데이비드 엡스타인은 저서 『스포츠 유전자』에서 운동선수의 노력이라는 맥락에서 선천성/후천성 논쟁을 다룬다. 그 책에 나오는 사례들 중에서 내가 가장 좋아하는 것은 스테판 홀름Stefan Holm에 관한 이야기이다. 스테판 홀름은 성실하고 고집스러운 훈련 방식으로 올림픽 금메달을 딴 높이뛰기 선수다. 홀름은 어릴 때 축구 선수로 활동하던 중 유명한 높이뛰기 선수 파트리크 셰베리Patrik Sjöberg에게 감명을 받았고, 여덟 살이라는 어린 나이에 스웨덴의 높이뛰기 올림픽 대표 선수가 되겠다는 꿈을 좇기 시작했다. 문제는 홀름의 키가 그다지 크지 않았다는 것이다. 자신의 작은 키를 보완하기 위해 홀름은 스피드를 높여서 가로대를 넘을 추진력을 얻는 방법을 찾았다. 엡스타인은 홀름이 성장 과정에서 겪은 부침을 상세히 기록한다. 홀름은 금방 성공을 거두지도 못했고, 실력은 매우 뛰어났지만 세계적인 수준의 선수들과 경쟁해서 이길 수 있을지는 불투명했다. 그러나 한 발 후퇴하면 결국 두 발 전진하게 된다. 자신의 기록이 한계에 부딪힌 것처럼 보였을 때 홀름은 왼쪽 다리 집중 강화 훈련을 시작했다. 이 훈련을 통해 홀름의 아킬레스건은 엡스타인이 "특별히 강력한 발사체"라고 부른 것으로 탈바꿈했다. 홀름은 자신의 탁월한 기량을 모두 훈련 덕으로 돌렸다. 스웨덴어 번역판『아웃라이어』도 언급했다. 그는 그 책에 나오는 1만 시간의 법칙을 따른 덕분에 어릴 때 자신을 누른 선수들 다수를 이길 수 있게 되었다고 말했다. 이렇게 보면 치열한 훈련이 홀름의 재능을 낳았다고 말할 수 있다. 기본적으로 홀름은 자신의 아킬레스건을 단련해서 높이를 다투는 전쟁에서 자신이 휘두를 수 있는 무기로 만들었다.

엡스타인은 계속해서 이와 매우 다른 사례를 들려준다. 홀름이 올림픽 금메달을 딴 지 몇 년 뒤에 새로운 선수가 등장하면서 높이뛰기 세계는 변화를 맞이했다. 홀름과 달리 도널드 토머스Donald Thomas는 높이뛰기 선수가 되겠다는 생각 자체를 진지하게 해 본 적이 없었다. 토머스는 린든우드대학교에서 높이뛰기 선수로 명성을 얻기 시작했다. 린든우드대학교는 미국 미주리주 세인트루이스 북서부 근교인 세인트찰스에 있다. 토머스는 평생 높이뛰기 훈련을 받은 적이 한 번도 없었다. 토머스가 이 스포츠에 처음 발을 들이게 된 것은 그가 한 도전을 받아들였기 때문이다.

토머스는 슬램덩크를 할 수 있다고 으스댔고, 그러자 육상 팀 선수

몇 명이 높이뛰기로 겨뤄 보자고 도발했다. 토머스는 제대로 된 육상용 운동화를 신고 있지도 않았고, 높이뛰기를 어떻게 해야 하는지도 전혀 몰랐다. 그런데도 토머스는 몇 번 시도한 끝에 210센티미터를 가뿐히 넘었다. 2개월 뒤에 그는 미국 대학 육상 선수권대회에서 2위를 차지했다. 오번대학교 코치인 토머스의 사촌 헨리 롤Henry Rolle은 토머스에게 육상 팀에 들어와 정식으로 높이뛰기 훈련을 받으라고 설득했다. 추가로 지도를 받은 토머스는 도약 자세를 교정하고 육상용 운동화를 신고 출전해 자신의 기록을 거듭해서 경신했다. 2007년 일본 오사카에서 열린 세계 육상 선수권대회에서 토머스와 홀름이 나란히 출전했을 때, 토머스는 높이뛰기 선수로 활동한 지 겨우 1년 남짓 된 상태였다. 홀름이 우승 후보로 꼽혔지만, 토머스는 나쁜 자세와 7개월에 불과한 훈련량으로 거의 240센티미터 가까이 날아오름으로써 홀름을 이겼다.

많은 사람이 토머스의 성과에 혀를 내둘렀다. 몇 년 동안 그 대회를 위해 준비한 높이뛰기 선수들도 있었다. 홀름의 세상에서는 의식적 연습이 운동선수 성취의 결정적 요인이었다. 홀름은 본질적으로 세계에서 가장 강한 아킬레스건을 만들어서 장착한 선수 중 한 명이었다. 홀름의 아킬레스건은 홀름을 공중 부양 시켜서 가장 높은 가로대 너머 올림픽 역사로 보내야 하는 사명을 부여받았다. 반면 토머스는 의식적 연습과는 거리가 멀었다. 그런데도 그의 아킬레스건은 용수철과도 같았다. 농구에 바친 열정과 시간도 기여했겠지만, 분, 시간, 연 단위가 아닌 천년 단위로 시곗바늘이 움직이는 다윈주의 진화의 역사 속 사건들이 모

237

여 토머스의 용수철 같은 아킬레스건을 탄생시켰다. 1만 시간이 쌓이면 변화가 일어나지만, 모든 사람이 동일 선상에서 출발하는 것은 아니다. 적당한 '생물학적 로또'와 그런 기술을 쌓기에 적합한 환경이 주어지면 1만 시간의 시곗바늘이 돌아가는 속도를 높일 수 있다. 적어도 높이뛰기에서는 그렇다.

와딩턴의 후생유전 지형의 관점에서는 훈련이 한 사람의 유전 소질에 어떤 영향을 미치는지를 더 잘 이해할 수 있게 된다. 홀름의 성취 사례는 치열한 강화 훈련을 통해 강력한 아킬레스건을 만들어 냈다는 것을 보여 준다. 반면에 토머스는 선천적인 신체 능력 개체차의 극단적 예에 해당한다. 토머스는 농구 경기와 다른 운동을 하는 과정에서 점프를 해 오긴 했지만, 그의 아킬레스건은 높이 뛰어오를 능력을 타고난 것이었다. 양 선수는 비슷한 성과에 도달하기까지 각각 다른 환경에 노출되었다. 한쪽은 수년에 걸친 전문적 훈련이 필요했다. 다른 쪽은 보다 일반적인 훈련을 거쳤지만 더 높은 기록을 달성했다. 두 환경은 후생유전의 지형에서 홀름과 토머스가 타고난 자신의 능력 범위 안에서 들어서게 된 각각의 경로를 대변했다.

성취의 정점에 도달하는 데 있어 훈련이 얼마나 큰 역할을 하는지 살펴본 일부 연구가 1만 시간의 의식적 연습이라는 접근법에 힘을 실어 주기 시작했다. 2014년 브룩 맥너마라Brooke Macnamara, 데이비드 햄브릭 David Hambrick, 프레데릭 오즈월드Frederick Oswald는 이 질문에 대한 답을 찾기 위해 메타 분석을 실시했다. 메타 분석은 어떤 변수의 효과를 검토하기 위해 기존의 여러 연구 데이터들을 대규모로 수집해 분석한다. 각각의 연구 결과에는 미세한 결함이 있을 수도 있다는 것을 염두에 두고서, 다만 그런 연구 결과들을 한데 모으면 현실을 더 잘 보여 주는 그림을 얻을 수 있다고 전제한다. 잠시 사고실험 하나를 해 보자. 매일 버터와 베이컨을 먹는 사람이 있다고 상상해 보라. 그 사람이 100살까지 산다. 이 한 사람을 근거로 우리는 베이컨과 버터가 장수에 도움이 된다고 생각할 수 있다. 한 무리의 사람들을 대상으로 이 가설을 시험한다. 그리고 한 지역에서 동일한 결과를 얻는다. 유레카! 젊음의 샘을 발견했다. 문제는 이것이 모든 지역과 모든 사람에게 유효하지 않을 수 있다는 것이다. 일명 버터와 베이컨, BB 장수 프로젝트에 대한 연구가 계속되면서 기존 연구 결과와는 상반되는 연구 결과들이 나오기 시작한다. 그리고 두 개의 진영이 형성된다. BB 지지 진영과 BB 반대 진영이다. 논쟁이 붙고, 의학 학회에서는 연구자들이 상대 진영을 향해 욕설을 날리기 시작한다(농담이 아니라 실제로도 일어나는 일이다).

이것을 해소하는 한 가지 방법은 메타 분석을 실시하는 것이다. 모든 연구 데이터를 한데 모아서 어떤 결과가 나오는지 보는 것이다. 위의 사고실험에서 묘사한 연구와 논쟁은 많은 과학 집단이 겪는 큰 딜레마, 한 연구진의 연구 결과는 다른 연구진에 의해서도 재연될 수 있어야 하는가에 관련된 문제이다. 앞서 제시한 허구의 BB 장수 프로젝트 비유를 스포츠에 적용해 보자. 댄 매클로플린(과 그의 계획), 홀름, 토머스를 떠올려 보자. 그들 각자는 내가 지적하고자 하는 바를 잘 보여 주는 예시다. 댄과 홀름은 후천설 진영을 대변한다. 댄은 1만 시간의 법칙으로 자신의 골프 수행 능력을 프로 수준을 끌어올릴 수 있을 것이라고 믿었다. 홀름은 스스로를 무자비하게 훈련시켰다. 도움닫기에서 빠른 속도로 달려서 얻은 가속도와 짝을 이루어 그를 금메달까지 띄워 줄 아킬레스건을 만들기 위해서였다. 토머스는 반례다. 토머스는 그를 세계 대회에서 최고의 자리에 올려 줄 수 있는 아킬레스건을 타고난 사람을 대표한다. 어떤 주장을 지지하는 예시를 제시할 때의 문제점은 언제나 그에 대한 반례를 찾을 수 있다는 것이다. 따라서 연구자들은 데이터를 하나로 합치고 싶어 한다. 다른 참가자들을 대상으로 실시한 연구들의 데이터를 한데 모아서 검토하는 메타 분석은 성취의 정점에 도달하는 데 있어 훈련이 얼마나 큰 역할을 하는지를 더 잘 이해하는 데 도움이 된다.

성취의 정점에 도달한 사례를 연구하면서 맥너마라, 햄브릭, 오즈월드는 연습의 효과를 다룬 방대한 양의 연구들을 수집해 연습이 성취의 정점에 도달하는 데 어떤 역할을 했는지 살펴봤다. 여러 분야에 산재한 스테판 홀름과 같은 사례들을 아주 많이 모아서 분석하면 오직 연습만이 중요했다는 홀름의 주장이 여전히 유효할까? 이 연구는 게임, 음악, 스포츠, 교육이라는 네 가지 수행 영역을 주로 검토했다. 연구자들은 수행 능력에 기여했을 만한 다른 요인들도 살펴봤다. 특정 분야의 수행 수준 예측 가능성도 검토 대상이었다.

이 연구에서 살펴본 수행 영역들은 예측 가능성 차원에서는 다소 차이를 보였다. 순서는 높이뛰기(예측 가능), 골프(어느 정도 예측 가능), 물리학 박사 학위(예측 불가능)였다. 연구자들은 의식적 연습의 양이 분야에 따라 달라진다는 사실을 발견했다. 게임(26퍼센트), 음악(21퍼센트), 스포츠(18퍼센트)에서는 매우 높았고, 교육(4퍼센트)에서는 낮았다. 흥미롭게도 의식적 연습량의 비중이 교육 영역에서 가장 낮았고, 여기에서 교육 영역의 수행 수준 예측 가능성이 다른 영역만큼 높지 않을 것이라고 짐작할 수 있다. 마지막으로 이 수치는 수집 방법론이 달라져도 여전히 유효했다. 따라서 이런 관찰 결과들을 종합해 보면 연습이 매우 중요하다는 것을 알 수 있다. 그러나 사람들의 수행 능력에 영향을 미치는 다른 요인들도 존재한다.

이 메타 분석 연구에 대한 한 가지 해석은 연습을 더 많이 한다고 해서 그만큼 절대적으로 더 높은 성취가 보장되지는 않는다는 것이다. 홀름이 아무리 많이 연습해도 토머스만큼 높이 날아오르지는 못할 것이다. 그런데 이 논쟁에서 빠진 것은 홀름이 그렇게 높이 뛰어오를 수 있었다는 사실 그 자체다. 홀름이 세계적인 수준의 높이뛰기 선수가 되는 성과를 올렸다는 사실은 에베레스트 정상으로 가는 길이 하나가 아니라는 점을 환기한다. 요컨대 우리 인간은 각자 매우 다른 경로로 탁월함의 경지에 도달할 수 있다. 한 사람이 뛰어오를 수 있는 높이는 토머스와 홀름의 성취를 평가하는 데 사용된 간단한 척도로, 하나의 숫자에 불과하다. 그래서 그런 숫자를 얻기까지의 복합적인 과정을 완벽하게 포착하지 못한다. 세계적인 수준에서 높이뛰기 선수로 활동하는 과정은 단 하나의 숫자에 담아낼 수 없다. 내가 공식적인 농구 경기에서 스카이훅을 단 한 번도 성공시키지 못했다는 사실이 실패로 치부되어서는 안 되는 것처럼 말이다. 나의 스카이훅은 완전히 다른 분야에서 유용한 도구로 변신했을 뿐이다. 나는 나보다 키가 큰 테니스 선수들이 높이 띄운 공을 스카이훅을 활용해 오버헤드로 처리했다. 요컨대 키가 상대적으로 작은 나는 동일한 결과를 성취하기 위해 내게 주어진 것을, 그것이 무엇이든 변형해서 무기로 사용했다.

여기서 마지막으로 고려해야 할 것이 한 가지 있다. 연습이 교육에 미치는 영향이 미미해 보인다는 점에 주목하라. 앞서 나는 캐스린 페이지 하든의 저서 『유전자 로또』를 소개했다. 하든은 그 책에서 유전이 교육에 영향을 미친다고 주장한다. 또한 나는 KE가에 대해서도 이야기했다. KE가 사람들은 규칙동사의 발화에 필요한 운동 프로그램에 관여하는 유전자가 없었다. 교육과 관련해 한 가지 흥미로운 점은 유전의 영향력이 신체적 특징에 대한 유전의 영향력만큼이나 강력해 보인다는 것이다. 여기서 생각해 봐야 하는 것은 이를테면 몇 년 동안 학교생활을 이어 나가는 것이나 다른 사람과 이야기를 나누는 것 같은 인지 작업 내지는 정신 작업에 신체적 요소가 큰 비중을 차지한다는 점이다. 학교생활을 이어 나가기 위해서는 몇 년이나 여러 시간 동안 한자리에 앉아 있을 수 있어야 한다. 책을 읽고, 수학 문제를 푸는 등의 작업을 계속 반복해야 한다. 그리고 어떻게든 그런 활동에서 만족감을 얻어야 한다. 말을 잘하려면 언어가 만들어 내는 소리를 듣고 그 소리를 그대로 따라해야 한다. 문법 규칙의 토대를 형성하는 소리 조합을 내면화해야 한다.

제대로 연습하는 법

모든 정신적인 활동은 어떤 신체적인 활동에 뿌리를 두고 있다.

유전자와 환경이 상호작용한다는 사실은 후생유전 지형의 최종 시험대라 할 수 있는 일란성쌍둥이의 사례로 우리를 인도한다. 결국 '일란성identical'은 부정확한 명칭이다. 왜냐하면 일란성쌍둥이는 유전적으로는 구분이 안 될지 몰라도 똑같은 사람이 아니기 때문이다. 같은 유전자를 지닌 쌍둥이조차도 환경에 의해 다른 방향으로 나아갈 수 있다.

12장. ——— 일란성쌍둥이는 결코 똑같지 않다

____ 처음 만나는 세 사람

쌍둥이들의 이야기에는 자연스럽게 관심이 쏠린다. 타고난 본성과 후천적 학습에 관한 이야기의 화제 장악력은 언론을 통해 종종 경험하게 된다. 여기에는 TV, 영화, 신문이 포함된다.

한 가지 예가 〈어느 일란성 세쌍둥이의 재회Three Identical Strangers〉라는 다큐멘터리다. 이 다큐멘터리는 아기 때 헤어져서 각각 다른 가정에 입양된 세쌍둥이의 삶을 기록한다. 세쌍둥이가 입양된 가정들은 사회적·경제적으로 각각 다른 계층에 속해 있었다. 한 가정은 서민층, 두 번째 가정은 중산층, 세 번째 가정은 상류층이었다. 이렇게 된 이유는 일란성 세쌍둥이가 매우 다른 가정환경에서 자라면 유전과 환경의 영향력을 평가할 수 있을 거라는 기대가 있었기 때문이다. 친부모, 입양 부모, 그리고 세쌍둥이에게 알리지 않은 채 수행된 불법적 실험이었다.

실험은 원래의 의도대로 진행되고 있었다. 세쌍둥이는 각각 분리된 채 자랐다. 연구 팀에서 한 사람이 모든 가족을 방문해 데이터를 수집했

247

다. 그러나 모든 것이 한순간에 무너졌다. 세쌍둥이가 서로 만나게 되었기 때문이다.

이들이 만난 것은 순전히 우연이었다. 세쌍둥이 중 한 명이 대학교에 입학했는데, 당혹스럽게도 캠퍼스의 모든 사람이 그를 아는 사람인 양 대했다. 그러다 그는 자신과 똑같이 생긴 사람이 그 대학교에 다닌다는 것을 알게 되었다. 그렇게 세쌍둥이 중 두 명이 대학교에서 만났다. 두 사람은 친구를 통해 나머지 한 명에 대해서도 알게 되었다. 세 사람은 외모가 너무나 닮아서 마치 거울에 비친 모습을 보는 것 같다는 사실에 놀랐다.

처음에는 닮은 점이 많은 것 같았다. 세 명 모두 특정 담배 브랜드를 좋아했고, 여자 취향도 비슷했다. 세 명 모두 고등학교 때 레슬링을 했다. 세쌍둥이가 서로 만난 뒤로 그들의 이야기는 TV와 언론에서 화제가 되었다. TV와 언론에서는 세 사람의 닮은 점을 주로 다뤘다. 셋은 함께 식당을 열었고, 유명인이 되었다.

그런데 이야기가 전개되면서 세 사람의 차이점이 점점 더 부각된다. 세쌍둥이 중 한 명은 자주 심각한 우울증에 시달렸다. 결국 그는 자살한다. 다큐멘터리는 환경이 얼마나 크게 작용했는지 진지하게 고민한다. 일란성 세쌍둥이인데 왜 한 명만 자살을 했을까? 남은 두 명은 자신들의 가정환경이 어떻게 다르게 작용해서 한 명만 자살 충동에 취약해지게 된 건지 돌아보게 된다.

유전과 환경의 영향력에 대해 이 다큐멘터리가 제기한 질문은 우리를 밤새 뒤척이게 만드는 질문이기도 하다. 제3자가 보기에 쌍둥이는 똑같이 생겼고, 행동도 비슷하고, 대개는 취향도 겹친다. 겉으로 보기에 구별하기가 쉽지 않으므로 많은 사람이 일란성쌍둥이는 완벽하게 똑같다고 생각하기도 한다. 그러나 최근 과학자들은 일란성쌍둥이에게서도 흥미로운 차이점들을 발견하고 있다.

세쌍둥이의 이야기는 다음에 다룰 사례연구의 배경 역할을 한다. 이장에서 우리는 완전히 상반되는 쌍둥이 두 쌍을 살펴볼 것이다. 마이크 브라이언Mike Bryan과 밥 브라이언Bob Bryan은 함께 자랐고, 테니스 복식 조로 활동했다. 이들이 한쪽 극단에 해당하고, 반대쪽에는 에스더Esther와 슈앙지에Shuangjie가 있다. 쌍둥이 자매로 태어났지만, 두 사람은 태어난 직후에 헤어져서 각기 다른 나라에서 자랐다. 이 두 사례를 통해 유전이 기질을 결정하고, 환경이 기질을 재편하는 방식을 엿볼 수 있다.

—— 처음 만나는 두 사람

중국에서 태어났지만 출생 직후 분리된 에스더와 슈앙지에는 매우 다른 환경에서 자란 쌍둥이의 한 예다. 2009년 바버라 데믹Barbara Demick 기자는 중국 후난성에 사는 한 어린 소녀의 이야기를 보도했다. 그 소녀는 미국에 있을 것이라고 확신하는 자신의 쌍둥이 소식을 물어 왔다. 쌍둥이는 한 살 때 분리되었다. 어머니가 쌍둥이를 돌보는 게 너무 힘든 나머지 둘 중 한 명을 형제 집에 보냈는데, 2002년 5월 가족계획 정책 담당 공무원이 방문해 그 쌍둥이를 보육원으로 보냈기 때문이다. 가족들이 그를 다시 데려오려 해 보았지만 그럴 수 없었다.

〈로스앤젤레스타임스〉 기자였던 데믹은 쌍둥이의 어머니 위안에게 잃어버린 딸을 찾아 주겠다고 약속했다. 그는 몇 가지 단서를 쫓기 시작했고, 위안의 딸이 머물렀던 보육원에서 아이를 입양한 가족들이 모여 있는 야후 채팅방을 찾아냈다. 데믹은 그곳에서 아이들의 사진을 구해 위안에게 보여 줬다. 그 중에 잃어버린 딸이 있었다. 그러나 그 딸을 입양한 미국 가족은 자신들의 딸과 중국에 있는 쌍둥이 자매가 연락을 주고받는 것을 허락할 마음이 없었다.

그로부터 10년 뒤 어느 아침, 데믹은 뜻밖의 이메일을 받았다. 중국에 쌍둥이 자매가 있는 것으로 추정되는 여자아이를 입양한 가족에 대해 알고 있다는 내용이었다. 데믹은 답장을 썼고 두 자매의 재회를 추진할 수 있었다. 데믹은 천천히, 신중하게 이 과정을 진행했다. 윤리적인 문제를 고려해야 했고, 마침내 쌍둥이 자매가 서로에게 쓴 편지를 번역해서 전달하는 데 필요한 적절한 합의를 이끌어 낼 수 있었다.

두 소녀는 편지로 각자의 삶에 대해 이야기를 나누었다. 중국에 있는 슈앙지에는 자신의 관심사인 음악, 스포츠, 서예에 대해 썼다. 에스더의 관심사는 미술, 사진, 베이킹, 패션 등 슈앙지에와 달랐다. 에스더는 자기 성취를 추구하는 미국적 태도를 지니고 있었다. 사진가로서 이미 어느 정도 입지를 다진 상태이기도 했다. 슈앙지에는 조금 더 소극적이었고 자신감이 부족했다. 아주 성실한 학생이었지만, 대입 시험에서 충분히 높은 성적을 받지 못해 대학교에 갈 수 없었고 유치원 교사가 되었다.

영상통화를 하며 두 소녀는 서로를 오래도록 뚫어지게 쳐다봤다. 두 사람은 외모가 똑같았다. 유전학에 따르면 두 사람이 똑같이 생겼을 확률은 거의 100퍼센트에 가깝다고 한다. 그러나 슈앙지에는 에스더보다 키가 5센티미터 더 컸다. 슈앙지에가 가정에서 계속 양육된 것과 달리 에스더는 보육원에서 서너 달을 보냈던 것이 어느 정도 영향을 미쳤다. 이 가장 극단적인 '자연'실험에서 우리는 환경이 중요하다는 것을 알 수 있다. 유전적으로 거의 동일한 쌍둥이가 상황에 의해 헤어져 매우 다른 길을 걸었고, 그 결과 교육 수준, 취미, 관심사에도 차이가 생겼다. 완전히 다른 맥락에서 자라는 것은 중요한 차이를 만들어 낸다. 맥락은 우리 정체성의 근원이기 때문이다.

____ 아무리 닮았더라도 똑같을 수는 없다

밥과 마이크 브라이언의 사례는 슈앙지에와 에스더의 사례와 극명하게 대비된다. 브라이언 형제는 역사상 가장 성공적인 테니스 복식 조로 활약했다. 두 사람은 119개의 타이틀을 따냈다. 윔블던 대회 3회 우승을 포함해 메이저 대회에서 16회 우승을 거뒀고, 2012년 올림픽 금메달을 비롯해 올림픽에서 세 차례 메달을 목에 걸었다. 이후 그들은 코로나19 팬데믹으로 일찍 막을 내린 2020년 시즌을 끝으로 은퇴했다.

브라이언 형제는 태어날 때부터 테니스 전설이 될 운명이었던 것처럼 보인다. 형제의 어머니 캐시는 뛰어난 테니스 선수였다. 1962년 미국 챔피언십 16세 이하 부문에서 우승을 차지했다. 이후 프로 투어에서는 단식 세계 랭킹 11위, 복식 세계 랭킹 2위까지 올랐다. 또한 윔블던 대회 혼합복식과 US오픈 여자복식에서 준결승전까지 진출했다. 캐시는 테니스 역사상 가장 오래 지속된 단식경기를 뛴 선수로서 기네스북 기록을 보유하고 있다. 그리고 그 기록은 앞으로도 깨지지 않을 것 같다. 그 후로 경기 시간이 지나치게 길어지는 것을 막기 위해 테니스 경기 규칙이 바뀌었기 때문이다. 아버지 웨인도 테니스 선수로 활동했다. 아내만큼 성공적인 커리어를 일구지는 못했지만 캘리포니아주립대학교 산타바버라캠퍼스에서 대학부 테니스 경기에 참가했고, 1970년대 초 잠시나마 프로 투어 대회를 돌았다.

테니스에 대한 관심이 확고했던 웨인과 캐시는 로스앤젤레스 북쪽 근교에서 카브릴로라켓클럽Cabrillo Racquet Club을 결성했다. 부모 모두 쌍둥이 아들들에게 얼른 테니스를 시키고 싶어 했다. 마이크와 밥은 6살에 테니스 대회에서 첫 우승을 기록했다. 브라이언 형제는 함께 테니스를 쳤을 뿐 아니라 현역 시절의 거의 모든 시간을 같이 보냈다. 워낙 붙어 지내다 보니 서로 떨어져 지낸 날을 손으로 꼽을 수 있을 정도였다. 그렇게 떨어져 지낸 시간은 끝없는 전화 통화로 채워졌다. 대학에 진학한 뒤 서로 다른 기숙사에 배정되자 밥은 마이크의 방에 매트리스를 깔고 바닥에서 잠을 잤다. 두 사람을 상대하는 다른 복식 조는 두 사람 사이에 텔레파시가 통한다고 느꼈다. 두 사람은 전략에 대해 대화를 나누는 일이 드물었지만, 서로가 무엇을 할지 알고서 마치 한 몸처럼 움직였다. 대다수 복식 조는 그렇게 하기가 쉽지 않았다.

브라이언 형제는 일란성쌍둥이이긴 했지만, 완벽하게 똑같지는 않았다. 밥의 키는 193센티미터이고, 마이크는 키가 2센티미터 더 작고 몸무게도 덜 나간다. 밥은 왼손잡이, 마이크는 오른손잡이이다. 두 사람 다 한 손 백핸드를 휘두르지만 스윙 스타일이 살짝 다르다.

테니스 능력을 시험으로 측정할 수 있다면 두 사람의 수행 능력이 거의 동일하다고 나올 것이다. 그러나 둘이 그런 경지에 도달하기까지의 경로는 동일하지 않다. 두 사람이 사용하는 특정 도구 조합과 그 도구들이 통합되는 방식이 다르다. 밥은 강력한 서브를 지녔고 더 공격적이고 화려한 게임을 펼친다. 마이크는 서비스 리턴이 더 안정적이며, 발리 성공률이 매우 높다. 키, 몸무게, 주로 쓰는 손과 같은 신체적 차이가 플레이 스타일 차이로 나타나는 것이다.

우리가 살펴본 일란성쌍둥이들에 관한 이야기는 고작 세 가지 사례에 불과하다. 물론 그런 이야기는 훨씬 더 많이 존재한다. 그러나 여기에서 다룬 세 가지 이야기는 인간의 발달이란 환경과 개인이 함께 추는 댄스라는 점을 보여 준다. 환경적 요소와 개인적 요소, 그 두 가지가 모두 중요하다. 어느 쪽이 더 우세한지를 탐구하는 것이 과학적인 관점에서는 타당하게 보일 수도 있다. 과학자로서 우리는 단 한 가지 요인만 집중적으로 파고들거나 한쪽이 다른 한쪽보다 얼마나 더 중요한지를 알아내기 위해 다양한 공식을 적용할 수도 있다. 에릭손은 여기서 살펴본 쌍둥이 이야기들이 하나같이 연습의 중요성을 보여 준다고 생각했을 것이다. 중국어로 글을 쓸 수 있으려면 시간을 들여 한자 쓰는 법을 배워야 한다. 사진작가가 되고 싶다면 시간을 들여 직접 사진을 찍어 보고, 어떻게 하면 더 잘 찍을 수 있는지에 관한 피드백을 받아야 한다. 테니스 선수가 프로 선수가 되고 싶으면 테니스 연습을 해야 한다.

결론적으로, 어떤 두 사람이 동일한 점수를 받았다 하더라도 그 점수에 도달하는 길은 동일하지 않을 수 있다. 두 사람이 일란성쌍둥이라 해도 말이다. 사람들은 다른 방식으로 글을 쓰거나 같은 작업을 하더라도 살짝 다른 전략을 사용할 수 있다. 그리고 바로 여기에 인간 존재의 아름다움이 깃들어 있다. 이토록 무궁무진한 유연성, 적응 능력이야말로 우리 인간에게 주어진 선물이다. 같은 결과물이라고 해도 그에 이르기까지 수많은 작은 조각들의 조합이 이루어진다. 오히려 서로 잘 들어맞지 않는 조각들이 서로 뒤섞이고 녹아들면서 우리가 뭔가를 성취하도록 돕는다. 그래서 숙달의 경지로 가는 우리의 길은 각자에게 고유한 것이고, 그런 조합의 결과물이 그 길의 본질이자 원동력이다.

13장. ——— 우리 안의 두 자아

___ 하나의 자아에서 다른 자아로

연습을 대체할 수 있는 것은 없다. 브라이언 형제는 몇 시간이고 테니스 훈련을 했다. 댄은 골프 스윙을 완벽하게 다듬기 위해 많은 시간을 투자했다. 스티브 팰룬은 많은 시간을 들여 숫자 배열 암기를 연습했다. 안데르스 에릭슨의 초기 연구 중 하나에서는 최상위 음악가, 상위 음악가, 평범한 음악가들의 의식적 연습 시간 차이를 살펴봤다. 마리아 라이테러가 살펴본 다중언어 구사자들은 자신이 실생활에서 직접 접하지 않는 언어도 배우고자 하는 동기가 충만했다.

그렇게 연습하는 동안 그들은 매우 작은 부분들을 손보기도 한다. 그런 작은 부분들에는 손목을 어떻게 움직이는가, 각 숫자별로 어떤 유형의 심상을 떠올릴 것인가 등이 포함된다. 음악가들은 특히 까다로운 연주 구간을 많은 시간을 들여 연습하기도 한다. 나 또한 자동차를 운전하는 동안 많은 시간을 CD에서 나오는 독일어 구문을 반복해서 소리 내 말하면서 보냈다. 브라이언 형제는 시합 전 준비운동으로 아주 가까운 거리에서 번개같이 빠른 속도로 공을 서로 주고받았다.

몇 년 전 테니스 연습을 아주 많이 한 뒤로 나는 매우 특이한 점을 눈치채기 시작했다. 테니스에서 가장 기본적인 과제인 공 치기를 수행할 때 그에 대한 심적 이미지가 떠오르지 않았다. 아무리 주의를 집중해도 공을 의식적으로 볼 수가 없다. 공이 라켓 스트링에 닿기 직전에 공을 놓친다. 그런데도 아무 문제없이 공을 칠 수 있다.

나는 공을 칠 준비를 할 수 있다. 두 발을 움직여 위치를 잡을 수 있다. 연습을 계속하고 싶다고 결심할 수도 있다. 이는 지시하는 자아가 하는 일이다. 그런데, 공이 라켓에 닿는 바로 그 순간을 의식적으로 통제할 수가 없다. 공이 그냥 나의 인식 영역 밖으로 사라져 버린다.

자아가 둘이라는 이야기가 이상하게 들릴 수 있지만, 우리 뇌가 어떻게 작동하는지를 생각하다 보면 많은 의문이 생길 수밖에 없다. 행동을 통제할 수 없다면 어떻게 발전할 방법을 배울 수 있는 걸까? 특히, 경쟁으로 인한 스트레스를 관리할 수 있으려면 어떤 조건이 갖춰져야 할까? 어떻게 압박감 속에서도 작업을 수행할 수 있는 것일까?

──── 수행붕괴

너무 열심히 노력하는 것이 문제가 되는 이유는 그로 인해 어려움을 겪을 때가 많기 때문이다. 내 기억에 생생하게 박인 장면 중 하나는 지역 토너먼트에서 테니스 경기의 막바지에 이르렀을 때 일어난 일이다. 테니스에서는 한 세트를 따려면 여섯 게임을 이겨야 한다. 그리고 이때 상대 선수와 최소한 두 게임 차가 나야 한다. 만약 스코어가 5 대 5가 되었다면 7 대 5를 만들어야 그 세트를 가져올 수 있다. 과거 선수들은 누군가 두 게임을 연속으로 이길 때까지 계속 시합을 이어 나갔다. 윔블던 대회에서 존 이스너John Isner와 니콜라 마위Nicolas Mahut가 좀처럼 결판을 내지 못해 사흘에 걸쳐 이어 나간 테니스 경기에 대해 들어 보았을 것이다. 당시 윔블던 대회에서는 마지막 세트에는 타이브레이크tiebreak를 적용하지 않았다. 타이브레이크는 이렇게 한없이 경기가 이어지는 것을 막기 위해 도입한 제도다. 윔블던 대회조차도 결국에는 항복하고 규정을 바꾸어 마지막 세트에서 양쪽 스코어가 10 대 10이 된 경우에 먼저 12점에 도달하는 쪽이 이기는 12점제 타이브레이크를 적용하기로 했다.

한 세트를 치르는 동안 스트레스가 잔뜩 쌓여 신경이 다 타 버린 상태에서 타이브레이크에 들어간다. 타이브레이크에서는 7점을 먼저 내는 사람이 이긴다. 지금까지 쏟아부은 모든 것에 대해 승리를 쟁취하기까지 7점이 남은 동시에 패배를 안기까지도 7점이 남았다. 문제는 상대 선수와 2점 차를 벌려야 이길 수 있다는 것이다. 일단 6 대 6이 되면 연속으로 2점을 따야 그 세트를 가져올 수 있다. 이것을 서든데스sudden death라고도 부른다. 승리의 기쁨을 맛보느냐 패배의 쓴맛을 보느냐가 말 그대로 한 점 한 점에 달려 있다.

내 기억 속 토너먼트에서 나는 2세트에서 그런 타이브레이크 중 하나에 갇혀 있었다. 이것은 내가 경기 전체를 가져오기까지 2점만 남겨두고 있다는 것을 의미했다. 어느 순간 나는 백핸드를 쳐야 하는 위치에 있었다. 팔을 앞으로 휘두르는데, 내 의지와 상관없이 팔이 떨리기 시작했다. 나머지 몸은 비교적 차분한 상태였지만, 너무 긴 시간 경기를 지속하느라 지쳐 있었다. 공이 가까이 오자 그 공을 완전히 놓칠 수도 있겠다는 생각에 걱정이 되기 시작했다. 나는 의식적으로 어떻게든 팔을 휘둘러서 그 공을 건너편 코트 어디에라도 떨어뜨리려고 애쓰던 것이 기억난다. 내가 테니스를 친 지는 꽤 오래되었다. 이런 백핸드는 천 번도 넘게 쳤다. 그런데도 백핸드를 처음 치는 초보자처럼 나는 의식적으로 라켓이 공과 접촉하도록 애써야 하는 신세가 되었다. 그 순간에는 그냥 네트만 넘기자는 생각이었다.

우리는 모두 경기를 치르던 와중에 수행 능력이 확 떨어지는 경험을 한다. 존 매켄로의 표현을 빌자면 누구나 숨이 턱 막히는 순간이 있다. 그랜드슬램 챔피언은 숨이 막히는 일이 상대적으로 적을 뿐이다. 이것을 더 우아하게 표현하자면, 중압감에 시달리면서 시합을 치를 때에는 누구나 수행 능력 저하라는 위험에 노출된다.

시안 베일록Sian Beilock은 자신의 저서 『숨 막힘Choke』에서 상급 축구 클럽 입단 테스트를 받았을 때를 회상한다. 베일록은 경기를 뛸 준비가 되어 있었고, 신체적으로도 경기를 잘 풀어 나가기에 충분한 기량을 갖추고 있었다. 그러다 어느 순간 모든 것이 무너지기 시작했다. 자신의 기대에 한참 못 미치는 경기를 펼치기 시작했다. 축구 세계에서 자신이 원하는 것만큼 위로 올라가지 못했다.

물론, 베일록을 실패자로 여겨서는 안 된다. 그러한 경험으로부터 그의 연구에서 핵심적인 역할을 하는 많은 질문이 나왔고, 그런 질문과 연구가 쌓여서 두 권의 책과 수많은 논문을 쓰게 되었다. 시카고대학교에서 잠시 교수로 부임했다가 바너드칼리지 학장이 된 그는 2023년 다트머스대학교 학장이 되었다. 결국 베일록의 입장에서는 일이 잘 풀린 셈이다.

베일록은 자신의 논문에서 압박감을 받으면 오히려 수행 능력이 올라가는 것처럼 보이는 사람들이 있다고 지적한다. 걸린 것이 많으면 많을수록 더 큰 성과를 올린다. 어떻게 그런 게 가능할까? 무엇이 수행붕괴choking를 겪지 않도록 막아 주는가? 베일록은 최고의 수행 능력을 발휘하는 방법에 대한 아이디어들을 제시한다. 그 목록은 꽤 길다. 내가 가장 마음에 든 조언은 아주 작은 것에 당신의 주의를 집중시킬 수 있는 방법을 찾으라는 것이다

이 조언을 실천하기 위해 내가 익힌 한 가지 요령은 공이 닿기 직전 내 라켓 스트링에 주의를 집중하는 것이다. 테니스 라켓 스트링에 타격이 가해지기 전에 공을 제대로 보기에는 시간이 충분하지 않다. 그러나 공이 라켓에 닿기 전에 라켓을 주시하면 짧은 빛줄기 같은 공을 볼 수 있다. 그 빛줄기에 주의를 집중함으로써 번개같이 순간적으로 일어나는 일에 대한 주의력을 유지할 수 있다. 또한 머리를 비움으로써 내 몸

이 알아서 자기 할 일을 하게 놔둘 수 있다. 내가 주의를 집중해야 하는 대상에 한계를 둠으로써 나는 너무나 긴장한 나머지 팔이 발작을 일으키고 있는 와중에도 백핸드로 공을 그냥 띄울 수 있었다. 엄청나게 훌륭한 샷을 만들어 내지 못하는 내 능력 부족을 한탄하거나 즉시 승점을 따낼 수 있는 뭔가 더 대단한 샷을 치려고 애썼다면, 헛스윙을 했을 가능성이 높다. 그렇게 되지 않기 위해서 나는 그냥 단순히 공을 네트 위로 넘기는 것에 주의를 집중했다.

우리 각자의 안에 두 명 이상의 사람이 존재한다고 이야기하는 것이 다소 이상하게 들릴 수 있다. 그러나 이것이 완전히 새로운 이야기는 아니다. 모든 레벨의 토너먼트에서 여러 차례 우승한 명예의 전당 헌정 테니스 선수 이반 렌들Ivan Lendl은 처음부터 그렇게까지 강한 선수는 아니었다. 첫 두세 번의 메이저 대회 결승전에서 그는 당시 상위권에 있던 선수들에게 패배했다. 좌절한 그는 자신에게 유리하게 작용할 수 있는 뭔가를 찾기 시작했다.

이반 렌들은 테니스 경기 중 맞닥뜨리는 어려움을 극복하기 위해 스포츠 심리학자를 만났다. 상담 시간에 심리학자는 그에게 스스로를 3인칭으로 두고 이야기하는 법을 가르쳤다. 렌들은 일상에서 이런 식으로 말하면서 다녔다. '렌들이 이걸 하고 있다. 렌들이 저걸 하고 있다.' 평소에 그런 연습을 한 덕분에 테니스 코트에 들어선 뒤에도 자신의 정신에서 의식적인 부분과 분리되어 테니스를 치는 무의식적인 부분을 만들어 낼 수 있었다.

나도 남들과 다르지 않다. 쉬운 샷이었는데 헛스윙으로 놓쳐 버린 적도 많았다. 한번은 타이브레이크 상황에서 또다시 세트를 가져올 수 있는 세트 포인트를 얻었다. 상대 선수는 다리에 쥐가 나서 절뚝거리고 있었다. 상대가 더 이상 제대로 걸을 수가 없었으니, 상대편 코트 전체가 무방비 상태나 마찬가지였다. 그런데 내가 헛스윙을 했다. 화를 낼 수도 있었다. 하지만 나는 내가 거기서 제대로 된 샷을 치지 못했다는 사실이 진심으로 놀라울 뿐이었다. 마치 현관문까지 걸어가서 문을 발로 찼는데, 문이 열리지 않은 것과도 같았다. 현관문 앞까지 갔는데, 어째서 문을 열 수 없었던 것일까?

자아들 사이의 이런 전투는 신경생물학적 조건 때문에 일어난다. 우리에게는 무엇을 하라고 지시하는 자아와 그것을 수행하는 자아가 각각 존재한다. 지시자의 문제는 그가 종종 수행에 개입하고 싶어 한다는 것이다. 수행자가 자기 할 일을 제대로 해낼 것이라고 믿지 않는 것이다. 그러면 우리는 몸이 억지로 뭔가를 하도록 애를 쓰게 된다. 앞서 봤듯이 우리 뇌의 피질 시스템은 대부분 하위 수준 시스템과 단단하게 연결되어 있다. 수행에 관해서 지시자는 아주 일반적인 지시만 내릴 수 있다. 그런 다음 수행자가 자신의 임무를 수행하도록 두어야 한다. 여기서 딜레마가 생긴다. 이 두 자아를 어떻게 조율해야 하는가? 뇌과학이 우리에게 어느 정도 답을 준다.

우리 뇌는 모듈식 주택 같은 것이 아니다. 그냥 콘크리트를 붓고, 벽을 세우고, 방을 나누고, 문을 단 다음, 내부를 채우기 시작하면 되는 것이 아니다. 우리 뇌는 오랜 세월에 걸쳐 하나가 되었다. 뇌에 편입되는 새로운 시스템은 모두 그 전에 뇌에 있었던 옛 시스템에서 정보를 받아들이는 과정을 수용해야만 한다. 부엌으로 가기 위해서는 반드시 부엌보다 먼저 지어진 지하실을 통과해야만 한다고 생각해 보자. 그리고 위층으로 가려면 지하실, 부엌, 거실을 통과해야만 마침내 침실에 갈 수 있다. 다소 제약이 따르는 것이다. 우리 뇌는 정보를 전송할 때 아주 특정된 방식으로 이를 실행한다고 생각하면 된다.

거의 모든 기본 운동 통제 양식은 우리 뇌의 피질하부를 거치도록 설정되어 있다. 눈을 감은 채로 어떤 복합적인 운동 과업을 수행한다고 상상해 보라. 골프채를 휘두르는 상상을 해 보라. 새로운 댄스 동작을 익힌다고, 새로운 곡을 부르려고 시도한다고 상상해 보라. 그 모든 경우에 이런 고등 수준의 패턴을 생성하기 위해서는 먼저 하위 수준 회로를 거쳐야 한다. 이런 분리 덕분에 자신이 모르는 것을 하는 것, 느끼는 것이 가능하다. 앞서 나는 테니스공이 라켓과 접촉하기 직전에 내 시야에서 공이 사라지곤 한다는 이야기를 했다. 어떤 사람들은 시야에서 완전히 사라진 것을 여전히 볼 수 있다.

보면서도 보지 못하는 사례 중 하나가 이른바 맹시blindsight(시야에 있

는 자극은 볼 수 없지만 손으로 가리키는 등 그 위치를 지적할 수 있는 상태 - 옮긴이)
다. 이 현상을 겪는 사람들은 머리 뒤쪽 뇌의 바깥층에 있는 시각 영역
이 손상된 상태다. 시각 정보를 수용하는 영역이 손상되었으므로 시야
에 구멍이 나 있다. 엄청나게 큰 맹점blind spot이 존재하는 것과도 같다.
그 구멍이 너무나 커서 한쪽 편 전체가 보이지 않는 사람들도 있다. 이
런 사람들은 연구자들이 보이지 않는 쪽에 빛과 같은 자극물을 줘도 아
무것도 보이지 않는다고 보고한다. 요컨대, 맹시의 맹점인 셈이다.

그런 답을 들은 연구자들은 시각 자극물이 어디에 있을지 추측해 보
라고 요청했다. 놀랍게도 뇌 손상에 의한 이 실명은 극복될 수 있었다.
맹시가 있는 사람들은 여전히 아무것도 보이지 않는다고 보고했지만,
임의로 찍어서 말하는 것보다는 훨씬 더 높은 확률로 자극물이 어디에
있는지 정확하게 맞혔다. 이것이 가능한 이유는 피질하부라고 하는 시
스템 덕분이다. 이 시스템은 시각 경로에서 정보를 가져온다. 그런 다음
시야에 자극물의 좌표를 생성한다.

피질이 손상되지 않은 상태에서는 피질하부 경로와 피질 경로 모두
우리의 위치 추적에 관여한다. 피질하부 시스템은 처리 속도가 빠르고,
첫 번째로 우리의 시력을 조정하는 경로가 된다. 그 직후에 두 번째 시
스템인 피질 시스템이 정보를 처리한다. 어디에 무엇이 있는지에 대한
우리의 의식적 경험은 이 피질 시스템에서 유래한다. 실제로 피질하부
시스템은 우리의 의식 바깥쪽에 있다.

이러한 맹시를 통해서만 무의식 영역의 시야가 존재한다는 것을 알

수 있다. 앞서 나는 수행자라는 표현을 썼다. 그러나 현실에서 수행자는 감각자이면서 수행자다. 이런 하위 수준 시스템은 실제로는 우리가 미처 알아차리지 못한 상태에서 우리를 움직일 수 있다. 우리는 이것을 수행자 자아라고 생각할 수 있을 것이다. 테니스 선수들이 쉬운 샷을 놓쳤을 때 탓하는 바로 그 자아 말이다. 이제 남은 질문은 '지시자는 누구인가?'다.

── 외부 층의 작용

지금까지 우리는 연구자들이 피질하부라고 부르는 뇌의 내부 층에 초점을 맞췄다. 이곳은 생애 초기에 배선이 연결되는 부위다. 문제는 바깥쪽 작용. 즉 우리에게 무엇을 하라고 지시하는 뇌 부위는 어떻게 동력을 공급받고 작동하는가 하는 것이다. 이것을 더 잘 이해하기 위해 마크 존슨의 연구를 다시 살펴보자. 존슨은 콘라트 로렌츠가 새끼 오리에게서 관찰되는 각인이라는 관념을 가져다가 인간 신생아에게 적용해 대중화시킨 연구자다.

콘스펙conSpec과 콘런conLearn이라는 두 시스템은 각각 관장하는 영역이 다르다. 출생 직후에 발달하는 콘스펙은 우리에게 올바른 방향을 지시하는 역할을 한다. 피질에 있는 콘런은 다양한 감각기관으로부터 정보를 가져온 다음에 이를 운동 정보와 조합한다. 아동기부터 성인기까지 우리는 몇 번이고 재조직 과정을 거친다. 얼굴과 기타 사물을 식별할 수 있다. 그러다 이런 식별 기능의 한 유형을 활용해서 단어를 읽는다. 성인이 되면 우리는 온갖 것에 대한 전문가가 된다.

최신 디지털 기기를 다루면 우리 정신이 어떤 식으로든 더 민첩해져서 마치 끝없이 이어지는 듯 보이는 주변 기기의 업데이트와 변화에 대응할 수 있게 되는 게 틀림없다. 내 아내 나오미는 늘 컴퓨터 프로그램에 대해 불평하곤 했다. 그러면 나는 아내를 도울 방법을 찾아야 했다. 현재 아내는 세 개의 다른 전자 의학 기록 시스템을 다룰 줄 안다. 아무 문제 없이 소셜미디어를 관리하고 아주 쉽게 유튜브 영상을 시청하고 우리 집 애플 TV를 매우 잘 다룬다. 줌을 사용할 수 있고 중간에 문제가 발생해도 해결할 수 있다. 아내는 컴퓨터를 싫어했지만, 지금은 어딜 가도 컴퓨터가 있기 때문에 적응할 수밖에 없었다. 모든 자동차에 온갖 화려한 기기들이 장착되어 있다. 그리고 나는 훈련 효과를 목격한다. 때로는 디지털 기기가 아내를 바보로 만들던 시절이 있었다는 사실을 잊는다.

어떤 시스템이 이런 고등 수준의 과업에 관여하는가? 누가 누구에게 지시를 하는지를 따지다 보면 이상한 질문을 던지게 된다. 그러니 이 질문을 살짝 재구성해 보자. 뇌의 어느 영역이 우리가 새로운 것을 배우도록 돕는가? 실제로 이 질문에 답하는 건 조금 더 쉽다.

마크 존슨이 제안한 뇌 발달 모형에서는 나이가 들면 뇌가 점점 더 전문화된다고 주장한다. 이런 뇌의 전문화 과정에서 뇌 활동의 형태도 변화한다. 뇌의 발달 초기에는 각 영역이 그 주변의 활동과 밀접하게 연결되어 있다.

다시 언어에서 예시를 들어 보자. 캐서린 디무스는 아이들이 언어의 소리를 어떻게 쪼개는지에 초점을 맞춰 연구했다. 영어 사용자는 대개 두 단어를 아우르는 2음절 포락선two-syllable envelope을 익히게 된다. 따라서 영어 사용자는 어릴 때 'the car'를 하나의 언어 단위로 받아들인다. 반면에 스페인어 사용자는 어릴 때 3음절 포락선three-syllable envelope을 익힌다. 'el carro'와 같은 언어 단위가 그 예다. 이런 포락선으로 소리를 조합하기 시작하면서 아이들은 그 언어의 문법을 배운다. 만약 우리가 현미경의 배율을 확 높여서 뇌를 관찰하면 구술 언어에 관여하는 영역이 이런 활동을 다루고 있을 것이다. 소리 패턴이 쌓이면서 측두엽 영역의 활성화는 점점 더 다른 영역과 공동 활성화 되는 빈도가 높아지면서 확장되기 시작한다.

감각 처리 과정에 관여하는 영역, 그리고 이후에는 운동 처리 과정에 관여하는 영역이 먼저 미세 조정을 거친다. 그런 다음 그 영역들이 다른 영역들과 상호 연결되기 시작한다. 3세 아동은 단어들이 어떻게 조합되는지 이해할 것이다. 10년 뒤에 그 아이는 자전거를 타면서 다른 사람과 대화를 나누는 법을 익힐 것이다. 시간이 더 지나면 말하면서 운전하게 될 수도 있다(물론 스피커폰 기능을 이용해서 말이다). 언어가 다른 활동에 삽입되면서 그와 관련된 뇌의 영역이 점점 더 그 영토를 확장하기 시작한다.

톰 바이어의 작은 공 접근법에서도 이와 유사한 과정을 발견할 수 있다. 톰 바이어는 축구에서 핵심 열쇠는 작은 공을 조작하는 기술이라고 생각했다. 그의 아이들은 아주 어릴 때부터 발로 작은 축구공을 이리저리 몰고 다니면서 걷는 법을 배웠다. 여기에 관여하는 영역들이 뇌의 운동 영역과 감각 영역에 집중되어 있으리라는 건 쉽게 짐작할 수 있다. 아동의 공 다루는 기술이 향상되면서 이들 영역은 관련 뇌 활동을 세밀하게 다듬는다. 그리고 이후 축구는 점점 더 복합적인 정보를 생성한다. 처음에는 다른 사람에게 패스를 하거나 패스를 차단하는 법을 배울 것이다. 그러다 수비와 공격 대형을 익히는 것으로 진화한다. 어른이 되면 상급 선수들은 경기 시간, 상대 선수, 점수를 의식하게 될 것이다. 이런 유형의 정보는 계속해서 더 복잡해지고, 뇌에서 점점 더 넓은 영역을 끌어들인다. 존슨은 이렇듯 우리가 뇌에서 기본 중의 기본에 해당하는 감각 영역 및 운동 영역에서 벗어나 상호 연결된 훨씬 더 큰 망으로 이동한다는 관념을 **상호적 전문화**interactive specialization라고 부른다.

이제 도입부에서 소개한 감각자-수행자로 돌아갈 수 있다. 어떤 의미에서 수행자는 아동과 같다. 진화론에 비춰 본다면 초기 영장류에 가까운 뇌다. 수행자는 하위 수준의 처리 과정을 거친다. 적어도 단독 기술에 대해서는 그렇다. 점점 나이가 들면 복잡한 과업의 부담을 줄이는 데 도움이 되는 순환 고리를 형성할 수 있다. 1장에서 나는 체스 선수들이 체스판에 놓인 말의 배치만 보고도 자신이 공격하는 입장인지 수비하는 입장인지를 금방 '느낀다'는 점에 대해 논의했다. 대다수 게임에서 체스 선수는 경기에서 이기기 위해 그런 지식 저장고를 십분 활용한다. 자주 대진한 적과 경기를 할 때는 상대 선수에 맞춰 전략적으로 경기를 풀어 나갈 것이다.

따라서 어른이 된 후에 전문가가 되기 위해서는 자동적 정보에 대응하는 법을 배우는 과정이 필요하다. 전문가를 대상으로 한 연구에 따르면 일찍이 기술 학습은 일종의 뇌 부담 경감으로 연결된다고 한다. 전문가들은 대개 감각하기와 수행하기를 관장하는 더 좁은 범위의 뇌 영역을 사용하는 경향이 있다. 반면에 비전문가는 뇌의 여러 영역을 사용하는 경향이 있고, 어려운 과업에 필요한 영역을 더 광범위하게 끌어다 쓴다. 물론 이것은 익숙한 상황에서 효과적이다. 낯선 상황에서는 모든 것이 달라진다. 전문가조차도 숨이 턱 막히면서 얼어붙을 수 있다.

—— 시험대에 오른 전문가

가리 카스파로프Garri Kasparov는 현역 시절 체스 챔피언들의 챔피언이었다. 1984년 스물두 살의 나이에 그는 당시 세계 최연소 챔피언이 되었다. 현재까지 카스파로프보다 더 높은 세계 랭킹 지수를 기록한 체스 기사는 망누스 칼센Magnus Carlsen이 유일하다. 카스파로프는 2005년 은퇴할 때까지 인간 선수를 상대로는 절대적으로 우월한 승률을 유지했다.

카스파로프를 대중적으로 유명 인사로 만든 것은 그의 체스 커리어가 정점에 오른 1997년에 치른 경기였다. 가리 카스파로프에게 최악의 적수는 인간이 아니라 딥블루Deep Blue라는 IBM 컴퓨터였다. 당시 딥블루에 주어진 유일한 임무는 체스 경기를 하는 것이었다. 딥블루는 너무나 빠르고 강력해서 많은 체스 경기를 속전속결로 끝냈다. 이전까지 인간을 이긴 컴퓨터는 없었다. 카스파로프는 계속 그런 상태가 유지되도록 딥블루를 이길 생각이었다.

카스카로프와 딥블루의 첫 경기에서 카스파로프는 가까스로 승리를 거뒀다. 그는 딥블루가 기본적으로 과거의 유명한 체스 경기 정보를 활용해서 수를 둔다는 것을 금방 알아차렸다. 딥블루에게 이기기 위해 카스파로프는 비전통적인 방식으로 경기를 펼치면서 딥블루를 혼란에 빠뜨리려고 노력했다. 첫 대결에서는 카스파로프의 비전통적인 경기 방식이 통했다.

두 번째 대결은 그렇게 순조롭게 풀리지 않았다. 카스파로프는 경기 초반에 결정적인 실수를 저질렀다고 전해진다. 심지어 어떤 사람들은 카스파로프가 점점 긴장하면서 수행붕괴 상태에 빠졌다고 말한다. 결과와 상관없이 카스파로프는 경기를 계속 진행하려면 아주 집중해서 많은 노력을 들여야 한다는 것을 깨달았다. 인간 적수를 상대로 통했던 기술만으로는 더 이상 딥블루를 이길 수 없었다. 이 두 번째 대결에서 이기기 위해 카스파로프는 본능에 기대기를 멈추고 자신의 문제 해결 기술을 소환해야 했다.

울리케 바스텐Ulrike Basten과 크리스티안 피바흐의 연구는 지적 작업에 관여하는 뇌 회로에 초점을 맞췄다. 이 뇌 회로는 특정 뇌 영역에 모여 있다. 바로 하부 두정엽inferior parietal lobe과 배외측 전전두피질dorsolateral prefrontal cortex로, 이곳에서는 감각에서 받아들인 정보를, 반응을 만들어 내는 데 사용되는 정보와 결합하는 작업을 보조하는 회로가 형성된다. 이 두 영역은 매우 어려운 작업을 수행할 때 활성도가 높아지는 것으로 알려졌다. 난이도가 높은 지적 과제에는 유연성이 어느 정도 필요하다. 기억의 내부 깊숙한 곳에 접속해 새로운 방법을 찾아 나서야 한다.

카스파로프의 하부 두정엽과 배외측 전전두피질에서 폭풍이 휘몰아친 것이 틀림없다. 그는 자신이 상대했던 어떤 선수보다도 뛰어난 적수를 이길 방법을 찾았다. 카스파로프는 당시 세계 최고의 체스 선수로 꼽히고 있었다. 그가 사용한 신경 회로는 우리가 새로운 과업을 시작할 때마다 반드시 사용하는 회로였다. 가끔은 감각자-수행자에게 의지할 수 있지만, 항상 그런 것은 아니다. 때로는 생각을 해야만 하고, 그럴 때는 지시자가 필요하다.

운이 좋다면 지시자의 지시와 수행자의 수행이 일치할 것이다. 그런 조화 상태에서는 최상의 기량이 나온다. 그러나 때로는 불협화음이 나기도 한다. 기량을 최대한 발휘할 수 없게 되는 것이다. 나는 그렇게 어려움에 맞닥뜨리는 순간에는 매우 작은 것에 초점을 맞추라고 조언한 바 있다. 참고할 만한 또 다른 전략은 스스로를 3인칭으로 지칭하면서 자기 대화를 나누는 것이다.

바스텐과 동료들의 연구는 그런 어려운 구간에서 매우 열심히 작동하는 거대 회로도 또 하나의 전략이 될 수 있다고 제안한다. 이제 우리에게 남은 질문은 이들 뇌 영역이 실제로 그 작업을 신체적으로 수행하는 과정에도 관여하는가 하는 것이다. 인지적 스트레스의 원리가 신체적 수행 스트레스에도 적용될 수 있을까?

—— 경기장에서의 갈등

압박감을 느끼면서 테니스 서브를 넣는 것과 유사한 상황을 다른 스포츠에서도 찾을 수 있다. 바로 축구의 페널티킥이다. 페널티킥 상황에서는 자신의 발로 축구공을 완전하게 독점하는 선수, 즉 키커와 그 공이 골대 안으로 들어가는 것을 막기 위해 무슨 수단이든 사용할 수 있는 골키퍼가 일대일로 맞선다. 키커는 골대의 중앙으로부터 11미터 떨어진 곳에 선다. 심판의 휘슬이 울리면 키커는 준비 동작을 하고 한 발을 뒤로 빼고는 뻥, 공을 날린다. 공은 골대에 들어가거나 골대를 벗어나거나 골키퍼에게 가로막힌다. 키커가 느끼는 압박감은 전체 경기의 승패가 몇 차례의 페널티킥으로 결정되는 승부차기에서 훨씬 더 커진다.

최근 한 연구는 기능근적외선분광법functional near infrared spectroscopy, fNIRS
이라는 최신 기법을 사용해서 페널티킥 중 키커의 뇌 활동을 살펴봤다.
fNIRS는 본질적으로 두개골 속으로 빛을 쏘는 것이다. 그 빛은 피질 표
면의 혈관에서 반사되며, 센서가 반사된 빛을 탐색해서 특정 영역의 혈
관 속 산소량을 측정한다.

이 연구에서 연구자들은 감각 반응과 운동 반응에서 나오는 정보를
조합하는 영역인 전전두피질prefrontal cortex에 센서를 부착했다. 전전두피
질은 바스텐과 동료들이 IQ 시험 성적과 관련이 있다고 본 신경 회로의
전두축frontal axis이다. 또한 왼쪽 운동 피질과 왼쪽 측두엽 피질에 센서를
부착했다. 그런 다음 키커에게 각각 골키퍼가 없는 골대, 같은 편 골키
퍼가 서 있는 골대, 상대편 골키퍼가 서 있는 골대에 슛을 하도록 요청
했다. 시험 대상자에게 더 큰 압박을 가하기 위해 상대편 골키퍼가 있는
상태에서 골을 넣으면 상품권을 제공해서 결과에 걸린 보상을 높였다.
선수 경력이 긴 집단과 선수 경력이 짧은 집단으로 나눠 실험했다. 마지
막으로 모든 선수는 슛을 쏠 때 느낀 불안감을 측정하는 조사에 응했다.

실험 결과, 불안감을 느낀 선수들은 그렇지 않은 선수들에 비해 전
전두피질과 운동 피질 두 영역이 모두 더 많이 활성화되었다. 마치 뇌가
갈등 상황에 놓인 것 같았다. 계획 수립과 슛 실행 양쪽 모두에 더 많은
에너지를 배분하려고 노력하는 것 같았다. 경력이 짧은 선수 집단은 골
을 성공적으로 넣었을 때 측두엽 피질에서 변화가 관찰되었다. 측두엽
피질은 언어와 관련이 있는 부위다. 이런 어려운 상황에서 말을 하는 것

이 경험이 부족한 선수들에게는 도움이 될 수 있다는 것을 시사한다.

연구자들이 뇌 신호를 기준으로 대상자를 분류하자 경력과 불안감 둘 다 운동 영역의 뇌 활동과 상관관계가 있다는 사실이 드러났다. 전전 두피질은 골 성공률과 관련이 있었다. 여기서 우리는 뇌 안에 존재하는 두 자아를 볼 수 있다. 수행자는 과업 실행을 처리하느라 바쁘다. 운동 피질은 물리적 결과를 만들어 내는 신체 부위를 움직인다. 그와 동시에 불안 또한 운동 피질을 활성화시키는 동인이 된다. 불안감을 느끼는 선수들은 그렇지 않은 선수들에 비해 뇌가 더 많이 활동해야 똑같은 골을 실행할 수 있다. 이때 전전두피질은 우리가 운동 동작을 얼마나 잘 실행하는가와 관련이 있다.

두 자아의 전투는 우리가 수행하는 과업의 모든 측면에 스며들어 있다. 인간인 우리는 우리가 하는 일을 조율해야 한다. 이 과정은 신체적일 수도 있고, 정신적일 수도 있다. 정신적 과제와 신체적 과제에 완전히 동일한 뇌 영역이 차출된다는 사실은 정신이 몸의 연장선상이라는 관념에 매우 잘 부합한다. 더 정확하게 표현하자면, 기술은 우리 뇌와 우리 몸이 함께 일할 때 창발한다.

만약 신체적인 것이 정신적인 것이고 정신적인 것이 신체적인 것이라면, 우리는 둘 사이에서 더 많은 연결을 찾아낼 수 있다. 만약 우리 뇌에서 두 자아가 일하고 있다는 전제를 받아들이면 우리는 여기서 한발 더 나아갈 수 있다. 그 두 자아가 더 큰 네트워크에 편입되면 어떤 일이 벌어질까? 우리의 환경이 변화하면 어떤 일이 벌어질까? 이 질문은 최근 들어 연구자와 스포츠 팬 모두가 자문하는 질문이다. 앞서 나온 챕터에서 나는 신체적인 것과 정신적인 것이 서로 관련이 있을 수 있다는 사실을 암시했다. 다음 장에서 보듯이 환경의 변화는 인지 작업과 신체 작업 모두에 영향을 미친다.

14장. —— '고령' 운동선수와 환경의 변화

: 사례연구 ❼

_____ 쉰은 새로운 서른이다

2020년 열린 슈퍼볼 경기에서 탬파베이 버커니어스Tampa Bay Buccaneers 가 캔자스시티 치프스Kansas City Chiefs를 상대로 승리를 거뒀다. 승리를 거둔 직후 톰 브래디Tom Brady는 미식축구 사상 최고 선수Greatest of All Time, GOAT로 지목되었다. 톰 브래디의 선수 생활 대부분은 뉴잉글랜드 패트리어츠New England Patriots 수석 코치 빌 벨리칙Bill Belichick과 엮여 왔다. 톰 브래디는 슈퍼볼에 아홉 번 진출했고, 그중 여섯 번은 뉴잉글랜드 패트리어츠의 쿼터백으로 뛰었다. 2020년의 슈퍼볼 승리로 그의 승률은 7할까지 올라갔다. 그 숫자는 아찔할 정도로 놀라운 것이고, 더욱 인상적인 것은 브래디가 37세부터 43세까지 쿼터백으로서의 기량을 유지하거나 심지어 발전한 것처럼 보였다는 것이다.

과거의 많은 위대한 쿼터백이 신체적으로 무너지고 말았다. 예를 들어 조 나마스Joe Namath는 NFL에서 13년을 뛴 뒤에 무릎 부상으로 은퇴해야 했다. 20년도 넘게 NFL 시즌을 치른 브래디는 여전히 신체적으로 훌륭한 상태를 유지했다. 브래디는 한때 50세까지 현역으로 뛰는 것을 고려했다. 브래디의 GOAT 지위에 대한 질문을 받은 명예의 전당 와이드 리시버 제리 라이스Jerry Rice는 이렇게 지적했다. 자신이 현역으로 뛰던 1980년대와 1990년대는 훨씬 더 몸싸움이 격렬했던 시대였다고. 최근 드루 브리스Drew Brees(42세), 필립 리버스Philip Rivers(39세), 애런 로저스Aaron Rodgers(39세), 벤 로스리스버거Ben Roethlisberger(38세) 등 브래디와 마찬가지로 현역으로 뛰는 몇몇 '고령' 쿼터백들이 등장했다. 이 목록은 다음과 같은 질문을 낳는다. 현역 쿼터백의 연령대가 이렇게 높아진 근본 원인은 무엇인가? 유전적인 것이라고 주장할 수도 있을 것이다. 더 재능이 뛰어난 운동선수들이 쿼터백이 되는 걸 수도 있다. 더 뛰어난 재능을 타고난 운동선수가 플레이도 더 잘하고, 오래 경기를 뛴다고 설명할 수 있다.

다른 한편으로는, 환경이 원인이라고 주장할 수도 있다. 지난 몇십 년간 NFL는 급격한 변화를 겪었다. 뇌진탕과 선수 간 정면충돌 사고로 위기에 빠진 미식축구는 결국 경기 규정을 개정했다. 현재 쿼터백은 미식축구 사상 가장 잘 보호받고 있다. 영양도 개선되었고, 스포츠 과학이 발달하고 체력 훈련 루틴이 바뀌었다. 그 결과 실력이 뛰어난 쿼터백이 점점 더 뛰어난 플레이를 펼치고 있다. 이는 상호 보완적으로 작용하는 환경과 선수 개개인의 유전적 기질(키, 시력, 속도, 움직임) 둘 다가 변화한 결과다.

비슷한 흐름은 다른 스포츠에서도 목격된다. 테니스에서 로저 페더러는 38세라는 나이에 최고 수준의 경기를 펼침으로써 한계에 도전하는 것처럼 보였다. 안타깝게도 그는 2021년에 두 번째 무릎 부상을 당했고, 그 여파로 2022년 9월 레이버컵Laver Cup에서 마지막 프로 경기를 치렀다. 이후 페더러는 부상으로 인해 프로 투어에 복귀하지 못했다. 그럼에도 불구하고 페더러는 프로 투어에서 세계 랭킹 10위 안에 든 최고령 선수 중 한 명이다.

페더러와 동시대에 현역으로 활동했던 라파엘 나달Rafael Nadal과 노박 조코비치는 35세까지 메이저 대회에 참가했다. 피트 샘프러스Pete Sampras는 31세에 신체적, 정신적으로 완전히 소진되어 은퇴를 선언했다. 앤드리 애거시Andre Agassi는 35세까지 버텼지만, 잦은 허리 부상에 시달린 탓에 코르티솔 주사에 의지해 겨우 선수 생활을 마무리했다. 이와 대조적으로 노박 조코비치는 34세의 나이에 딱 한 경기를 놓쳐서 한 해에 메이저 대회 네 개를 모두 우승하는 캘린더 그랜드슬램 달성에 아쉽게 실패했다. 그러나 그는 아직 건강하고 앞으로도 여러 해 더 프로 투어에서 경쟁할 것으로 기대된다. 물론 젊은 세대가 점점 더 치고 올라오면서 노박 조코비치에 대한 두려움을 떨쳐 내고 있기는 하다. 젊은 세대가 결국은 주도권을 잡게 될 것이다. 그러나 그렇게 되었을 때 그들의 연령대는 과거 챔피언들에 비해 훨씬 더 높을 것이다.

선수 생명 연장 현상은 매우 높은 수준의 수행 능력과 병행되어서 나타났다. 한 시점에는 조코비치, 나달, 페더러 세 선수 모두 각자 22개의 메이저 타이틀을 거머쥐고 있었다. 세 사람 모두 샘프러스의 14개

메이저 타이틀 기록을 한참 뛰어넘었다. 8개 메이저 타이틀이라는 애거시의 기록은 테니스 역사에서 거의 각주로나 남겨질 기록이 되어 버렸다. 더 최근의 테니스 챔피언들은 훨씬 길게 선수 생활을 이어 나가면서 더 큰 성공을 맛보고 있다.

골프에서도 비슷한 흐름이 나타난다. 댄 매클로플린은 30대에 골프를 시작했다. 과거에는 30대가 프로 골프 선수가 되는 것을 목표로 삼기에는 너무 많은 나이였을 것이다. 엘리트 프로 골퍼들은 프로 테니스 선수들처럼 일반적으로 (물론 테니스 선수들보다는 조금 늦은 나이이기는 하지만) 30~40대에 떨어져 나가기 시작했다.

2021년에는 이 추세가 바뀌어 있었다. 필 미켈슨Phil Mickelson(51세), 스튜어트 싱크Stewart Cink(48세), 리 웨스트우드Lee Westwood(48세), 리처드 블랜드Richard Bland(48세)가 PGA투어에서 계속 선수로 출전하기로 했다. 젊은 선수들만큼 공을 세게 때릴 수는 없을지 몰라도 더 영리하게 게임을 펼치는 것처럼 보였다. 젊은 선수들에게 압박을 가할 때도 많았다.

2019년 43세의 나이에 타이거 우즈는 PGA투어 사상 메이저 대회에서 우승한 두 번째로 나이 많은 선수가 되었다. 최고령 우승 기록 보유자는 46세에 메이저 대회에서 우승한 잭 니클라우스Jack Nicklaus다. 우즈와 니클라우스 모두 골프계의 엘리트 중의 엘리트로 꼽힐 것이다. 두 사람은 각각 18개와 16개의 메이저 타이틀을 거머쥐었다. 우즈가 계속 건강을 유지하면서 큰 자동차 사고를 당하지 않았다면, 충분히 니클라우스의 최고령 우승 기록도 깼을 것이다. 놀라운 것은 점점 더 많은 선수들이 우즈와 비슷하게 40대에 들어서서도 높은 수준의 경기력을 유지한다는 것이다. 니클라우스는 한때 아웃라이어로 여겨졌지만, 가까운 미래에 누군가 니클라우스의 최고령 우승 기록을 깨고 메이저 타이틀을 따지 않을까 은근히 기대하게 된다.

테니스, 미식축구, 골프에서 이런 극적인 변화가 일어난 원인으로 여러 가지를 고려해 볼 수 있다. 여러 요인들이 개별적으로 영향을 미쳤을 것이다. 그러나 샘프러스와 애거시가 아랫세대에게 희망을 줬다는 사실을 무시할 수 없다. 뛰어난 쿼터백도 같은 과정을 거쳤을 것이다. 그러다 아래 세대들이 세대 내에서 경쟁을 벌이기 시작했다. 우즈는 니클라우스에게서 영감을 얻었다. 두 사람은 나란히, 혼자서는 결코 도달할 수 없었을 경지에 도달했다. 페더러는 나이 든 선수에게서 깊은 감명을 받은 나머지 유럽 팀 대 세계 팀으로 시합을 벌이는 레이버컵 대회를 창설했다. 레이버컵이라는 대회명은 페더러의 우상인 로드 레이버 Rod Laver의 이름을 딴 것이다. 로드 레이버는 1962년에 캘린더 그랜드슬램을 달성한 뒤, 이를 1969년에 다시 반복했다. 현재 레이버는 그런 업적을 거둔 마지막 선수다.

이러한 유형의 세대 변화는 아마추어 운동선수에게서도 관찰된다. 마라톤 선수들은 훈련 비법을 공유하고 있는 듯하다. 내 장녀 키아라는 온라인에서 찾은 훈련 루틴을 지침 삼아 마라톤 대회에 출전하는 것을 고려하고 있다. 이런 새로운 관점을 지닌 개인들은 스스로 발전하면서 또한 같은 세대가 함께 앞으로 나아갈 수 있도록 끌어 주고 있다. 마치 살아 있는 두 존재처럼 개인과 환경은 거의 공생관계를 형성해서 서로의 생존에 기여할 뿐 아니라 서로 번창하도록 돕는다.

___ 지능지수상 차이

지능지수intelligence quotient, IQ는 어떤 사람이 얼마나 똑똑한지를 알려준다. 사람의 정신 작용을 측정한다는 관점에서 접근하는 **정신측정용 지능**psychometric intelligence을 수치로 나타낸다. 이는 정신측정학자가 IQ를 측정하기 위해 고안한 일련의 표준화 과업을 얼마나 잘 수행하는지를 평가하고 분석하는 지표다. 연구자들은 IQ를 도출하기 위해 여러 가지 척도를 사용한 뒤 어떤 사람의 점수가 평균에서 위아래로 얼마나 벗어나는지 그 정도를 기록한다. 점수를 표준화하기 위해 평균을 100으로 설정하고 응시자의 점수를 조정해서 일정 비율의 사람들이 특정 점수 범위에 속하도록 한다. 시험 응시자의 50퍼센트가 90~110점 사이에 들어간다. 약 16퍼센트가 80~90점, 또 다시 16퍼센트가 110~120점 구간에 들어간다. 약 7퍼센트씩이 평균에서 위아래로 다시 10점이 벗어난 구간에 들어가고, 마지막으로 2퍼센트씩은 130점 이상 또는 70점 이하 구간에 들어간다. 이 척도에서 15점이라는 점수 차는 평균 집단에 속하는지 평균 상위 집단에 속하는지를 가를 수 있는 차이다.

IQ 연구는 거의 20세기 내내 심리학 연구의 최전선에 있었다. 흥미로운 점은 우연히 IQ 데이터를 들여다본 철저한 외부인이 이 연구에 엄청난 영향을 미쳤다는 사실이다. 이 외부인은 정치학자 제임스 플린James Flynn이다. 그렇다, 당신이 잘못 본 게 아니다. 심리학에서 가장 중요한 발견 중 하나를 한 사람은 정치학자였다. 플린의 발견은 너무나 혁명적이어서 플린의 이름을 붙여 플린 효과라고 부른다.

왜 정치학자가 심리학과 교육학에서 사용하는 척도인 IQ를 연구했는지 궁금할 것이다. IQ는 20세기에 상당한 논란을 불러일으킨 정치적인 쟁점이 되었다. (적어도 20세기에 지속된) IQ의 이런 정치화의 중심에는 아서 젠슨Arthur Jensen이 있었다. 젠슨의 연구는 대부분 IQ 데이터를 측정하고 분석하는 것에 초점을 맞췄고, 인종은 전혀 고려하지 않았다. 이 분야에서 젠슨이 가장 크게 기여한 부분은 IQ 데이터를 통합하는 방식을 찾은 것이다. 그는 모든 IQ 시험에 공통된 부분을 반영하는 일반 점수를 개발했다.

그 무렵에는 젠슨의 연구가 큰 논란거리가 되지 않았다. 그러나 젠슨은 일반 점수를 생성하면서 자연스럽게 IQ를 탐구한 여러 연구들을 살펴보기 시작했다. 젠슨은 IQ가 유전과 깊은 상관관계가 있다고 믿었는데, 관련 연구들을 검토하면서 유전이 교육과는 어떤 상관관계가 있는지 생각해 보게 되었다. 이런 맥락에서 젠슨은 오드리 슈이Audrey Shuey의 연구를 접하게 되었다. 슈이는 IQ를 탐구한 382개 연구를 검토하면서 미국의 흑인 아동과 백인 아동 간 명백한 IQ 격차가 있다는 사실을 발견했다. 젠슨은 이 데이터를 가져다가 자신의 통계 도구를 적용한 결과, 인종 간 IQ 격차의 분산값에서 50~75퍼센트는 유전적 요인으로 설명될 수 있다는 결론에 도달했다.

젠슨은 지능이 관여하는 작업의 처리 과정을 두 가지 유형으로 분류했다. 레벨 1 처리 과정의 예로는 녹음 파일을 재생하는 것과 같은 단순 반복을 통한 암기가 있다. 이 수준의 처리 과정을 거치는 과업을 가장 잘 대변하는 것은 어휘집 학습이다. 사람들에게 어휘집을 준 다음 그것을 공부하게 한다. 어느 정도 시간을 준 다음 실험 참가자에게 가능한 한 많은 단어를 기억해 내게 한다. 레벨 1 처리 과정은 철자 암기하기, 수학적 사실 정보 익히기, 노래 가사 외우기 등과 같은 활동에서도 목격된다.

레벨 2 처리 과정은 훨씬 더 복합적이며, 한 무리의 대상을 일반화하는 패턴 찾기 작업 등 우리가 흔히 인지 작업이라고 부르는 것을 포함한다. 예를 들어, 당신에게 세 단어(예: 파랗다, 구름, 높다)를 불러 주고 그 세 단어에서 공통적으로 연상되는 단어를 말해 달라고 요청했다면 그것은 인지 작업에 가깝다. 다른 예로는 대수, 고등 수학, 과학기술 혁신, 발명 등을 들 수 있다. 레벨 1 지능만으로도 IQ 시험에서 꽤 좋은 점수를 받을 수 있다. 그러나 젠슨은 최근 들어 레벨 2 지능이 IQ 점수에서 점점 더 중요해지고 있다고 지적했다. 이런 고등 인지능력을 활용하면 '**파랗다, 구름, 높다**'를 하나로 연결하는 단어는 **하늘**이라는 사실을 유추할 수 있다. 인지 처리 과정을 활용함으로써 우리는 파란 하늘, 구름 낀 하늘, 높은 하늘을 연상하면서 정답을 도출할 수 있다. 젠슨은 IQ

시험에서 측정하는 이런 난도가 더 높은 과업의 수행 능력이 유전적 차이에 의해 결정된다고 주장했다. 젠슨의 논리에 따르면 백인 아동과 흑인 아동의 IQ 점수 차이는 유전적 차이에서 비롯되었다.

─── 우리 주변 환경의 변화

플린은 시간의 흐름에 따라 IQ 데이터를 들여다보기 시작했고, 그러자 젠슨의 주장에 부합하지 않는 지점들이 눈에 들어왔다. IQ는 매십 년마다 3포인트씩 상승하고 있었다. 이것은 곧 50년 동안 15포인트가 상승했다는 것을 말한다. 데이터를 본 플린은 젠슨과는 매우 다른 결론에 도달했고, 젠슨의 주장에 반박하는 통계적 근거를 제시했다. 플린의 주장은 꽤 간단하다. 유전적 영향에 의한 변화는 하룻밤 사이에 일어나는 것이 아니다. 그런 변화는 수백 년, 수천 년 단위로 일어난다. IQ가 15포인트 상승한 것은 유전적 영향에 의한 변화라고 볼 수 없다. 그런데 지난 50년 동안 대다수 선진국 인구 집단의 IQ는 평균 점수에서 평균 상위 점수로 올라서는 정도의 수준으로 상승했다.

플린은 그런 상승이 비구술 IQ 척도에서 나타났다고 지적했다. 비구술 IQ 척도는 언어능력을 거의 쓰지 않은 채로 시각 패턴을 추출하는 작업으로 측정한다. 이런 작업은 우리가 과학기술과 상호작용할 때 볼 수 있다. 일단 우리가 사용하는 컴퓨터 프로그램이 떠오르고, 심지어

디지털 기기의 인터페이스도 떠오른다. 예전에는 휴대폰 배터리가 얼마나 남았는지 알기가 쉬웠다. 구형 아이폰 8 모델의 스크린 오른쪽 상단 모퉁이에 떠 있는 배터리 아이콘으로 잔량을 확인할 수 있었다. 현재 사용하는 아이폰 X 모델에서는 오른쪽 상단을 스와이프해서 내려야만 배터리 잔량을 확인할 수 있다. 예전에는 휴대폰 홈 화면이 다른 기기의 화면과 같은 모습을 하고 있었다. 지금은 휴대폰 홈 화면에는 아이콘들이 나오고, 나머지 기기들의 화면에는 마치 폴더 다발들이 모여 있는 것처럼 여러 프로그램, 지금은 앱이라고 불리는 프로그램들이 떠 있다.

휴대폰 상단을 아래로 스와이프해서 앱을 찾을 수도 있다. 오늘 날씨나 최신 헤드라인이 궁금하면 휴대폰을 켜고 스크린 중앙을 오른쪽으로 밀면 된다. 화면 밝기는 휴Hue 앱으로 조절하고, 메시지는 마이크로소프트 팀즈Microsoft Teams로 보내고, 실험실은 먼데이Monday 앱으로 관리하는 식이다.

내가 무엇을 하고 있는지 늘 생각하고 있어야 하는 상황은 내가 독일에 1년 동안 머물렀을 때의 상황과 유사하다. 당시 독일에서 나는 단순히 언어만 영어 대신 독일어를 사용해야 했던 것이 아니다. 50센트, 20센트, 1유로, 2유로 동전을 구별하는 법을 배워야 했다. 줄을 다른 방식으로 서야 했다. 심지어 문도 다른 식으로 작동했다. 또한 열 가지 다른 종류의 차를 몰아 봤고, 5개국을 운전해 돌아다녔다. 그해 말, 미국으로 돌아오자 사는 게 쉬워진 것 같았다. 내가 무엇을 하고 있는지 계속 신경 쓰지 않아도 되었다. 앞서 언급했듯이 내 아내 나오미는 디지털 기기에 대해 비슷한 경험을 한 적이 있다.

이런 환경 변화가 꾸준한 IQ 상승으로 이어졌다. 디킨스W. T. Dickens 와 플린은 이렇게 결론 내린다. "연구 결과, 표현형 IQ와 환경의 상호 인과성이 환경의 효과를 감추고 증폭하고 평균화할 수 있다는 사실을 발견했으며, 그로 인해 비교적 작은 환경 변화도 IQ를 크게 변화시킬 수 있다는 사실을 알 수 있다."

이 인용문에 모든 것이 담겨 있다. 작은 환경 변화가 시간이 지나면서 눈덩이처럼 불어난다. 사람들이 과학기술을 더 많이 사용한다. 계속 새로운 형태의 과학기술이 개발된다. 그러면 사람들은 그에 맞춰 자신의 기기와 상호작용하는 방식을 바꾼다. 이것이 반복된다. 그런 모든 작은 환경 변화들이 시간이 흐르면서 스스로 자양분이 된다. 그 결과 젠슨이 유전이 작용한 결과라고 주장했던 효과가 나타난다.

플린의 주장에 암묵적으로 깔려 있는 것은 IQ에 대한 창발주의적 접근법이다. 플린의 주장은 톰 바이어가 축구에서 주장한 내용과 유사하다. 바이어의 훈련 프로그램은 온전히 개인에게 초점을 맞추지 않았다. 바이어는 변화가 세대 단위로 일어난다고 주장했다. 기술 향상은 실제로 상향식으로 이루어진다. 최저 수행 수준 집단의 실력이 향상되면 그들이 바로 위 수행 수준 집단에 압박을 가한다. 이렇듯 동년배 집단의 변화는 결국에는 세대 단위의 변화로 이어진다. 현재 유전에 대한 행동 접근법 전체가 인간 능력의 필수적인 측면 한 가지를 놓치고 있다. 인간 능력이 시간에 따라 어떻게 변하는지를 이해하기 위해 평균을 내거나 선형적 척도를 추출하려고 시도할 수는 있다. 그러나 변화는 비선형적이다. 유기체의 성장과 확장은 곧은 선을 따라 나아가지 않는다.

현상을 어떤 척도로 측정하는 접근법은 실제로 일어나고 있는 일의 작은 부분에만 초점을 맞춘다. 측정은 어떤 의미에서는 개인이 성취하고자 노력하는 특정 과업에만 초점을 맞춤으로써 개인 내면 차원에서 벌어지는 일만을 반영한다. 결과적으로는 오직 평평한 지면으로만 세상을 묘사하려고 노력하는 것과 같다. 그런 시도를 할 수도 있지만, 그 과정에서 놓치는 것들이 생기게 마련이다.

일반 환경의 변화가 촉발한 개인의 IQ 변화는 개인의 외부 차원에서 벌어진 일이다. 테야르 드샤르댕은 이것을 인간 문화의 한 겹, 즉 우리 지구를 에워싸고 있는 누스피어noosphere로 볼 것이다. 이것은 지구의 구성球性, roundness에서 비롯된, 유기체가 이 세계와 상호작용하면서 이 세계를 변형시키는 방식이다. 이런 창발주의적 양식이 우리가 살아가는 이 세계와 우리가 이 세계와 맺는 관계에서 주된 역할을 한다.

뭔가 더 큰 존재와 연결되는 상태는 우리가 어떤 과업에 깊이 빠져들었을 때 몰려오는 감정이다. 때로는 그런 감정이 우리를 앞으로 나아가게 하는 동력이 된다. 아마도 가장 경이로운 것은 가장 암울한 시기에 성장의 길을 찾은 개인들일 것이다. 너무나 끔찍한 상황에서도 그들은 자신보다 더 큰 존재와 연결됨으로써 앞으로 나아갈 수 있었다.

15장. ———— 진화와 혁명, 그리고 숙달

____ 어둠을 뚫는 빛줄기

제2차 세계대전의 참화로 수십억 명이 목숨을 잃었고, 살아남은 자들도 빈곤 상태에 빠졌다. 어느 진영에 속했는지와 상관없이 전쟁에 휩쓸린 사람들은 사랑하는 이들을 잃었다. 특히 끔찍했던 것은 유럽 유대인 수백만 명에 대해 자행된 억류와 학살이었다. 그들은 소유물을 빼앗겼고, 강제수용소로 보내져서 노역에 동원되었다. 인간 가스실에서 마지막을 맞이하게 될 거라는 위협에 시달렸다. 굶어 죽지 않은 사람들, 살해당하지 않은 사람들은 다른 끔찍한 운명을 맞이했다. 그토록 잔인하고 피비린내 나는 전쟁에 어떤 긍정적인 면이 있다고 말하기는 어려울 것이다. 그런데 한 남자는 그런 절망적인 경험에서 희망을 찾을 수 있었다.

내가 읽은 책 중 최고로 꼽는 책 중 하나는 이런 섬뜩한 뒷이야기를 다루고 있다. 홀로코스트 강제수용소에서 가장 긍정적인 이야기 중 하나가 탄생했고, 전 세계 사람들이 그 이야기를 읽었다. 바로 빅터 프랭

293

15장 · 진화와 혁명, 그리고 숙달

클Victor Frankl의 『죽음의 수용소에서Man's Search for Meaning』(청아출판사, 2020)다. 이 책에서 그는 당시에 자신이 강제수용소에서 한 경험을 상세히 서술한다.

나는 청년 시절 이 책을 영어로 읽고 큰 감동을 받았다. 최근에는 독일어 개정판을 샀는데, 오스트리아 작가이자 평론가인 한스 바이겔Hans Weigel이 추천사를 썼다. 바이겔은 유대인이다. 오스트리아가 나치 독일에 합병되었을 때 스위스로 탈출했고, 그래서 자신과 함께 도망치지 못했던 사람들이 맞이한 운명은 피할 수 있었다. 그의 추천사에는 프랭클의 회복탄력성에 대한 경탄이 묻어난다.

프랭클은 도첸트dozent, 즉 대학 강사에서 시작해 학계의 위계질서 사다리를 타고 꼭대기까지 올라가 교수가 되었다. 1938년에 프랭클은 엄청난 명성을 얻었고, 빈의 여러 강의실을 돌며 강연을 했다. 바이겔은 프랭클 또한 많은 유대계 오스트리아인과 마찬가지로 나치 병합 중에 모든 것을 잃었다는 사실을 지적한다. 아우슈비츠 강제수용소에 억류된 동안 빅터 프랭클은 최악의 조건에서 매일매일 고된 노동에 시달렸다. 그런데 그런 막막한 경험에도 그의 묘사에는 희망이 깃들어 있었다. 모든 것을 빼앗긴 현실에서도 어떻게든 뭔가에 매달려 자신의 영혼을 지켜 낸 사람들이 있었다. 아래 묘사가 특히 의미심장하다.

한번은 이런 식이었다. 어느 날 밤 고된 노동에 기진맥진해서 수프 숟가락을 손에 들고 기숙사 바닥에 널브러져 있는데, 동료 수감자 중 한 명이 우리를 불렀다. 피로와 냉기를 뚫고 밖에 나가 보니 아직 저녁노을이 펼쳐져 있었다. 밖에 서서 우리는 형형색색으로 빛나는 구름들과 강청색 하늘, 그 바로 밑으로 땅의 물웅덩이에 비치는 핏빛 노을을 바라보았다. 몇 분의 침묵 후에 그는 우리 모두에게 물었다. "이 세상이 진정 이보다 더 아름다울 수 있을까요?"

이 인용문에서 프랭클은 가장 어두운 시기에도 자연의 아름다움을 만끽하고 자신보다 더 큰 존재와의 연결을 느낄 수 있었다고 말한다. 삶에서 가장 끔찍한 시기를 지나고 있는 중에도 그 자리에서 숨이 멎도록 아름답고 생생한 하늘의 색채를 목격한 다른 모든 사람들이 그랬듯이 말이다.

그로부터 38년 뒤에 프랭클은 빈 호프부르크왕궁에서 이런 긍정성을 주제로 강연에 나섰다. 호프부르크는 전쟁 발발 전인 1938년에 프랭클이 존경받는 학자로서 강의를 했던 장소 중 하나였다. 자신의 경험을 통해 프랭클은 사람들이 겪는 심리학적 어려움을 인간적인 방식으로 해결하는 심리 치료의 한 유형을 주창하기에 이르렀다. 그는 이것을 **의미치료**logotherapy라고 불렀다. 'logos'는 그리스어로 '이유'를 뜻한다. 프랭클은 사람들이 통증과 고통을 견딜 수 있는 것은 오직 그들이 의미를 지니고 있고, 삶에 이유가 있을 때라고 믿었다.

제2차 세계대전을 겪은 미하이 칙센트미하이 Mihaly Csikszentmihalyi 또한 어른들이 만들어 낸 현실에 실망했다. 프랭클이 강제수용소에 억류되어 있는 동안 칙센트미하이는 전쟁으로 피폐해진 이탈리아에서 유년기를 보내고 있었다. 칙센트미하이는 제2차 세계대전을 경험하던 와중에 우연히 자신의 연구 분야에 발을 들이게 되었다. 그는 전쟁으로 가족을 잃었고, 가족의 재산도 전부 사라졌다. 이런 경험을 하면서 그는 자연스럽게 다른 삶의 방식을 만들어 내는 것이 가능한가 하는 질문을 던지게 되었다.

프랭클처럼 칙센트미하이는 심리학이 자신의 질문에 대한 답을 찾는 데 도움이 될 것이라고 생각했다. 그는 심리학 강의를 수강했지만, 당시 심리학 연구 대부분은 쥐가 미로에서 먹이를 찾게 하는 강화 reinforcement 학습에 집중되어 있었다. 그는 쥐에게 중요한 것이 오로지 먹이뿐이라면 당연히 쥐는 연구 결과대로 행동할 것이라고 생각했다. 그러나 인간은 달랐다. 인간인 우리에게는 온 세상이 가능성으로 열려 있었다. 칙센트미하이는 꼭 해야 하는 일이 아닌 일을 하는 사람들을 찾고 싶었다. 그래서 그의 연구 주제는 화가로 향했다.

처음 화가를 연구하기 시작했을 때 칙센트미하이는 매우 이상한 점을 발견한다. 화가는 엄청난 시간을 그림을 그리면서 보내고, 자신의 작품에 완전히 빠져든다. 작품 하나를 끝내면 곧장 새로운 작품을 시작한다. 칙센트미하이는 화가를 인터뷰하면서 그들이 완성된 작품보다는 그림을 그리는 행위에 더 관심이 있다는 사실을 깨달았다. 그는 이런 태도가 화가들에게서만 관찰되는 특별한 것인지 궁금했다.

칙센트미하이는 어떤 과업에 완전히 빠진 사람들을 찾을 수 있는 다른 분야는 없는지 조사하기 시작했다. 그는 결과에 상관하지 않고 어떤 활동에 완전히 녹아드는 감정을 느꼈다고 말하는 사람들을 계속해서 찾아냈다. 그들이 어느 나라 출신인지는 중요하지 않았다. 그는 이 감정을 **몰입**flow이라고 불렀다.

몰입이라는 개념은 다른 목적 없이 순수하게 어떤 활동을 하는 것 자체의 즐거움을 느끼기 위해 그 활동에 완전히 빠져드는 것을 의미한다. 이런 일은 각양각색의 모습으로 일어난다. 일터에서, 악기를 연주할 때, 운동경기를 할 때, 그리고 심지어 어떤 경우에는 학교에서도 일어난다. 석양을 보면서 프랭클이 느꼈던 감정도 몰입이라고 부를 수 있을 것이다. 우리는 또한 톰 바이어의 축구 지도법에서도 몰입을 발견할 수 있다. 나아가 에릭손의 의식적 연습에도 몰입이라는 개념이 들어 있다.

나는 지금까지 최대한 설교는 자제했지만, 에릭손이 직면한 딜레마에 대해 내 미천한 의견을 한두 마디 보태겠다. 에릭손은 의식적 연습과 기록이 우리의 기술 향상 정도를 측정하는 일차적 방법이라고 생각했다. 그럴 수도 있다. 그러나 나는 다른 답을 제시하고자 한다. 어떤 과업을 얼마나 잘 수행하고 있는지 측정하고 싶다면 그 활동에 완전히 빠져들었는지를 확인하면 된다. 더 깊이 빠져들수록, 그 과업의 수행 자체에서 목적과 의미를 찾을 가능성이 높아진다. 그리고 그런 일이 더 많이 일어날수록 우리는 그 과업을 더 잘 수행하게 될 것이다.

몰입에 대한 연구는 최신 신경과학 연구에도 부합한다. 뇌스캔을 활용한 연구에 의해 뇌의 여러 네트워크가 자기네트워크와 접속한다는 사실이 밝혀졌다. 수년에 걸쳐 실시된 많은 연구에서 사람들이 아무 작업도 수행하고 있지 않을 때 일관되게 더 활성화되는 네트워크를 발견했다. 이 네트워크를 **기본 모드 네트워크**default network라고 부른다. 이 네트워크의 핵심 영역은 복내측 전전두피질ventromedial prefrontal cortex이며, 뇌의 가장 앞쪽인 전두엽의 중앙에 자리 잡고 있다. 이 네트워크는 자기네트워크와 우리가 수행하는 다양한 활동을 전담하는 여러 네트워크로 구성된다.

앞서 우리는 전전두피질과 두정엽 간 연결에 대해 이야기했다. 이 연결은 특히 난이도가 높고 작업기억working memory이 관여해야 하는 작업을 할 때 중요하다. 만약 내 옛 제자처럼 운전을 하는 동시에 간식을 먹으면서 기어를 바꾸려고 한다면(그렇다. 수동 기어였다) 이 두 영역으로 구성된 네트워크가 중요한 역할을 할 것이다. 여러 행위가 올바른 순서로 수행되도록 조율해야 하기 때문이다. 앞서 나는 가리 카스파로프가 체스 경기에서 인공지능 딥블루를 속이려고 사용한 네트워크가 이 두 영역으로 구성된 네트워크였을 수 있다고 추정했다. 이 외의 다른 네트워크들은 여러 가지 기능을 하지만, 특히 우리 내부의 신체적 상태와 외부의 사회적 상황에 초점을 맞춘다. 몰입 연구의 주된 요지는 맥락 속 자아라는 관념이었다. 여기서 자아라는 것은 현재 진행 중인 우리의 경험으로, 맥락은 과거, 현재, 미래에 대한 우리의 관점을 의미한다고 볼 수 있다.

뇌 안의 네트워크라는 관념은 얼베르트라슬로 버러바시Albert-László Barabási가 제시한 일반 네트워크 이론에 비춰볼 때 흥미롭다. 버러바시는 모든 것이 네트워크의 산물이라고 주장한다. 그의 이론을 현재의 논의로 확장한다면 이들 네트워크는 우리 자신의 안과 밖 모두에서 다양한 수준으로 존재한다. 테야르 드샤르댕은 이런 진화가 어떻게 우리를 앞으로 나아가게 할 수 있을지에 대해 이야기한다. 그리고 인간의 의식이 최고 경지에 도달하는 지점, 즉 오메가포인트Omega Point에 대해 이야기한다. 자신의 신학적 관점을 진화론적 관점과 통합하기로 작정한 그는 이 오메가포인트가 신에게 닿는다는 관념과 유사하다고 설명한다. 흥미롭게도 프랭클과 칙센트미하이도 우리 인간보다 더 위대한 뭔가와 연결되는 것에 대해 이야기한다. 우리 자신을 뭔가 더 큰 존재에 맡기는 그런 순간에 우리는 어떤 과업에 온전히 빠져들고 자신의 한계를 뛰어넘는 탁월함의 경지에 도달할 수 있다. 네트워크라는 관점은 시야를 우리 자신의 발전과 향상에서 멀리 떨어뜨려서 우리 한 명 한 명이 자신을 둘러싼 모든 것으로부터 어떤 영향을 받고, 그 모든 것에 어떤 영향을 미치는지 돌아보도록 이끈다.

이 책의 출발점은 의식적 연습에 대한 에릭손의 관점을 검증할 최종 시험으로서 댄 계획을 살펴보는 것이었다. 댄은 연습을 했고, 에릭손 본인의 감독하에 그 계획을 실행하려고 노력했다. 댄의 골프 실력은 눈부시게 발전했다. 시간이 지나면서 댄은 괄목할 성장을 이루었고, 매우 낮은 핸디캡을 달성했다. 댄은 자신의 목표를 달성하기 위해 매일 여러 시간 연습을 했다. 그러다 허리 부상을 당했다. 그 부상으로 댄의 골프 커리어는 마침표를 찍었다.

어떻게 운동선수로서의 경험이 거의 없다시피한 사람이 굳은 결심만으로 그토록 짧은 시간에 그런 대단한 성과를 낼 수 있었을까? 에릭손은 연습이 우리를 그런 성취로 인도한다고 주장했을 것이다.

이 책 거의 전반에 걸쳐 나는 어떻게 작은 능력들의 조합에서 기술이 창발하는지를 더 잘 이해해야 한다고 주장했다. 심지어 '타고남'이 무엇을 의미하는지 고찰하기 위해 출생 직후에 관찰되는 인간 각인의 일종이라고 할 수 있는 얼굴 추적 기술을 자세히 살펴보았다. 그러나 출생 직후에 나타나는 기술을 살펴볼 때조차도 유념해야 하는 사항이 두 가지 있다. 첫째, 우리가 타고나는 얼굴 인식 체계는 중요한 것을 알려주는 시스템 역할을 한다. 어려운 작업을 해낼 수 있기까지는 시간이 걸리는데, 그에 필요한 수행 능력은 이렇게 생애 초기에 수집한 지식을 토대로 쌓인다. 둘째, 체스 경기, 새로운 운동 익히기, 글 읽기, 새로운 언어 배우기 등 많은 고급 기술이 단순히 기초 기술 위에 차곡차곡 쌓이는 것은 아니다. 고급 기술은 기초 기술을 재편한 것이다.

게다가 네트워크들이 점점 더 복잡해지며 다루는 정보도 달라진다. 여기서 말하는 네트워크에는 외부 네트워크와 내부 네트워크가 모두 포함된다. 테야르 드샤르댕의 관념까지 더하면 우리는 변환transformation, 변태metamorphosis라는 개념을 도입하게 된다. 기술의 창발에서 출발한 숙달은 자아의 창발이 되고, 우리가 개인으로서 정주하는 많은 네트워크들을 가로지르는 파동이 된다.

_____ 격차 메우기

나는 많은 시간을 테니스를 치면서 보냈다. 여러 가지 시도를 하면서 내 기량을 끊임없이 개선하는 것이 즐거웠다. 테니스 경기는 내가 품고 있는 불만들을 터뜨릴 배출구가 되어 주었다. 또한 내 가족과, 이후에는 내 아이들과의 연결고리가 되어 주었다.

마흔이 되었을 때 나는 내 기량을 한층 업그레이드하기로 마음먹었다. 단순히 서브만 바꾸는 것이 아니라, 내 플레이 전체를 바꿨다. 그러기로 결심한 직후에 나는 우연히 테니스마인드게임Tennis Mind Game이라는 웹사이트를 찾았다. 토마즈 멘신게르가 운영하는 사이트다. 나는 그의 자그마한 테니스 전략집이 위대한 테니스 선수가 되는 대단한 **비법**을 전해 줄 거라는 기대를 가지고서 전자책을 샀다. 당시 나는 위대한 선수에게는 그들만의 특별한 전략이 있을 거라고 생각했다. 나는 곧 비법 따위는 없다는 사실을 알게 되었다. 실제로 대다수 위대한 선수들의 플레이는 생각보다 평이하고 예측 가능했다. 화려한 플레이는 그만큼 인상적이어서 기억에 특히 더 생생하게 남아 있는 것뿐이었다.

멘신게르는 멘탈 게임을 강조하는 외에도 사람들이 테니스 기술을 개발하는 데 도움이 되는 영상과 보강 훈련 메뉴를 많이 제공했다. 그 뒤로 몇 년 간 나는 그와 이메일을 주고받으면서 테니스의 여러 측면에 관한 이야기를 나눴다. 연락을 주고받으며, 테니스를 치기 위해서는 그동안 내가 테니스 경기를 치러 온 방식에 대해 매우 다른 관점에서 접근해야 한다는 점이 한층 더 명확해졌다. 나는 온갖 실험을 실시했다. 한번은 평정심을 유지하면서 연습 시합에 집중했다가 그다음 연습 시합에서는 경쟁심을 불태우면서 더 맹렬하게 경기에 임했다. 그리고 두 시합을 비교했다. 놀랍게도 결과는 크게 다르지 않았다. 신경을 곤두세우고 분노를 마구 폭발시키면서 경기에 임한다고 해서 중요한 점수를 따게 되는 게 아니었다. 실은 그렇게 하면 오히려 나쁜 결과가 나왔다. 따라서 어차피 결과가 달라지지 않는다면 그런 에너지를 쏟을 필요가 없다는 생각이 들었다. 이것은 내가 이런저런 실험을 하면서 깨닫게 된 많은 교훈들 중 하나에 불과하다.

가장 중요한 교훈은 2013년 토마즈가 휴스턴에 와서 며칠간 우리 집에 머물 때 얻었다. 당시 일곱 살이었던 카밀은 이미 테니스에 꽤 많은 시간을 할애하기 시작했다. 토마즈는 참을성 있게 내 아이들과 공을 치면서 지도했다. 아이들의 스트로크를 향상시킬 수 있는 방법을 금세 파악하는 그의 능력이 감탄스러웠다. 그날 토마즈는 첫째 니콜라스, 둘째 키아라의 테니스 플레이를 손보기 시작했다. 나는 그가 꽤 빠른 속도로 아이들의 스트로크를 정돈하는 것을 지켜봤다. 그 와중에 나는 그가 내게 던지는 개념들을 내가 다 이해하지 못한다는 느낌이 들었다.

테니스 강습이 끝난 뒤 나는 니콜라스와 키아라를 다른 코트로 보냈다. 그러고는 살펴보니 둘이서 다소 일방적인 남매간 경쟁을 한창 벌이고 있었다. 늘 그렇듯이 니콜라스는 초경쟁적인 태도로 모든 포인트를 따려고 애썼다. 키아라는 계속해서 니콜라스의 덜 다듬어진 부분을 공략했다. 키아라의 즐기는 태도는 연습 시합을 진지하게 진행하려는 니콜라스의 시도를 무력화했다.

두 번째 코트에서는 카밀과 내가 공을 치고 있었고 토마즈는 오케스트라 지휘자 역할을 맡고 있었다. 토마즈는 카밀이 매우 기초적인 것들을 하도록 돕고 있었다. 나는 토마즈가 카밀에게 주는 모든 정보를 흡수하기 위해 한껏 집중하고 있었다. 토마즈는 곧 슬로베니아로 돌아갈 것이다. 그리고 나는 또다시 홀로 내 아이들이 테니스 사다리를 타고 올라갈 수 있도록 지도해야 한다. 아이들이 최고의 플레이를 하도록 지도해야 한다는 압박감을 나는 매우 생생하게 느끼고 있었다. 아이들을 정말로 뛰어난 테니스 선수로 만들고 싶은 마음이 간절했다. 할 수만 있다면 대학교 테니스 장학금을 받게 하고 싶었다. 그러나 토마즈가 연습과 보강 훈련을 통해 우리 모두의 게임을 짧은 시간 안에 조정하는 것을 지켜보면서 나는 절로 입이 떡 벌어졌다. 토마즈는 내 모든 질문에 답을 주었을 뿐 아니라 그의 답변은 두세 개의 새로운 질문을 낳았다. 나는 내 아이들이 선두로 튀어 나갈 수 있도록 도와줄 열쇠를 절박하게 찾고 있었다.

한 시점에 나는 토마즈에게 아직 손봐야 할 것이 넘치도록 남아 있다고 말했다. 내가 아이들이 도달했으면 하는 수준과 당시 아이들 수준에는 커다란 간극이 존재했다. 더 중요하게는 평생 코칭을 한 사람과는 달리 내가 모든 답을 지니고 있지 않다는 것을 알았다. 내 머리가 핑핑 돌아가는 것을 보면서 토마즈는 나를 불쌍히 여겼음이 분명하다. 그는 나를 바라보면서 말했다. "지금은 잘 모르겠지만, 가장 좋은 것은 당신 가족 모두가 함께 나와서 테니스를 치고 있다는 거예요. 당신들이 얼마나 행복한지, 오늘이 얼마나 좋은 날인지 보세요." 그는 이 순간 우리 모두가 얼마나 즐거운지에 집중하도록 도왔다. 마치 나만의 맞춤형 테야르 드샤르댕, 프랭클, 칙센트미하이처럼 말이다. 잠시 멈춰 서서 길가에 핀 꽃의 향기를 맡으라고 상기시켰다. 실제로도 우리가 그 순간을 함께 공유할 수 있었던 것은 큰 행운이었다. 오늘의 나는 그가 그날 내게 어떤 보강 훈련을 시켰는지, 내가 테니스의 어떤 작은 기계적 측면에 대해 배웠는지 전혀 기억나지 않는다. 기술을 향상시키고자 하는 노력에서 좋은 친구와의 만남, 내 세 아이와 함께 보낸 보물 같은 순간이 나왔다. 나는 토마즈의 통찰을 듣고 나서야 그런 것들을 알아차릴 수 있었다. 그로부터 몇 년이 지난 지금은 그 순간의 아름다움만이 내 안에 새겨져 있다.

이처럼 하늘을 올려다보면서 더 큰 세계와의 연결을 느낀 것은 나만이 아니었다. 기예르모 모랄레스가 자신의 전문 분야인 마라톤과 우연히 처음 만난 것 역시 바로 더 큰 세계와의 연결이 있었던 덕분이다.

16장. ── 돈 메모의 가르침, 창발과 향상

___ 이주민 청소부에서 마라톤 선수까지

기예르모 "메모" 피네다 모랄레스Guillermo "Memo" Pineda Morales는 우연히 자신만의 댄 계획을 시작했다. 그는 청년기에 멕시코에서 미국으로 이주한 직후부터 달리기 시작했다. 고향인 멕시코 산타아나코아테펙에서 메모는 취미 삼아 달렸다. 처음에는 아버지에게서 도망치고자 달렸다. 아버지는 엄했고, 자주 메모를 혼내고 때렸다. 아버지의 매를 피하기 위해 메모는 달렸다. 결국 그는 아버지보다 더 빨리 달릴 수 있게 되었다.

6학년이 되었을 때 메모의 가족은 더 이상 그의 학비를 댈 수 없었다. 마을의 다른 많은 사람처럼 메모는 농장에서 일했다. 운명이 개입하지 않았다면 농장에서 일하는 것이 그의 숙명이 되었을 것이다. 메모의 누나는 일을 찾아 미국으로 이주했다. 어머니의 축복과, 누나가 500달러를 써서 수배해 준 '코요테coyote'(기본적으로 인신매매범을 가리키는 멕시코 단어다)와 교통편 덕분에 미국으로 향할 수 있었다. 국경선에 도착한 그는 달렸고, 국경수비대를 피하는 데 성공했다.

그는 마침내 뉴욕에 도착했고, 그곳에서 무슨 일이든 닥치는 대로 했다. 공장에서 일하던 중에 미국 이민관세집행국의 불시 단속에 걸렸다. 이번에는 달리지 않았다. 그는 감옥에 수감되었고 루이지애나주에 머물렀다. 그러나 변호사의 도움으로 강제 추방은 면할 수 있었다.

석방 이후 그는 뉴욕으로 돌아가 다시 일을 시작했다. 그리고 그때부터 진지하게 달리기 시작했다. 메모의 달리기 기록은 계속 향상되었다. 훈련 루틴은 완전히 기본적인 수준이었다. 멋진 체육관도 없었고, 스트레칭을 할 요가 매트도 없었다. 기록을 추적해 주는 세련된 장비도 없었다. 그는 훈련하는 동안 자신이 고향에 있다고 상상했다. 자연 속에서 신선한 공기를 들이쉬며 해방감을 느꼈다.

마라톤 대회에 참가하자 뜻밖에도 좋은 성적을 냈다. 실력도 꾸준히 상승했다. 그러다 자동차 사고를 당해 무릎이 산산조각 났다. 그 부상으로 인해 메모는 달리기를 중단해야 했다. 대신 그는 친구들을 응원했다. 친구들이 달리는 모습을 보는 것이 너무나 괴로웠지만, 달리는 것이 더 괴로웠다. 그러다 임종을 앞둔 그의 어머니가 개입했다. 어머니는 그에게 스스로 좋아하는 것을 하라고 말했다. 꼴등을 하더라도 말이다.

그래서 메모는 다시 달리기 시작했다. 그러나 꼴등으로 들어온 적은 단 한 번도 없었다. 부상도 점점 회복되었다. 2020년에 메모의 달리기 실력은 계속해서 향상되고 있었다.

이 책에는 많은 작은 것들이 쌓여서 훨씬 더 큰 뭔가가 되는 과정의 예들이 충분히 많이 나온다. 메모의 이야기도 그런 예다. 톰 바이어와 마찬가지로 메모는 자신의 특수한 기술에 우호적인 환경에서 자라지 않았다. 두 사람 다 자신의 환경에 그다지 적합하다고는 할 수 없는 스포츠를 선택했다. 두 사람 다 상당히 오랜 기간 동안 그 스포츠에 매진했다. 두 사람은 자신이 관찰한 내용과 자신의 직관을 한데 모아 계획을 구성했다.

바이어과 메모는 선택한 스포츠는 다르지만 공통점이 많다. 두 사람 다 공식적인 기록 측정을 피했다. 바이어가 미국으로 돌아왔을 때 미국 축구 리그 직원이 그에게 정확한 목표 수치를 물었다. 그러나 바이어는 개인 차원에서 발전 정도를 측정하는 숫자에는 큰 관심이 없었다. 메모는 자신의 몸이 보내는 신호를 활용하는 법을 배웠다. 바이어는 각 세대의 수행 능력을 관찰했다. 메모는 조상들이 자신과 함께 달리고 있는 이미지를 그리면서 달렸다. 어린 시절 살았던 집을 머리에 떠올렸다. 그리고 바이어와 메모 둘 다 자신의 기대를 훌쩍 뛰어넘은 사람이 되었다.

이 시점에서 당신은 의식적 연습과 유전이 과연 중요하긴 한 건지 의문이 들 수도 있다. 그 두 가지가 중요하지 않다고 주장하는 것은 바보 같은 일이다. 톰 바이어는 누가 봐도 축구를 하기에 충분히 좋은 신체 조건을 타고났다. 메모는 달리기 선수로서 축복을 받았다. 그의 고향은 고지대에 있다. 장거리달리기 선수에게는 엄청난 보너스다. 자연스럽게 지구력 훈련을 받는다. 게다가 그의 조상들도 수 세기에 걸쳐 그런 조건에서 살았다면 더더욱 강한 지구력을 물려받았을 것이다.

그러나 메모는 일차적으로는 노동자였다. 달리기는 피난처였다. 나머지 삶에 통합된 일부분일 뿐이었다. 메모는 세련된 체육관보다는 평범한 지하실에서 스트레칭을 했다. 톰 바이어는 축구를 잘하려면 공을 뺏기지 않는 것에 초점을 맞춰야 한다고 생각했다. 아이가 걷기 시작할 때부터 걷는 동작에 축구공이 완벽하게 통합되어야 했다.

두 사람 다 자신이 선택한 스포츠를 연습할 기회를 얻었다. 공식적인 후원자 없이도 메모는 런던 마라톤 대회에 참가할 수 있었다. 집에 머물렀다면, 농장에서 일했다면, 자원이 부족한 고향에서 계속 살았다면 우리는 메모가 달리는 모습을 결코 보지 못했을 것이다. 바이어는 일본으로 떠났다. 거기서 그는 축구 훈련 프로그램을 설계할 기회를 얻었다. 그 프로그램은 일본을 축구 불모지에서 축구 강국으로 변모시킨다.

의식적 연습과 유전은 우리 각자가 연습하고 배우는 방식에 관여한다. 그러나 숙달에는 그보다 훨씬 더 많은 것이 관여한다. 무엇보다 우리는 유연해야 한다. 여자 테니스 세계 랭킹을 등정하다가 장벽에 부딪힌 애슐리 바티는 잠시 휴지기를 가지고 크리켓 리그에 들어갔다. 테니스로 돌아왔을 때 바티의 테니스 기량은 극적으로 향상되었다. 테니스를 떠나 있는 시간 동안 바티는 자신이 계속 앞으로 나아갈 수 있게 해준 새로운 길을 내고 다졌다.

지금까지 우리가 살펴본 모든 이야기의 공통점은 향상의 주기가 있다는 것이다. 물론 특정 기술에만 초점을 맞출 수도 있다. 댄의 핸디캡, 메모의 달리기 기록, 바티의 포핸드와 서브처럼 말이다. 그러나 그런 기술은 각각 그 자체로 활짝 피는 꽃과도 같다. 우리의 성장을 보여 준다. 인간으로서 우리는 계속 더 나아질 수 있는 능력을 선사받았다. 그런 향상이 곧은 길을 따라 성취되는 일은 드물다. 그러나 곧장 위로 날아오르거나 곧장 아래로 곤두박질치지도 않는다. 우리는 임기응변의 전문가이기 때문이다.

유전학을 염두에 두고서 IQ를 연구한 이들은 환경이 인구 집단 전체에 영향을 미칠 수 있다는 사실을 발견했다. IQ 데이터에서 미미한 불규칙성을 최초로 관찰한 제임스 플린은 이를 계기로 IQ가 시간이 지나면서 극적으로 변했다는 사실을 발견했다. 이런 관점에서 사회 전반에 걸쳐 일어나는 과학기술적 변화는 일종의 비구술적 IQ 훈련이라고 할 수 있다. 특이한 점은 플린이 정치학자라는 점이다. 그리고 플린이 시간의 흐름에 따른 IQ의 변화를 발견한 것은 순전히 우연이었다. 의도치 않은 발견으로 플린 자신의 커리어 경로도 완전히 다른 연구 분야로 방향을 틀었다. 정치학자가 자신의 주요 연구 분야가 아닌 분야에서 중요한 발견을 한 사실에 의해 학자로서 명성을 얻었다. 숙달의 또 다른 대표적인 특징은 기술이 시간이 지남에 따라 뒤섞이고 전환한다는 것이다.

나는 당신이 향상으로 가는 당신만의 여정에서 계속해서 작은 것들에 초점을 맞추기를 바란다. 우리는 모두 자신의 테니스 스트로크, 골프 스윙, 음악 연주, 체스 플레이를 향상시켜야 한다. 플린처럼 우리도 작은 발견을 할 수 있을지 모른다. 처음에는 사소해 보일 수 있다. 때로는 작은 점이 훨씬 더 큰 무언가가 될 수 있다. 작은 것들이 함께 모일 때 기대했던 것보다 훨씬 더 많은 것을 얻게 될 가능성이 높아진다. 우리에게 주어진 최고의 재능이 이런 창발적 능력이니 우리는 더 큰 그림을 보려고 확실하게 노력해야 한다. 추가된 기술 하나하나가 우리가 이미 지닌 기술과 어떻게 섞이고 또 우리에게 어떤 새로운 방향을 지시하는지 숙고해야 한다.

우리는 메모 모랄레스를 선지자 돈 메모Don Memo로, 심오한 가르침으로 우리를 더 멀리 데려가 줄 샤먼으로 삼을 수 있을 것이다. 페루 출신의 미국 인류학자 카를로스 카스타녜다Carlos Castañeda는 50년도 더 전에 자신의 샤먼을 만났다. 야키족 원주민 돈 후안 아수스Don Juan Asus는 카스타녜다를 다른 방향으로 인도했다. 카스타녜다가 새로운 현실을 볼 수 있도록 안내했다. 두 사람이 함께 오른 첫 여정이 끝나자 돈 후안은 카스타녜다에게 삶의 복잡성을 헤쳐 나가는 방법에 대한 조언을 건넸다. 돈 후안은 카스타녜다에게 '마음'을 담아 길에 집중하라고 말했다. 그리고 멈추지 말고 그 길의 끝까지 가라고 말했다. 여행자로서 그 과정을 '숨 가쁘게' 관찰하라고.

인간으로서의 여정에서 새로운 것을 배우는 능력, 작은 것들을 혁신해서 더 큰 것을 만들어 내는 능력이 우리의 길이 된다. 우리에게 주어진 유일한 임무는 마음을 담아 그 길을 끝까지 가는 법, 그 길에 흠뻑 빠져드는 법을 배우는 것이다. 그런 과업에 빠져드는 순간 우리는 일종의 몰입 상태에 들어간다. 그것은 칙센트미하이가 묘사했고 프랭클이 자신의 삶에서 가장 암울했던 시기에 의지했던 몰입 상태다. 테야르 드샤르댕의 오메가포인트, 즉 인간으로서 우리가 이 세계의 물리적 현실을 초월하고 '최고의 나'가 되는 그 순간과 같은 것이다. 달리기를 하든 음악 연주를 하든 체스를 두든 책을 읽든 작은 점을 발견하든, 몰입을 추구하라. 그런 다음 '숨이 가쁘도록' 그 상태를 즐겨라.

숙달의
다섯 가지 원칙

_____ 고교 자퇴생에서 테크 산업 수완가로

제임스 클라크James H. Clark는 댄 계획의 반례라고 말할 수 있다. 형편이 어려운 편모 가정에서 자란 제임스 클라크는 자신이 빈곤층보다 더 빈곤했다고 회상한다. 아버지는 그가 어릴 때 집을 나가 버렸다. 어머니는 사회 보조를 받을 수 있다는 사실을 모른 채 가족을 극한의 상황으로 몰아넣었다. 클라크는 비상금이 되어 줄 예금도 없었고, 대학원에 진학하는 것은 꿈도 꾸지 않았고, 자신의 장래 교육을 설계할 능력이 없었다. 그는 학교에서 자주 말썽을 일으키는 문제아였다. 한번은 자신의 방대한 지식을 활용해 동급생의 사물함에 폭죽을 터뜨렸다. 클라크와 그가 속한 관할 교육구는 한 가지에 대해서만큼은 의견이 일치했다. 그가 영구적으로 학교에서 추방되어야 한다는 것이었다. 고등학교 졸업을 1년 남겨 두고 클라크는 해군에 자원입대했다. 아직 열일곱 살이었기 때문에 관련 서류에 서명하도록 어머니를 설득해야 했다.

군 생활에 적응하는 과정이 아주 순탄치만은 않았다. 여느 자원병처럼 클라크도 다지선다형 시험을 치렀다. 고등학교 졸업 인정 강의 배정을 위한 시험이었다. 그전까지 클라크는 다지선다형 시험을 쳐 본 적이 없었다. 각 문항과 선택지들을 읽어 보니 모든 선택지들이 부분적으로는 옳아 보여서 전부 동그라미를 쳤다. 그러고는 그 시험지를 제출했다.

클라크의 시험지를 본 채점자들은 즉각적으로 클라크가 부정행위를 시도했다고 의심했다. 모든 선택지에 동그라미를 치는 것이 컴퓨터를 속이는 방법 중 하나였기 때문이다. 클라크는 함선에서 가장 치욕스러운 보직을 배정받았다. 다른 승무원들은 클라크를 조롱했다. 많은 사람이 일부러 클라크 앞에서 식판을 떨어뜨린 다음 클라크가 음식을 치우는 동안 놀려 댔다.

클라크는 이 시절의 자신이 사회에서 가장 천대받는 고리대금업자와 같았다고 말한다. 집에서는 극단적인 빈곤에 시달리다가 해군에서는 위계질서의 가장 밑바닥에 편입되었기 때문이다. 그러나 누군가 그를 불쌍히 여겼음이 틀림없다. 왜냐하면 그로부터 두세 달 뒤에 장교들이 클라크의 학문 기술을 향상시키기 위해 노력할 필요가 있다고 마음먹었기 때문이다. 시험 점수가 형편없었지만, 그들은 클라크를 몇 개 수업에 등록시켰다. 클라크는 학교에서 위안을 얻었다. 말 그대로 구역질나는 식당 일을 중화시키는 완벽한 해독제였다. 클라크는 처음에는 수업 듣는 걸 별로 좋아하지 않았지만, 서서히 수업을 받아들이고 이해하게 되었다.

클라크는 특히 대수 수업을 열심히 들었고, 삼십여 명의 수강생 중 최고점을 받았다. 클라크는 그 경험으로 자신이 대수를 잘한다는 점을 알게 되었을 뿐 아니라 자신감을 얻을 수 있었다고 설명한다. 알고 보니 클라크는 수학 문제 해결 능력을 타고났다. 다만 이전까지 재능이 묻혀 있었을 뿐이었다. 그 기술이 미래에 큰 성공을 안겨 주리라는 것을 당시에는 몰랐다.

대수 수업을 들은 지 얼마 되지 않아 그는 대수 강의를 해 달라는 요청을 받았다. 클라크는 학생 시절에 필기를 한 적이 없었다. 글로 적는 대신 그는 수업을 아주 꼼꼼하게 들었다. 그런 학습법이 통해서 그는 자신이 듣는 모든 수업에서 꾸준히 뛰어난 성적을 냈다. 근무처를 직접 선택할 수 있게 된 그는 미국 동부로 이동했다. 스물한 살에 제대한 뒤에는 루이지애나주에 정착했다. 루이지애나주에서 그는 다시 야간학교에 등록했고, 이산수학에서 A 학점을 받았다. 그 다음에는 영어와 미적분 수업을 들었고, 역시나 A 학점을 받았다.

나이가 들면서 클라크는 결혼을 하고 가정을 이뤘다. 또한 본격적인 교육을 받을 두 번째 기회를 잡았다. 그는 가족을 먹여 살리기 위해 취업을 하는 한편, 텍사스공대 야간 과정에 등록했다. 그는 자신의 학점이 최고점은 아니었다고 언급한다. 일, 가정, 학업을 모두 신경 써야 했기 때문이다. 그러나 그 학점이 루이지애나주에서 다른 일자리를 구하는 데 도움이 되어, 클라크는 보잉사에 취업했다. 보잉사에서 일할 때 그는 우연히 하루 24시간 돌아가는 컴퓨터를 접했다. 클라크는 컴퓨터 자체가 문제가 아니라는 사실을 알아차렸다. 문제는 테이프 저장 장치 tape drive를 사용하기 때문에 정보의 저장 및 인출 속도가 느리다는 것이 었다. 매뉴얼을 참고한 클라크는 근처에서 놀고 있는 하드 드라이브를 컴퓨터에 연결해 같은 작업을 시켰다. 그런 개조를 통해 그는 컴퓨터가 같은 작업을 두 시간 반 만에 처리하게 만들 수 있었다. 너무나 대단한 개량 작업이었으므로 보잉사는 클라크에게 보상을 제공했다. 클라크는 '제로 결함 상zero defects award'을 받았고, 이 상을 받은 덕분에 자신이 원하는 어떤 프로젝트든 진행할 수 있었다. 따라서 그는 근무시간을 연구와 학습에 썼다. 결국 수학과 과학에 대한 관심이 대학원 진학으로 이어졌다. 클라크는 보잉사에서 퇴사하고 유타주립대학교에 입학했다. 그곳에서 그는 훗날 자신의 지도교수가 된 아이번 서덜랜드Ivan Sutherland를 만났다. 서덜랜드는 뛰어난 컴퓨터과학자였다. 유타주립대학교로 오기 전에 그는 하버드대학교에 있었고, 또한 미국 국방부 산하 국방고등연구계획국의 정보처리기술부 국장을 역임했다. 박사 학위를 받은 클라크는 캘리포니아주립대학교 산타크루즈캠퍼스에 조교수로 부임했고 이후 스탠퍼드대학교 부교수가 되었다. 스탠퍼드대학교에서 클라크는 제자들과 함께 실리콘그래픽스Silicon Graphics를 공동 설립 했다. 실리콘그래픽스는 미국 영화 회사 대다수에 시각 효과 제작 서비스를 제공하는 기업이 되었다.

클라크의 나머지 커리어는 마치 테크 업계의 성공 사례들을 모은 목록 같다. 클라크는 최초의 웹브라우저를 개발한 넷스케이프Netscape를 설립했다. 실리콘그래픽스가 업계의 흐름을 쫓아가지 못하고 있다는 것에 대한 불만이 쌓인 결과였다. 실리콘그래픽스가 생산하는 컴퓨터는 너무 비쌌고, 마이크로소프트가 새로이 선보인 PC가 빠른 속도로 시장을 점유해 가고 있었다. 클라크는 고의로 자신의 성공적인 기업을 곤경에 빠뜨리려고 했다. 클라크가 보기에 실리콘그래픽스는 이미 업계 흐름에서 뒤처지고 있었다. 일단 죽은 다음에 다시 태어나야만 했다. 그러나 '높으신 분들'은 그것을 지켜보고만 있지 않았다. 그래서 클라크는 또 다시 장기 휴가를 냈고, 이번에는 중고로 구입한 배를 타고 뉴질랜드로 향했다. 클라크만큼이나 실리콘그래픽스의 경영 방식과 제품의 방향성에 불만을 느낀 일부 기술자들 덕에 그는 컴퓨팅에 대해 다시 생각해 보게 되었다.

안식년에서 돌아온 클라크는 오토바이를 타다 정강이뼈가 산산이 부서졌다. 꼼짝없이 침대에 갇힌 신세가 된 그는 '텔레컴퓨터The Telecomputer'라는 제목의 논문을 썼다. 클라크는 이 새로운 컴퓨터를 통해 사람들이 서로 이야기를 주고받을 수 있게 될 것이라고 주장했다. 많은 기업이 이 프로젝트에 엄청나게 많은 돈을 투자하기 시작했다. 그러나 프로젝트가 제대로 실행되기 전에 클라크는 다른 곳으로 시선을 돌렸다.

초창기 브라우저 중 하나인 모자이크Mosaic에 대해 알게 된 클라크는 차세대 산업의 핵심이 그가 제안한 텔레컴퓨터가 아니라는 사실을 알아차렸다. 그는 각 사용자가 자신의 컴퓨터를 통제해야 할 수 있어야 한다는 점을 깨달았다. 새로운 제품, 즉 최초의 웹브라우저 넷스케이프는 완전히 새로운 디지털 세계의 토양을 다질 것이었다. 인터넷, 소셜미디어, 네트워크 세계의 역사에 대해 읽으면 클라크의 이름이 절로 눈에 들어온다.

클라크의 이야기는 연습이 완벽을 만든다는 관점에 정면으로 부딪치는 것처럼 보인다. 함선 식당으로 굴러떨어진 10대 청소년이 물리학 박사 학위를 받고 그 길로 성공적인 사업가가 되는 것이 가능한 일인가? 클라크와 같은 성장 과정을 밟고자 돈을 지불할 사람은 없을 것이다. 하지만 그가 정상의 자리에 오른 것이 결국엔 그런 과정 덕분인지 궁금하지 않을 수 없다. 아니면 그는 어떤 식으로든 남다른 사람이었던 걸까? 그가 남달랐다면 그의 감춰진 능력을 묘사하기 위해 에릭손이 반기를 든 **재능**talent이라는 단어를 사용할 것인가?

클라크는 확실히 아웃라이어다. 그러나 그의 이야기는 숙달을 지향하는 우리 모두에게 교훈을 준다. 우리에게 주어진 과업이 무엇이든 클라크의 여정은 출발점에서의 예상을 뛰어넘는 성취를 이해하는 데 필요한 정보를 준다. 클라크의 이야기와 이 책에 나오는 사람들의 이야기에서 우리는 숙달의 다섯 가지 원칙을 찾을 수 있다. 바로 **의지, 능력, 기회, 유연성, 명료성**이다.

가장 먼저 **의지**다. 숙달은 아주 단순한 질문에서 시작한다. 당신은 무엇을 할 때 즐거운가? 무엇을 하고 싶은가?

제임스 클라크는 우리가 이 책에서 살펴본 중요한 대주제, 즉 무엇을 숙달할지를 어떻게 선택하는가 하는 질문을 던져 준다. 클라크는 자신이 형편없는 학생이라고 생각했다. 해군에서 본 첫 시험에서는 낙제했다. 그러다 자신이 꽤 괜찮은 학생이라는 사실을 발견했다. 이 이야기에서 명확한 것은 클라크가 꽤 의지가 강했다는 것이다. 이 의지로 인해 학교에서 말썽을 일으키기도 했지만, 이 의지가 또한 그를 성공으로 이끈 힘이 되었다.

전자 장비에 관심을 가지게 되면서 클라크는 과학을 공부해야겠다는 생각을 했고 결국 물리학 박사 학위를 따게 되었다. 비슷한 전환의 과정이 제인 구달에게도 있었다. 고릴라 인형을 좋아했던 아이가 자라서 유인원 연구 분야의 세계 최고 권위자가 될 줄 누가 알았겠는가? 우리가 살펴본 거의 모든 사례연구는 뭔가를 하고 싶어 한 누군가가 자연스럽게 그것으로 끌려 들어간 이야기였다. 숙달의 경지를 추구하는 각자의 여정에서 반드시 스스로가 좋아하는 일이 무엇인지를 숙고해야 할 것이다.

때로 의지는 장애물을 극복하는 데도 필요하다. 하고 싶지 않아도 해야만 하는 일이 있다. 나는 무더위에 조깅하는 걸 별로 좋아하지 않는다. 하지만 테니스를 치기 위해서는 해야만 했다. 실제로 나는 코트에서 텍사스 남동부의 찜통 같은 여름 날씨를 싸워 이기는 법을 배웠고, 사람들이 내가 무더위를 좋아하는 줄 알 정도로 거기에 능숙해졌다. 더운 건 딱 질색이지만, 내가 좋아하는 테니스를 하기 위해서는 견뎌야만 하는 것이다. 나중에 반월상 연골판이 찢어졌을 때 나는 무릎의 부담을 덜어주는 부목을 써야 했다. 그 부목은 통증을 완화하는 데 도움이 됐다. 코트에 들어서면 사람들은 나를 걱정 어린 눈으로 바라봤다. 때로는 운동을 마친 후에도 부목을 계속 차고 있었다. 밖을 돌아다니면 온갖 시선을 받았다. 하지만 개의치 않았다. 어쨌든 이 부목 덕에 사랑하는 테니스를 계속 칠 수 있다는 사실이 감사했다.

무엇이든 의지가 출발점이다. 숙달을 향한 여정의 첫걸음을 내딛게 해 주는 것이 **의지**다.

____ 제2 원칙: 능력

능력. 숙달의 경지에 도달하려면 관심 분야에서 어느 정도 능력을 갖추고 있어야 한다. 그런 능력이 언제나 쉽게 모습을 드러내지는 않는다. 때로는 그 능력을 직접 발굴해야 할 수도 있다. 클라크는 자신이 수학과 물리학을 잘한다는 사실을 알아냈다. 라몬이카할은 매우 뛰어난 삽화가가 되었다. 메모 모랄레스는 위대한 마라톤 선수가 되었다. 톰 바이어는 프로 축구 선수를 거쳐 기술 코치가 되었다.

숙달을 향한 여정의 두 번째 단계는 자신이 할 수 있는 것이 무엇인지 파악하는 것이다. 이를 위해 잘하는 것을 알아내기까지 여러 가지 시도를 해야 한다. 대학에서 내게 최고의 강의는 체질인류학이었다. 사실 나는 진화라는 주제가 너무 좋았다. 그냥 저절로 이해가 되어서 수강한 강의 중 유일하게 A+ 학점을 받았다. 체질인류학 교수진 중 한 명의 세미나에 참석했을 때는 사람들이 나를 대학원생으로 알고 몇 가지 질문을 하기도 했다. 다소 시간이 걸렸지만, 마침내 나는 내가 사물과 상황이 시간이 지나면서 어떻게 변하는가에 대해 생각하는 것을 정말 좋아한다는 사실을 깨닫게 되었다. 시간의 흐름에 따른 변화 자체를 다루는 수업이 없어서 깨닫기까지 시간이 좀 걸렸을 뿐이다.

당신도 숙달로 나아가는 여정 속에 스스로에게 질문을 던져 보라. 무언가에 대해 칭찬을 받은 적이 있는가? 당신이 구운 파이가 맛있다거나, 당신이 찍은 사진이 훌륭하다거나 하는 것처럼 말이다. 사람들 사이의 갈등을 능숙하게 풀 수 있는가? 재무 계획을 잘 짜는가? 방학 동안 집에서 컴퓨터 책상을 직접 만들었는가? 스포츠 경기 보기, 책 읽기, 비디오게임 하기를 좋아하는가? 비디오게임은 현재 빠르게 성장하는 전문직종의 하나가 되었다. 비디오게임 장학금을 받고 대학에 갈 수도 있다. 시간이 지나면서 관심사가 바뀔 수도 있다. 댄처럼 골프 선수에서 사업가로 방향을 틀 수도 있다. 누구에게든 발전시켜 나갈 만한 능력이 있다. 그 능력을 찾는 것이 숙달의 경지로 가는 길의 두 번째 열쇠다.

기회. 누구나 기회가 필요하다. 때로 기회는 전혀 예상하지 못한 방식으로 찾아오기도 한다. 제임스 클라크는 해군에 자원입대할 당시에는 전기, 과학, 물리학에 관심을 가진 채로 제대하게 되리라고는 상상도 못 했다. 수업을 들을 기회를 군대에서 얻은 것이다. 내 동료나 친구 들이, 심지어 열띤 시합을 벌인 뒤에 친해진 테니스 상대 선수들도 같은 이야기를 한다. 어떤 사람, 혹은 어떤 사건 덕분에 뭔가를 시도할 기회가 열렸다고 말이다. 내가 '만약에 그랬더라면' 하고 자주 떠올리는 사례가 내 사촌 미셸 코르피다. 코르텔로Cortello라는 이름의 팝 듀오를 결성했는데, 아마도 들어 본 적은 없을 것이다. 스페인어 앨범을 발매해서 들어 보니 가족이라서인지는 몰라도 라디오에서 흘러나오는 여느 음악 못지않게 좋았다. 코르텔로 두 멤버는 꿈을 좇아서 멕시코의 산루이스포토시를 떠나 멕시코시티로 진출하고 싶어 했지만 결국 그러지는 못했다. 그런데 내 눈에는 그들이 활용하지 않은 기회가 보였다. 미셸과 매니저(코르텔로의 싱글 곡 중 하나에 래퍼로 참여했다)가 2012년 우리 가족을 보러 휴스턴에 왔을 때 말하기를, 코르텔로의 곡을 사고 싶다거나 곡을 써 달라는 그룹이 많다고 했다. 매니저는 코르텔로라는 이름으로 대중적인 명성을 얻어야 한다고 고집했지만 현실은 녹록지 않았다. 내가 보기에는 루이스 미겔Luis Miguel이나 레이크Reik처럼 훨씬 더 유명한 가수들에게 곡을 써 주는 것이 기회였다. 내 아이들은 놓친 기회에 너무 연연하지 말라고 하지만 말이다.

아주 소중한 기회가 오기도 한다. 제인 구달은 아프리카에 머물 기회를 얻고서 이후 대학원까지 입학했다. 애슐리 바티는 지역 테니스 클럽에서 보통은 받아 주지 않는 아주 어린 나이에 교습을 받을 수 있었다. 기회를 포착하려면 눈을 뜨고 있어야 한다. 왔다가 그냥 지나가 버리는 기회도 있는데, 여기서 다음 원칙인 유연성으로 이어진다.

─── 제4 원칙: 유연성

유연성. 제임스 클라크는 절대 한자리에 가만히 있는 사람이 아니다. 마이클 루이스Michael Lewis는 저서 『뉴뉴씽, 세상을 변화시키는 힘The New New Thing』(굿모닝미디어, 2000)에서 제임스 클라크를 끊임없이 움직이는 사람으로 묘사한다. 어찌 보면 이런 특성은 학교에서 아이들에게 가르치는 바와 대척점에 있다. 학교는 전통과 관습을 고수한다. 가르쳐 주는 것을 배우고, 배운 것을 나중에 복습하고, 그 내용을 시험지에 옮겨 적는 곳이다. 그런 학교의 입장에서 클라크는 너무나 파격적이어서 소화해 낼 수 없고 입맛에도 맞지 않았기에 뱉어 내고 말았다.

엄청난 유연성, 전통적인 교육과정에서 쫓겨나게 만든 그 특질로 인해 클라크는 출세 가도를 향해 달리는 프로젝트들도 내버리곤 했다. 아이디어를 발견하고, 끝까지 쫓아가 보고는, 놓아 버렸다. 그렇게까지 극단적인 독특한 접근법을 대다수 사람에게 권하지는 못하겠지만, 클라크의 유연한 접근법에서 얻을 수 있는 교훈이 많다.

그렇다. 우리는 모두 언젠가는 정체 상태에 맞닥뜨리게 될 것이다. 그리고 아무리 최적의 조건이 갖추어지더라도 가로막히는 일이 생길 것이다. 의지, 능력, 기회가 모두 있어도 상황이 바뀌어 버리곤 한다. 댄은 허리 부상을 당하고는 결국 새로운 계획으로 갈아탔다. 로저 페더러는 보수적으로 남들보다 헤드가 훨씬 더 작은 라켓을 사용하다가 결국 더 큰 라켓으로 바꿨다. 피트 샘프러스는 끝까지 바꾸지 않았지만 말이다. 내 사촌 미셸이 결성한 팝 듀오 코르텔로는 인기를 얻기 위한 자신들만의 계획에 끝까지 매달렸다. 그러지 않았다면 유명한 작곡가가 되었을지도 모른다. 갈림길에 서게 되고 적응을 해야 하는 시점이 언젠가는 온다. 자연스럽고 당연한 일이며, 다만 지나치게 고집을 부리지 않는 것이 중요하다. 아이들은 이것저것 다 시도해 보느라 말썽이다. 내 아들도 그랬다. 한번은 전기 콘센트가 자기를 '깨물었다'고 불평하기도 했다. 나이가 들어 가면서 때로는 무언가 다른 것을 시도해야 한다는 사실을 잊기도 한다. 인간은 새로운 조건에 적응하는 데 탁월하다. 애슐리 바티가 테니스를 떠났다가 돌아온 것처럼, 장벽에 가로막혔을 때는 잠시 전혀 다른 무언가를 시도해 보는 것이 이로울지도 모른다. 그렇게 유연성에 기대 보면 새로운 관점이 열리기도 한다. 새로운 관점에서 새롭고 놀라운 결과물이 나올 수도 있다. 일단 그렇게 변화를 주었다면, 어떤 일들이 벌어지는지 지켜보는 것이 중요하다. 그렇게 우리는 마지막 원칙, 명료성에 도달한다.

____ 제5 원칙: 명료성

명료성은 가장 어려운 원칙이다. 스스로에게 가장 중요한 것이 무엇인지를 물어야 하기 때문이다. 사람들이 자주 내게 묻는다. 아이를 이중언어 구사자로 길러야 할지, 만약 그렇다면 본인도 제2 언어를 배워야 할지 말이다. 내 답은 늘 한결같다. 당신의 목표는 무엇인가? 두 개 언어로 말하고, 읽고, 쓸 수 있는 사람을 길러 내고 싶다면 특정한 연령대에 특정한 작업이 이루어져야 한다. 이는 또한 그 두 언어가 어떤 언어인지에 따라서도 달라진다. 만약 아이의 모국어가 영어인데 중국어로 읽고 쓰기를 배우기를 바라는 것이라면 대개는 아주 어린 나이에 시작하는 장기전을 염두에 둬야 할 것이다. 모국어가 영어면서 로맨스어족에 속한 언어 중 하나를 배운다면 다소 늦은 나이에 시작해도 된다. 로맨스어 계열의 언어는 영어 단일 언어 구사자가 성인이 된 이후에 배워도 능숙해질 수 있다.

톰 바이어는 처음에 축구를 좋아했다. 축구를 했고 프로 선수가 되었다. 결국에는 축구 기술에 초점을 맞추게 되었고 그것이 자신의 열정이 머물 자리라는 사실을 깨달았다. 그는 축구팀 감독이 되거나 융통성 없는 축구 조직에서 일하려고는 시도조차 하지 않았다. 그의 목표는 늘 명확했다. 축구를 하는 한 세대 전체를 아래에서부터 바꾸는 것이었다.

우리는 도달하기를 희망하는 지점이 어디인지 바라보되, 구체적이고 뚜렷한 목표를 세워야 한다. 물론 저마다 어느 시점에는 자신이 어디로 가고 있는 것인지 헷갈릴 수도 있을 것이다. 그러다 아무런 예고 없이 불쑥 새로운 질서가 등장하고 길이 명확하게 보인다. 폴 게일런슨Paul Galenson은 저서 『나이 든 대가들과 젊은 천재들Old Masters and Young Prodigies』에서 두 가지 다른 유형의 예술가가 존재한다는 것을 보여 준다. 젊은 천재들은 흔히 본능에 따라 그림을 그린다. 게일런슨은 피카소를 천재로 분류한다. 천재들에게는 예술 작품이 그냥 저절로 생겨난다. 나이 든 대가는 그렇게까지 '타고난 재능'은 없다. 게일런슨은 젊은 천재와 상반되는 예시로 세잔을 든다. 세잔은 '타고난 재능'은 거의 없었지만, 기본적으로 계속 그림을 그리다가 숙달의 경지에 이르렀다. 우리 중에도 큰 노력을 들이지 않아도 쉽게 되는 것들이 있어서 이른 나이에 두각을 드러낼 사람이 있을 것이다. 시간이 흐르면서 새로운 방향으로 가지를 뻗어 가기도 할 것이다. 어떤 단계든 자세히 관찰하면서 명료성을 유지하는 것이 중요하다. 세상은 복잡한 곳이고 인간은 복잡한 존재이다. 도처에 성취 가능성이 깔려 있는 이 '지뢰밭'에서 명료성이 우리가 올바른 길에서 벗어나지 않도록 돕는다. 모든 것을 제쳐 두고 오로지 내가 가는 길만 또렷하게 바라보라. 돈 후안이라면 이렇게 조언했을 것이다. 카를로스 카스타녜다처럼 열정, 명료성, 사명감을 가지고 목표를 좇는 법을 배우라고.

1장 — '제대로' 연습하기

- Chase, W. G., & Simon, H. A. (1973a). The mind's eye in chess. In W. G. Chase (Ed.), *Visual information processing* (pp. 215–281). Academic Press.

- Chase, W. G., & Simon, H. A. (1973b). Perception in chess. *Cognitive Psychology, 4,* 55–81.

- De Groot, A. (1978). *Thought and choice in chess.* Mouton.

- Ericsson, A., & Pool, R. (2017). *Peak: Secrets from the new science of expertise.* Houghton Mifflin Harcourt.

- Flege, J. E. (2018). It's input that matters most, not age. *Bilingualism: Language and Cognition, 21*(5), 919–920. https://doi.org/10.1017/S136672891800010X

- Gladwell, M. (2008). *Outliers: The story of success.* Little, Brown and Co.

- Hernandez, A. E. (2013). *The bilingual brain.* Oxford University Press.

- Hernandez, A. E., & Li, P. (2007). Age of acquisition: Its neural and comp utational mechanisms. *Psychological Bulletin, 133*(4), 638–650. https://doi.org/10.1037/0033-2909.133.4.638

- Hu, Y., Ericsson, K. A., Yang, D., & Lu, C. (2009). Superior self-paced memorization of digits in spite of a normal digit span: The structure of a memorist's skill. *Journal of Experimental Psychology: Learning, Memory, and Cognition, 35*(6), 1426–1442. https://doi.org/10.1037/a0017395

- Humpstone, H. J. (1919). Memory span tests. The Psychological Clinic, 12, 196–200.
- Martin, P. R., & Fernberger, S. W. (1929). Improvement in memory span. *The American Journal of Psychology, 41*(1), 91–94. https://doi.org/10.2307/1415112
- Reiterer, S. M. (2019). Neuro-psycho-cognitive markers for pronunciation/speech imitation as language aptitude. In Z. Wen, P. Skehan, A. Biedroń, S. Li, & S. L. Sparks (Eds.), *Language aptitude: Advancing theory, testing, research and practice* (pp. 277–299). Taylor & Francis.
- Schraw, G. (2005). An interview with K Anders Ericsson. *Educational Psychology Review, 17*(4), 389–412. https://doi.org/10.1007/s10648-005-8139-0

2장 ─ 댄 계획과 성인기 이후의 숙달: 사례연구 ❶

- Bjork, R. A., & Benjamin, A. S. (2011). On the symbiosis of remembering, forgetting, and learning. In A. S. Benjamin (Ed.), *Successful remembering and successful forgetting: A festschrift in honor of Robert A. Bjork* (pp. 1–22). Psychology Press.
- Epstein, D. J. (2019). *Range: Why generalists triumph in a specialized world.* Riverhead Books.
- McLaughlin, D. (2014). *The first half of a journey in human potential: Halfway to the 10,000 hour goal, four years of a blog by Dan McLaughlin (the Dan Plan book 1).* Retrieved from Amazon.com.

3장 ─ 인간의 삶과 창발성

- Bilbo, S., & Stevens, B. (2017). Microglia: The brain's first responders. *Cerebrum,*

2017. https://www.ncbi.nlm.nih.gov/pubmed/30210663

- Capaldi, N. (2004). *John Stuart Mill: A biography.* Cambridge University Press.
- Hiyoshi, A., Miyahara, K., Kato, C., & Ohshima, Y. (2011). Does a DNAless cellular organism exist on Earth? Genes Cells, 16(12), 1146–1158. https://doi. org/10.1111/j.1365-2443.2011.01558.x
- Mill, J. S., Robson, J. M., McRae, R. F., (1974). *Collected works of John Stuart Mill. 7, 7.* University of Toronto Press; Routledge & Kegan Paul.
- Ramón y Cajal, S. (1937). *Recuerdos de mi vida.* MIT Press.
- Sierra, A., de Castro, F., Del Río-Hortega, J., Rafael Iglesias-Rozas, J., Garrosa, M., & Kettenmann, H. (2016). The "Big-Bang" for modern glial biology: Translation and comments on Pío del Río-Hortega 1919 series of papers on microglia. *Glia, 64*(11), 1801–1840. https://doi.org/10.1002/glia.23046

4장 — 창발적 기능으로서의 테니스 서브: 사례연구 ❷

- Gordon, B. J., & Dapena, J. (2006). Contributions of joint rotations to racquet speed in the tennis serve. *Journal of Sports Sciences, 24*(1), 31–49. https://doi.org/10.1080/02640410400022045
- Yandell, J. (1990). *Visual tennis: Mental imagery and the quest for the winning edge.* Doubleday.

5장 — 아동기, 청소년기의 발달 과정

- De Vries, R. (1969). Constancy of generic identity in the years three to six. *Monographs of the Society for Research in Child Development, 34*(3), iii–67. https://doi.org/10.2307/1165683
- Duranton, G., & Turner, M. A. (2011). The fundamental law of road congestion:

Evidence from US cities. *American Economic Review, 101*(6), 2616–2652. https://doi.org/10.1257/aer.101.6.2616

- Fiebach, C. J., Friederici, A. D., Muller, K., von Cramon, D. Y., & Hernandez, A. E. (2003). Distinct brain representations for early and late learned words. *Neuroimage, 19*(4), 1627–1637. http://www.ncbi.nlm.nih.gov/entrez/query.fcgi?cmd=Retrieve &db=PubMed&dopt=Citation&list_uids=12948717

- Long, X., Benischek, A., Dewey, D., & Lebel, C. (2017). Age-related functional brain changes in young children. *Neuroimage, 155*, 322– 330. https://doi.org/ 10.1016/j.neuroimage.2017.04.059

- Lorch, M. P. (2009). History of aphasia: Multiple languages, memory, and regression: An examination of Ribot's Law. *Aphasiology, 23*(5), 643–654. https://doi.org/10.1080/02687030801931182

- Ribot, T. A. (1881). *Les maladies de la mémoire* (2nd ed.). Ballière.

- Ribot, T. A. (1882). *Diseases of memory: An essay in the positive psychology.* D. Appleton.

- Woods, E. A., Hernandez, A. E., Wagner, V. E., & Beilock, S. L. (2014). Expert athletes activate somatosensory and motor planning regions of the brain when passively listening to familiar sports sounds. *Brain and Cognition, 87*, 122–133. https://doi.org/https://doi.org/10.1016/j.bandc.2014.03.007

6장 — 톰 바이어와 작은 공 요법: 사례연구 ❸

- Byer, T. (2016). *Soccer Starts at Home.* T3.

- Ratey, J. J., & Hagerman, E. (2008). *Spark: The revolutionary new science of exercise and the brain.* Little, Brown.

- Tepolt, F. A., Feldman, L., & Kocher, M. S. (2018). Trends in pediatric ACL reconstruction from the PHIS database. *Journal of Pediatric Orthopaedics, 38*(9), e490–e494. https://doi.org/10.1097/bpo.0000000000001222

- Brigandt, I. (2005). The instinct concept of the early Konrad Lorenz. *Journal of the History of Biology, 38*(3), 571–608. https://doi.org/http://dx.doi.org/10.1007/s10739-005-6544-3

- Dehaene, S., & Cohen, L. (2007). Cultural recycling of cortical maps. *Neuron, 56*(2), 384–398. https://doi.org/10.1016/j.neuron.2007.10.004

- Dehaene, S., & Cohen, L. (2011). The unique role of the visual word form area in reading. *Trends in Cognitive Sciences, 15*(6), 254–262. https://doi.org/https://doi.org/10.1016/j.tics.2011.04.003

- Desimone, R., Albright, T. D., Gross, C. G., & Bruce, C. (1984). Stimulus-selective properties of inferior temporal neurons in the macaque. *The Journal of Neuroscience, 4*(8), 2051. https://doi.org/10.1523/JNEUROSCI.04-08-02051.1984

- Epstein, D. J. (2014). *The sports gene: Inside the science of extraordinary athletic performance.* New York, Current.

- Gauthier, I. (1998). *Dissecting face recognition: The role of categorization level and expertise in visual object recognition* (Publication No. 9831438) [Doctoral Dissertation, Yale University]. ProQuest Dissertations & Theses Global. http://search.proquest.com.ezproxy.lib.uh.edu/docview/304460239?accountid=7107

- Goren, C. C., Sarty, M., & Wu, P. Y. K. (1975). Visual following and pattern discrimination of face-like stimuli by newborn infants. *Pediatrics, 56*(4), 544. http://pediatrics.aappublications.org/content/56/4/544.abstract

- Haxby, J. V., Horwitz, B., Ungerleider, L. G., Maisog, J. M., Pietrini, P., & Grady, C. L. (1994). The functional organization of human extrastriate cortex: A PET-rCBF study of selective attention to faces and locations. *The Journal of Neuroscience, 14*(11), 6336. https://doi.org/10.1523/JNEUROSCI.14-11-06336.1994

- Johnson, M. H., Griffin, R., Csibra, G., Halit, H., Farroni, T., de Haan, M., Tucker, L. A., Baron-Cohen, S., & Richards, J. (2005). The emergence of the social brain network: Evidence from typical and atypical development. *Development and*

Psychopathology, 17(3), 599–619. https://doi.org/10.1017/S0954579405050297

- Kanwisher, N. (2017). The quest for the FFA and where it led. *The Journal of Neuroscience, 37*(5), 1056. https://doi.org/10.1523/JNEUROSCI.1706-16.2016

- Kosakowski, H., Cohen, M., Takahashi, A., Keil, B., Kanwisher, N., & Saxe, R. (2022). Selective responses to faces, scenes, and bodies in the ventral visual pathway of infants. *Current Biology: CB, 32*(2), 265–274. e5. https://doi.org/10.1016/j.cub.2021.10.064

- Lorenz, K. (1935). Der Kumpan in der Umwelt des Vogels. Der Artgenosse als auslosendes Moment sozialer Verhaltungsweisen. [The companion in the bird's world. The fellow-member of the species as releasing factor of social behavior.] *J ournal für Ornithologie. Beiblatt. (Leipzig), 83*, 137–213. https://doi.org/10.1007/BF01905355

- Morton, J., & Johnson, M. H. (1991). CONSPEC and CONLERN: A two-process theory of infant face recognition. *Psychological Review, 98*(2), 164–181. https://doi.org/10.1037/0033-295x.98.2.164

- Pieh, C., Proudlock, F., & Gottlob, I. (2012). Smooth pursuit in infants: Maturation and the influence of stimulation. *British Journal of phthalmology, 96*(1), 73. https://doi.org/10.1136/bjo.2010.191726

- Sergent, J., Ohta, S., & MacDonald, B. (1992). Functional neuroanatomy of face and object processing: A positron emission tomography study. *Brain, 115*(1), 15–36. https://doi.org/10.1093/brain/115.1.15

- Simion, F., Regolin, L., & Bulf, H. (2008). A predisposition for biological motion in the newborn baby. *Proceedings of the National Academy of Sciences, 105*(2), 809. https://doi.org/10.1073/pnas.0707021105

- Tiffin-Richards, S. P., & Schroeder, S. (2020). Context facilitation in text reading: A study of children's eye movements. *Journal of Experimental Psychology: Learning, Memory, and Cognition, 46*(9), 1701–1713. https://doi.org/10.1037/xlm0000834

- Tinbergen, N. (1989). *The study of instinct.* Clarendon.

- Vallortigara, G., & Versace, E. (2018). Filial imprinting. In J. Vonk & T. Shackelford

(Eds.), *Encyclopedia of animal cognition and behavior* (pp. 1–4). Springer International Publishing. https://doi.org/10.1007/978-3-319-47829-6_1989-1

- von Hofsten, C., & Rosander, K. (2018). The development of sensorimotor intelligence in infants. In *Studying the perception-action system as a model system for understanding development* (pp. 73–106). Elsevier Academic Press. https://doi.org/10.1016/bs.acdb.2018.04.003

- Whiteside, D., Martini, D. N., Zernicke, R. F., & Goulet, G. C. (2016). Ball speed and release consistency predict pitching success in Major League Baseball. *The Journal of Strength & Conditioning Research, 30*(7). https://journals.lww.com/nsca-jscr/Fulltext/2016/07000/Ball_Speed_and_Release_Consistency_Predict.1.aspx

- Xu, Y. (2005). Revisiting the role of the fusiform face area in visual expertise. *Cerebral Cortex, 15*(8), 1234–1242. https://doi.org/10.1093/cercor/bhi006

8장 — 구달과 뉴섬의 감각운동적 해결책: 사례연구 ❹

- Goodall, J., & Berman, P. L. (2005). *Reason for hope: A spiritual journey.* Warner.

9장 — 성인기 이후 언어 습득의 고행길

- Abukhalaf, A. H. I. (2021). The impact of Linguistic Monopoly on research quality in academic fields. *Academia Letters.* https://doi.org/https://doi.org/10.20935/AL3493

- Archila-Suerte, P., Zevin, J., Bunta, F., & Hernandez, A. E. (2012). Age of acquisition and proficiency in a second language independently influence the perception of non-native speech. *Bilingualism: Language and Cognition, 15*(1), 190–201. https://doi.org/10.1017/S1366728911000125

- Conrad, J. (2007). *Heart of darkness* (R. H. O. Knowles, Ed.). Penguin Classics.

- Defoe, D. (2012). *Robinson Crusoe*. Penguin Classics.
- Demuth, K., Patrolia, M., Song, J. Y., & Masapollo, M. (2012). The development of articles in children's early Spanish: Prosodic interactions between lexical and grammatical form. *First Language, 32*(1–2), 17–37. https://doi.org/10.1177/0142723710396796
- Erard, M. (2014). *Babel no more: The search for the world's most extraordinary language learners.* New York: Free Press.
- Hernandez, A. E., Ronderos, J., Bodet, J. P., Claussenius-Kalman, H., Nguyen, M. V. H., & Bunta, F. (2021). German in childhood and Latin in adolescence: On the bidialectal nature of lexical access in English. *Humanities and Social Sciences Communications, 8*(1), 162. https://doi.org/10.1057/s41599-021-00836-4
- Kuhl, P. K. (2004). Early language acquisition: Cracking the speech code. *Nature Reviews Neuroscience, 5*(11), 831–841. http://www.nature.com/
- Kuhl, P. K., Tsao, F. M., & Liu, H. M. (2003). Foreign-language experience in infancy: Effects of short-term exposure and social interaction on phonetic learning. *Proceedings of the National Academy of Sciences of the United States of America, 100*(15), 9096–9101. http://www.ncbi.nlm.nih.gov/entrez/query.fcgi?cmd=Retrieve&db=PubMed&dopt=Citation&list_uids=12861072
- Lieberman, E., Michel, J.-B., Jackson, J., Tang, T., & Nowak, M. A. (2007). Quantifying the evolutionary dynamics of language. *Nature, 449*(7163), 713–716. https://doi.org/10.1038/nature06137
- Morgan, J. L., & Demuth, K. (1996). Signal to syntax: An overview. In J. L. Morgan & K. Demuth (Eds.), *Signal to syntax: Bootstrapping from speech to grammar in early acquisition* (pp. 1–22). Lawrence Erlbaum Associates.
- Morgan, J. L., & Demuth, K. (Eds.). (1996). *Signal to syntax: Bootstrapping from speech to grammar in early acquisition.* Lawrence Erlbaum Associates.
- Pinker, S. (1994). *The language instinct.* William Morrow.
- Reali, F., Chater, N., & Christiansen, M. H. (2018). Simpler grammar, larger vocabulary: How population size affects language. *Proceedings of the Royal*

Society B: Biological Sciences, 285*(1871), 20172586. https://doi.org/10.1098/rspb.2017.2586

- Reiterer, S. M. (2019). Neuro-psycho-cognitive markers for pronunciation/speech imitation as language aptitude. In Z. Wen, P. Skehan, A. Biedroń, S. Li, & S. L. Sparks (Eds.), *Language aptitude: Advancing theory, testing, research and practice* (pp. 277–299). Taylor & Francis.
- Turker, S., & Reiterer, S. M. (2021). Brain, musicality and language aptitude: A complex interplay. *Annual Review of Applied Linguistics,* 1–13. https://doi.org/10.1017/S0267190520000148
- Werker, J. F., & Tees, R. C. (2005). Speech perception as a window for understanding plasticity and commitment in language systems of the brain. *Developmental Psychobiology, 46*(3), 233–234. http://www.wiley.com/WileyCDA/

10장 — 바티와 테니스, 그리고 크리켓 : 사례연구 ⑤

- Grosser, M., Schonborn, R., & Hansen, U. (2002). *Competitive tennis for young players: The road to becoming a top player.* Meyer & Meyer Verlag.
- Váša, F., Romero-Garcia, R., Kitzbichler, M. G., Seidlitz, J., Whitaker, K. J., Vaghi, M. M., Kundu, P., Patel, A. X., Fonagy, P., Dolan, R. J., Jones, P. B., Goodyer, I. M., Vértes, P. E., & Bullmore, E. T. (2020). Conservative and disruptive modes of adolescent change in human brain functional connectivity. *Proceedings of the National Academy of Sciences, 117*(6), 3248. https://doi.org/10.1073/pnas.1906144117

11장 — 유전자는 혼자서 일하지 않는다

- Burkhardt, R. W., Jr. (2013). Lamarck, evolution, and the inheritance of acquired

characters. *Genetics, 194*(4), 793–805. https://doi.org/10.1534/genetics.113.
151852

- Cole, T. J., & Mori, H. (2018). Fifty years of child height and weight in Japan and
South Korea: Contrasting secular trend patterns analyzed by SITAR. *American
Journal of Human Biology, 30*(1), e23054. https://doi.org/https://doi.org/
10.1002/ajhb.23054

- Darwin, C., & Kebler, L. (1859). On the origin of species by means of natural
selection, or, *The preservation of favoured races in the struggle for life.* J. Murray.
http://hdl.loc.gov/loc.rbc/General.17473.1

- Elman, J. L. (1996). *Rethinking innateness: A connectionist perspective on
development.* MIT Press.

- Epstein, D. J. (2014). *The sports gene: Inside the science of extraordinary athletic
performance.* New York, Current.

- Gopnik, M., & Crago, M. B. (1991). Familial aggregation of a developmental
language disorder. *Cognition, 39*(1), 1–50. https://doi.org/10.1016/0010-
0277(91)90058-c

- Harden, K. P. (2021). *The genetic lottery: Why DNA matters for social equality.*
Princeton University Press.

- Macnamara, B. N., Hambrick, D. Z., & Oswald, F. L. (2014). Deliberate practice and
performance in music, games, sports, education, and professions: a meta-analysis.
Psychological Science, 25(8), 1608–1618. https://doi.org/10.1177/0956797614535
810

- Pinker, S. (1994). *The language instinct.* William Morrow.

- Waddington, C. H. (1957). *The strategy of the genes; a discussion of some aspects of
theoretical biology.* Allen & Unwin.

- Weismann, A., Parker, W. N., & Rönnfeldt, H. (1893). *The germ-plasm: A theory of
heredity.* C. Scribner's Sons.

12장 — 일란성쌍둥이는 결코 똑같지 않다: 사례연구 ❻

- Demick, B. (2019, August. 8). One is Chinese. One is American. How a journalist discovered and reunited identical twins. *Los Angeles Times.*
- Demick, B. (2009, September 20). A young girl pines for her twin. *Los Angeles Times.*
- Konigsberg, E. (2009, August 24). Unseparated since birth. *New York Times Magazine.*

13장 — 우리 안의 두 자아

- Basten, U., & Fiebach, C. J. (2021). Functional brain imaging of intelligence. In A. K. Barbey, R. J. Haier, & S. Karama (Eds.), *The Cambridge handbook of intelligence and cognitive neuroscience* (pp. 235–260). Cambridge University Press. https://doi.org/DOI:10.1017/9781108635462.016
- Beilock, S. (2010). *Choke: What the secrets of the brain reveal about getting it right when you have to.* Free Press.
- Jeon, H.-A., & Friederici, A. D. (2017). What does "being an expert" mean to the brain? Functional specificity and connectivity in expertise. *Cerebral Cortex, 27*(12), 5603–5615. https://doi.org/10.1093/cercor/bhw329
- Johnson, M. (2011). Face perception: A developmental perspective. In A. Calder, G. Rhodes, M. Johnson, & J. Haxby (Eds.), *Oxford Handbook of Face Perception* (pp. 3–14). Oxford University Press.
- Slutter, M. W. J., Thammasan, N., & Poel, M. (2021). Exploring the brain activity related to missing penalty kicks: An fNIRS study [Original Research]. *Frontiers in Computer Science, 3*(32). https://doi.org/10.3389/fcomp.2021.661466
- Weiskrantz, L. (1990). *Blindsight: A case study and implications.* Clarendon.

14장 — '고령' 운동선수와 환경의 변화 : 사례연구 ❼

- Dickens, W. T., & Flynn, J. R. (2001). Heritability estimates versus large environmental effects: The IQ paradox resolved. *Psychological Review, 108*(2), 346–369. https://doi.org/10.1037/0033-295X.108.2.346
- Flynn, J. R. (1980). *Race, IQ, and Jensen.* Routledge & Kegan Paul.
- Jensen, A. R. (1972). *Genetics and education.* Harper & Row.
- Shuey, A. M. (1966). *The testing of Negro intelligence.* Social Science Press.
- Trahan, L. H., Stuebing, K. K., Fletcher, J. M., & Hiscock, M. (2014). The Flynn effect: A meta-analysis. *Psychological Bulletin, 140*(5), 1332–1360. https://doi.org/10.1037/a0037173

15장 — 진화와 혁명, 그리고 숙달

- Barabási, A.-L. (2018). *The formula: The universal laws of success.* Little, Brown and Company.
- Beard, K. S. (2015). Theoretically speaking: An interview with Mihaly Csikszentmihalyi on flow theory development and its usefulness in addressing contemporary challenges in education. *Educational Psychology Review, 27*(2), 353–364. https://doi.org/10.1007/s10648-014-9291-1
- Frankl, V. E. (2004). *Man's search for meaning: The classic tribute to hope from the Holocaust.* Rider.
- Frankl, V. E. (2010). *...trotzdem Ja zum Leben sagen: Ein Psychologe erlebt das Konzentrationslager.* Kösel-Verlag.

16장 ── 돈 메모의 가르침, 창발과 향상 : 사례연구 ⑧

- Beasley, J. (2021, June 30). 20 years ago he was in immigration purgatory. Now he's one of the fastest 40-somethings alive. *Runner's World.* https://www.runnersworld.com/runners-stories/a30897686/memo-morales-mexican-immigrant-marathon-runner/
- Castaneda, C. (1998). *The teachings of Don Juan: A Yaqui way of knowledge. Deluxe 30th anniversary ed. with a new author commentary.* University of California Press.

결론 ── 숙달의 다섯 가지 원칙

- Galenson, D. W. (2006). *Old masters and young geniuses: The two life cycles of artistic creativity.* Princeton University Press.
- Lewis, M. (2000). *The new new thing: A Silicon Valley story.* W. W. Norton.

도판 출처

31쪽   Martin, P. R., & Fernberger, S. W. (1929). Improvement in memory span. *The American Journal of Psychology, 41*(1), 91-94.

49쪽   저자 제공

69쪽   Wikimedia Commons

72쪽   Robert Carter. A direct test of the flat earth model: flight times. *Creation.com.*

87쪽   Wikimedia Commons

88쪽   (오른쪽) Wikimedia Commons

       (왼쪽) Getty images

102쪽   저자 제공

137쪽   Alamy

200쪽   (위) Wikimedia Commons

       (아래) Wikimedia Commons

201쪽   Getty images

225쪽   Gopnik, M., & Crago, M. B. (1991). Familial aggregation of a developmental language disorder. *Cognition*, 39(1), 1-50.

찾아보기

북트리거 일반 도서

북트리거 청소년 도서

제대로 연습하는 법
어학부터 스포츠까지, 인지심리학이 제시하는 배움의 기술

1판 1쇄 발행일 2024년 12월 20일
1판 2쇄 발행일 2025년 1월 25일

지은이 아투로 E. 허낸데즈
옮긴이 방진이
펴낸이 권준구 | 펴낸곳 (주)지학사
편집장 김지영 | 편집 공승현 명준성 원동민
책임편집 명준성 | 표지 디자인 나침반 | 본문 디자인 이혜리
마케팅 송성만 손정빈 윤술옥 이채영 | 제작 김현정 이진형 강석준 오지형
등록 2017년 2월 9일(제2017-000034호) | 주소 서울시 마포구 신촌로6길 5
전화 02.330.5265 | 팩스 02.3141.4488 | 이메일 booktrigger@naver.com
홈페이지 www.jihak.co.kr/book-trigger | 포스트 post.naver.com/booktrigger
페이스북 www.facebook.com/booktrigger | 인스타그램 @booktrigger

ISBN 979-11-93378-33-5 03180

북트리거

트리거(trigger)는 '방아쇠, 계기, 유인, 자극'을 뜻합니다.
북트리거는 나와 사물, 이웃과 세상을 바라보는 시선에 신선한 자극을 주는 책을 펴냅니다.